KB133725

진주 민간인 학살 유족 증언록

학살된 사람들
남겨진 사람들

초판 1쇄 발행 2020년 6월 20일

엮은이 한국전쟁전후진주민간인피학살자유족회
기록자 김주완 김한규 한양하 백은숙 박성경
펴낸이 구주모

편집책임 김주완
표지·편집 송은정
유통·마케팅 정원한

펴낸곳 도서출판 피플파워
주소 (우)630-811 경상남도 창원시 마산회원구 삼호로38(양덕동)
전화 (055)250-0190
홈페이지 www.idomin.com
블로그 peoplesbooks.tistory.com
페이스북 www.facebook.com/pepobooks

ISBN 979-11-86351-29-1(03090)

이 도서의 국립중앙도서관 출판예정도서목록(CIP)은 서지정보유통지원시스템 홈페이지(http://seoji.nl.go.kr)와
국가자료공동목록시스템(http://www.nl.go.kr/kolisnet)에서 이용하실 수 있습니다. (CIP제어번호 : CIP2020023686)

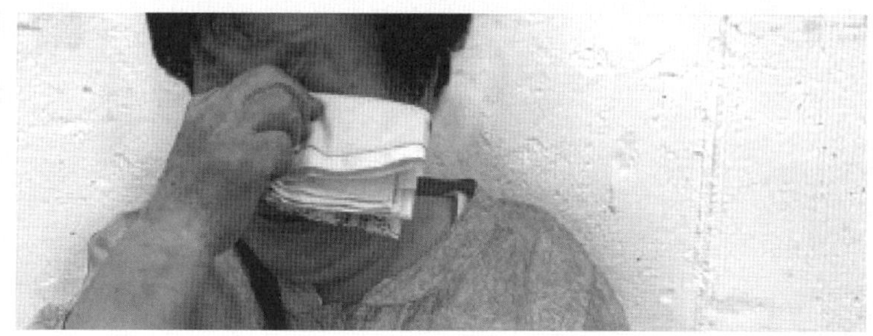

진주 민간인 학살 유족 증언록

학살된 사람들 남겨진 사람들

한국전쟁전후진주민간인피학살자유족회 **엮음**
김주완 김한규 한양하 백은숙 박성경 **기록**

차례

발간사 · 6

증언자 강병현 · 10

증언자 강성헌 · 26

증언자 김상길 · 46

증언자 김순달 · 64

증언자 김승일 · 74

증언자 김형자 · 100

증언자 문병근 · 114

증언자 박남숙 · 124

증언자 백자야 · 138

증언자 이주택 · 164

증언자 이중식 · 176

증언자 장호수 · 188

증언자 장호조 · 206

증언자 정병표 · 216

증언자 정연조 · 242

증언자 정영자 · 276

증언자 황양이 · 296

발간사

책이 나오는 것을 기뻐하면서

오랜 신고(辛苦) 끝에 이제야 진주 민간인 학살의 진상을 담은 책이 나오게 되었습니다. 사건이 일어난 지 반세기를 훌쩍 넘은 70년 만에, 그것도 아주 어렵게 이 책을 세상에 내놓게 되었습니다.

지난 세월 동안 억울하고 원통한 죽음을 두고 어떻게 죽임을 당했는지 왜 죽임을 당해야 했는지, 어느 곳에서 어떻게 죽임을 당했는지 알면서도 모른 체 속으로 피눈물을 삼키며 숨겨야 했던 가혹하고도 처참한 세월을 보내야 했습니다. 슬픔과 통한을 가슴 속에 묻어야만 했던 유족들입니다. 실로 남겨진 가족들은 연좌제라는 사슬에 묶여 국민의 의무에는 충실하면서도 권리는 박탈당한 형극의 삶을 살아왔습니다.

이것은 해방정국과 전쟁을 치르면서 이 땅을 휩쓸었던 광풍의 결과였습니다.

그러나 진실은 아무리 감추려 해도 감출 수가 없고 언제인가는 그 진상이 드러나게 마련입니다. 연좌제가 없어지고 사건의 전말에 대한 취재와 보도가 잇따랐고 이후 연구도 진행되었지만 그 진실을 밝히는

데에는 한계가 있을 수밖에 없었고 지금도 그러합니다. 기록들을 찾을 수 없었고, 설사 있다고 해도 접근하거나 열람할 수는 없어 학살의 전모나 규모를 알기에는 장애가 수없이 많습니다.

2002년 태풍 '루사'로 산사태가 일어난 자리에서 대량의 유골이 드러났고, 이 유골들이 진주지역에서 끌려온 사람들이며 국군에 의해 학살되었다는 사실까지 밝혀졌습니다. 이 일을 하는데 관여했던 사람들 중 우리가 잊지 말아야 할 세 분이 있습니다. 첫째로 이 유골들을 발굴하고 수습하셨던 당시 경남대학교 고(故) 이상길 교수님이고, 그 이전부터 보도연맹 사건들을 조사하고 취재해서 보도하셨던 경남도민일보 김주완 기자님이며, 이 사건의 목격자를 탐문하고 증언을 들으며 죽임을 당한 분들의 신원추적에 나섰던 조현기 님입니다. 이 책의 출간을 맞아 이 분들께 다시 감사의 말씀을 올리며, 특히 발굴현장에 추모공원과 안장시설을 만들려 하셨던 이상길 교수님께 삼가 머리 숙여 명복(冥福)을 빕니다.

진주유족회에서는 진작부터 사건의 진상을 담은 책을 엮어 사실을 보존해야 한다는 목소리가 매우 높았습니다. 어느 분은 백서로 발간해야 한다고도 했고, 또 어느 분은 유족들의 고단하고 처참했던 삶을 담아야 한다고도 했습니다. 집필을 누가 할 것인가를 두고도 진지하면서도 열띤 토론을 거듭한 결과 유족이 집필하는 것은 너무 감정에 치우칠 수 있고, 객관적인 사실을 담는 데에는 한계가 있을 수밖에 없으며, 혹여 어려워질 수도 있다는 결론에 이르렀습니다.

이런 등등의 이유로 가장 객관적이며 사실에 충실할 수 있는 김주완 님께 부탁하는 것이 타당하다는 결론에 이르렀습니다. 김 기자님은 이 책을 집필하기 위해 그 동안의 취재결과와 새로운 자료수집에 혼신을 기울였고 집필에만도 1년이 소요된 것으로 알고 있는 만큼 유족들의 기대는 물론 일반인들도 쉽게 알고 이해하는데 충분히 도움이 될 것으로 기대합니다. 김주완 기자님 정말 노고 많으셨고 감사합니다.

끝으로 제20대 국회 마지막 본회의에서 과거사법 개정안이 통과되었습니다. 머지않아 제2기 진실화해위원회가 출범할 것입니다. 제2기 진실화해위원회 위원장님께 간곡히 권유합니다. 단순히 국가의 사과만을 권고하지 말고 수사를 권고하십시오. 형사소송법상으로는 공소시효가 만료되었다고는 하지만 철저한 수사로 사건의 전말과 관련자들을 밝히는 것, 이것이 진실을 밝히는 것이고 국민에게 다시는 이와 같은 사건을 저지르지 않겠다는 확실한 약속이 될 것입니다. 공소시효가 지난 형사사건을 수사하는 것과도 그 목적은 같다고 여겨집니다.

우리 유족들은 제1기 위원회가 진실을 확실히 규명했다고 여기지 않습니다. 제1기 위원회가 발굴해 내지 못했던 당시의 기록들이 지금도 계속 발굴되어 재심이 이루어지고 있으며 그 결과 무죄선고가 이어지고 있습니다. 이와 아울러 국가권력의 조직적인 위법행위에 대해서는 공소시효를 배제하는 형사소송법 개정도 권고하시기 바랍니다.

다시 한 번 이 책의 출간을 기뻐하며 이 책이 나오기까지 애써주신 모든 분들께 유족들은 한 마음으로 심심한 감사의 말씀을 드립니다.

한국전쟁전후진주민간인피학살자 유족을 대신하여

정연조 씀

희생자 강상준

증언자 강병현

○ 면담자: 백은숙

○ 조사 장소: 강병현 유족 가게(제일천막사)

○ 조사 일시: 2019년 9월 19일

증언자 정보

· 이름: 강병현

· 생년월일: 〈주민등록상〉1952년 3월 5일(만 69세)
〈실제 생년월일〉1950년 11월생

· 성별: 남

· 희생자와 관계: 희생자의 아들

· 주소: 진주시 평거동

· 직업·경력: 현)제일천막사 운영 / 분식집, 통장, 봉사활동 다수, 평통위원 등

희생자 정보

· 이름: 강상준

· 생년월일: 1921년생 월 일(당시 29세)

· 성별: 남

· 결혼여부: 기혼

· 직업: 농업

· 주소: 진주시 금산면 장사리 707

강병현 유족은 1950년 11월생이며 1950년 음력 6월 아버지가 보도연맹으로 학살당할 당시 어머니 태중에 있었다. 당시 거주지는 금산면 장사리이며, 아버지가 학살당한 날로 추정되는 6월 11일(음력)에 제사를 모시고 있다. 아버지는 당시 나이가 29세였으며, 농사를 짓고 있었다. 보도연맹 가입 시기와 경위 등은 자세히 알지 못하며, 동네 구장이 아버지 도장을 가지고 있다가 가입서에 도장을 찍은 것으로 추정한다.

예비검속을 당해 면사무소로 갔다가 바로 경찰서로 넘어갔다. 들에 일을 나갔다 와서, 어머니가 새참으로 삶은 국수를 면사무소에 다녀와서 먹겠다고 하고 나간 후 영영 돌아오지 못했다. 아버지가 학살당한 후 어머니는 병현과 병현의 누나를 데리고 먹고살기 위해 보따리 장사를 하며 생계를 이어갔다. 가난과 '빨갱이 식구'라는 천형과도 같은 낙인을 안고, 일가친척의 냉대와 멸시 속에 어머니와 어린 두 아이는 힘든 시절을 겪어야만 했다.

강병현 유족은 오랫동안 진주유족회 회장을 맡았으며, 지금은 진주 중앙시장 건너편에서 천막가게를 운영하고 있다. 아버지와 같은 희생자들의 명예회복과 진실규명을 위해 꾸준히 유족회 활동을 해오고 있다.

-진주유족회 회장직을 오랫동안 맡고 계셨다고 들었습니다.

진주유족회 회장일 하면서 방송도 많이 했어요. KBS, 서경방송, SBS의 '그것이 알고 싶다' 등 촬영을 많이 했는데, 준비를 하고 있다가 마이크를 들이대면 생각하고 있어도 말이 하나도 안 나와.(웃음) 그러면 돌아버릴 지경이 되지. 마음 속에는 다 들어 있는데….

그때 한 번은 내가 요청을 했어요. 가만히 앉아서 이렇게 인터뷰하지 말고 자연스럽게 걸으면서 해보자고 제안해서 해본 적도 있고 그랬어요.

-아버님 사시던 집 주소가 어떻게 될까요?

진양군 금산면 장사리 707번지입니다.

-아버지가 학살당하시던 때 병현 님은 나이가 어떻게 되었나요.

육이오가 터지자마자 아버님이 돌아가시고, 나는 그해 11월에 태어났으니까, 아버지가 가실 때 난 엄마 뱃속에서 5개월쯤 된 핏덩어리였지.

-자라면서 아버지가 어떻게 돌아가시게 되었는지 알게 된 나이는 몇 살 때인가요? 알고 난 뒤에는 어떤 생각이 들었나요?

아버지가 없다는 걸 알게 된 나이는 너댓 살쯤 됐을 거예요. 다른 집에는 아버지가 있는데 왜 난 없을까 생각했지. 엄마한테 물으면 애들은 알 것 없다고 하셨어요. 아버지가 없다는 사실은 혼자서는 안 풀리는 문제였던 거죠. 그리고 다른 집에는 논도 많이 있고, 산도 있고, 밭도 있고 가을 되면 곡식도 거두어들이는데, 왜 우리집은 아무것도 없을까. 수수께끼처럼 풀리지 않는 문제였지.

근데 좀 크고 보니까, 큰집에서 우리가 분가할 때 아무것도 안 줬다는 걸 알게 되었지. 내가 어느 정도 커가지고 서울 갔다가 내려와서 큰아버지 큰어머니, 할머니께 분가할 때 우리 아버지 밑으로 논 두마지기 있었다는데 왜 안주시느냐, 주십시오, 이랬더니, 이제 자기들도 자식들 공부시키고 장가보내고 없다는 거죠. 그래도 줄 건 줘야 할 것 아니냐 이러면서 한바탕 싸우고 진주로 이사를 들어와 버렸어요.

-어머님은 언제 돌아가셨나요. 그리고 어머님은 어떻게 살아오셨나요.

어머님 83세에 돌아가셨어요. 근데 이게 이야길 할라치면 눈물밖에 안나요, 사람은 똑같잖아요. 왜 나는 이렇게 살았느냐. 사람 생명은 다 소중하잖아요. 사람이 세상에 한 번 태어났으면 두 번 다시 환생해서 올 수 없잖아요. 흔히들 죽으면 천당도 가고 지옥도 간다고 하는데 저는 그런 거 없다고 생각합니다. 삶 자체가 천당이고 지옥이지, 죽어서는 그런 거 없다고 생각합니다.

저도 한번 죽어봤습니다. 그때는 진주에서 금산면으로 가려면 나룻배로 건너다녔습니다. 내가 아홉 살 때였어요. 병원에서 의사가 죽었다고 집에 데려가라고 했대요. 그런데 묘하게 살려고 그랬는지, 엄마가 아홉 살이면 덩치도 커서 혼자 못 데려가잖아요. 금산면에 가려면 걸어가는 게 두 시간 넘게 걸려요. 죽은 애를 혼자서 못 데리고 가니까, 촌에 연락해서 엄마 시동생을 불렀어. 시동생들이 지게를 지고 걷고 배 타고 가야 하잖아요. 강만 건너면 산에다 묻을 거예요, 묻을 건데, 이제 마지막 보는 내 새낀데…. 하며 엄마가 거적을 걷어서 보니까 목이 깔딱깔딱 하고 있더라는 겁니다. 놀라서는 다시 배를 돌려서 병원으로 돌아갔대요. 엄마가 그때 거적을 들춰보지 않았다면 나는 땅속에 바로 묻혔겠지. 의사가 죽은 거라고 했으니까 죽은 거잖아요. 의사가 깜짝 놀랐다고 하더라고요. 죽어서 데려가라 했는데 살았으니까.

엄마가 무슨 일을 했냐면 애들하고 먹고 살아야 하니까. 보부장사, 함티장사를 했어요. 함지를 이고 진주 와서 시장에서 생고기를, 갈치니 고등어니 사가지고 집집마다 다니면서 파는 거예요. 그 당시에는 현금을 주기보다 물물교환이거든. 생선을 산 집에서 나락이나 보리 이

강병현 유족.

런 걸 줬어. 그런 걸 무거우니까 이고 못 다니잖아요. 그러면 어느 집에 맡겨두면 그걸 나보고 지게 지고 오라고 해요. 그래서 그 동네에 짐을 놔두면 내가 가서 지게를 지고 그걸 지고 집에 왔어. 그런데 내가 그때 그게 너무 창피하더라고. 지게 지고 갈 적에 나는 왜 이렇게 하고 있어야 할까. 다른 애들은 공부한다고 있는데. 너무 내 처지가 절망적인 거지.

이런 거 저런 거를 생각하면 참, 삶 자체가, 태어난 것 자체가 이상하지. 그때 내가 죽었다고 했을 때 고마 엄마가 나를 안 보고 묻어버렸으면 끝났을 걸. 다시 살렸을까 싶고. 이런 꼴 저런 꼴 안보고 죽었을 텐데 그런 생각도 했다고. 잘되면 내가 잘한 거고, 못되면 조상 탓이라고. 원망이 생기고 그렇더라고. 내가 살아온 게 그냥 산 게 아니에요. 생각만 하면 억울하고.

-아버지의 보도연맹 가입 경위와 시기, 가입을 권유한 사람, 가입 후 언제 어디로 얼마나 자주 소집되어 교육을 받았는지 아는 바가 없나요.

우리 아버지가 빨갱이라면, 무슨 죄를 지었다고 하면, 적어도 법치국가라면 법적 절차를 거쳐야 되잖아요. 예비검속을 해가지고, 그것도 예비검속도 엄마한테 들은 이야긴데, 그때 아버지가 논 메고 있었어요. 연락을 받고 그때 잠깐 회의가 있어서 면에서 오라고 한다고 해서 갔어요. 평소에는 국수도 귀해서 못 먹었어. 그때는 새참이 특식이었어. 엄마가 새참으로 국수를 삶았어. 국수를 먹기 전에 엄마가 국수를 먹고 가라고 했는데, 아버지는 면에 잠깐 가서 오늘 논을 메야 하기 때문에 회의는 못가겠다고 말만 하고 오겠다, 갔다 와서 국수를 먹겠다 라고 말하고 가서 더 이상 오지 못했어요. 자기 발로 걸어갔다 그 길로 끝이었어요. 면에 가니 바로 경찰서로 넘겨버렸어요.

만약 아버지가 죄를 지었다 그러면 도망을 가지, 자기 발로 걸어서 그렇게 가겠어요? 엄마도 모르는 겁니다. 아버지가 왜 갔는지, 보도연맹에 왜 가입이 되었는지도 몰라요.

지금도 마찬가지지만, '바르게살기위원회'다 그러면 몇 명, 동마다 가입시키는 할당이 있거든요. 그것은 동에서 몇 명 이렇게 챙겨서 넣는다고. 옛날에도 그런 식이예요. 그때는 구장이라고 그러잖아요. 그때는 구장이 세대주 도장을 다 가지고 있었어요. 자기 맘대로 도장을 찍으면 되는 거였어요. 뭘 압니까. 구장이 찍는 대로 그냥 놔둔 거예요. 본인도 몰라. 그래 뭘 압니까. 그냥 좋은 줄만 알고 있다가 그 일을 겪은 거지. 좋은 건 줄만 알고 가입했던 보도연맹 때문에 죽은 거지. 태어날 때 시기를 잘 타고 태어나야 되지. 절대 전쟁이 일어나면 안 돼요. 우리 힘없는 국민들이 다 죽어요. 재벌들이나 정치가들은 전쟁 나면 다 도망가버립니다. 남는 거는 우리 백성들만 죽어납니다.

-60년 4.19 혁명 직후에 유족회가 결정이 됐다고 하는데 그때 유족회에 참여하고 계셨나요?

그때는 제가 어려서 못했고, 그때 우리 선배님들이 했는데, 4.19 이후에 일부 결성이 되었는데 유족회가 잘 나갔죠. 국회까지도 통과됐어요. 이건 조사해야 한다 하고 있는데, 이듬해 군사쿠데타가 일어나고 나서 유족회를 불법단체라고 다 잡아들였어요. 전국회장은 사형, 나머지 간부들은 7년, 8년, 5년 징역을 살았어요. 얼마나 고문을 했던지 나와서도 다 죽었어요. 그때는 무법천지잖아요. 군사법정에서 심심하면 불러내서 들고 차고 패고 하는 거예요. 그 뒤로 유족회가 '유'자도 입에 못 꺼냈어요. 그 뒤 세월이 흘러 문민정부가 들어서고 김대중 노무현 대통령 되고 다시 생겨났어요. 진실과 화해위원회도 생기고, 과거사정리위원회도 생기고.

우리 나이가 70인데, 말이 아니죠 사실은. 이게 말이 됩니까. 다 같은 사람이잖아요. 좀 커서 시내 와서도 나이 좀 많은 어르신하고 술자리를 하면 자네 아버지 뭐하는가 물으면 내가 답을 못했어요. 그냥 돌아가셨다고만 답을 할 수밖에 없었어요. 그게 끝이에요. 전쟁에 가서 돌아가셨다면 '전사하셨습니다' 이럴 건데…. 나는 어디 가서 누가 물으면 말을 못해요. 그냥 '돌아가셨어요' 라고 말해요. 내 마음 속에 항상 남아 있는 거예요.

내가 통장도 8년 정도 했어요. 관변단체 일도 했어요. 봉사활동도 많이 했어요. 그렇게 함으로써 나의 허물을 좀 덮어보려고. 나도 이걸 함으로써 당신들하고 같이 가겠다 그런 맘으로. 그렇다고 내가 숨을 순

없잖아요. 나뿐만 아니라 유족들이 살아온 게 나하고 비슷할 거에요. 떳떳하게 살아오지 못했다는 거죠.

사람이 다 같이 사는 거 같아도 배가 한번 고파보면 알아요. 먹을 건 없지, 방은 춥지. 큰집은 옛날에 밥을 먹으면 마루에서 밥을 먹어요. 옛날 집은 대문도 없는데 입구에 웅크리고 있으면 이리오라고 해서 밥을 한 숟가락 주면 되잖아요. 그것도 안 줘요. 큰집에서요. 그때부터 할머니, 큰어머니가 참 원망스럽더라고. 자기가 먹고 나면 싹 치워버리더라고. 어찌 그럴 수 있었는지…. 당해 보면 잊히지 않습니다. 배고 고파서 갔으면 애들인데 한 숟가락 주면 될걸. 엄마는 늦게 오지. 그게 바로 거지들이 사는 거 하고 똑같잖아요.

물론 유족들 중에도 재산이 조금 있는 분은 괜찮아요. 지금도 그렇잖아요. 나쁜 놈도 돈만 좀 있으면 허물이 좀 덮이잖아요. 근데 없는 놈들이 죄를 지으면 이거는 아주 나쁜 놈으로 매장 되어 버려요. 다 뒤집어써요. 그때는 보도연맹이 정식 관변단체였잖아요. 불법으로 만든 단체가 아니란 말이에요. 그런데 정치를 하려니까 이놈들을 나쁜 놈으로 몰아야 된다는 거였죠. 왜, 이승만이가 볼 적에는 전쟁 벌어졌고 사람은 죽었고 지금도 똑같아요. 전두환이가 하는 식으로 지금도 똑 같애. 지금은 말을 해도 순경이 잡아가진 않잖아요? 옛날에는 말을 하면 잡아간단 말이에요.

세상이 참 많이 좋아졌지만 아직도 이 과거사는 누군가가 나서서 해결을 해야 해요. 지금도 진행상태에요.

-그게 좀 빨리 해결되었으면 마음이 편해지고 그렇게 살았을텐데요.

지금도 명석면에 가면 삼백몇 구 유해가 우리 콘테이너에 있고, 세종시에 111구 있고, 정확한 데이터는 아니지만 지금 땅속에, 2400~2500명이 죽었다고 하는데, 형무소 재소자 다 죽였단 말이예요. 억울한 게 기록을 보니 남은 형기가 3년 이상 되는 사람은 없어. 출감 이틀을 남겨둔 사람도 다 죽인 거야. 명령이지 명령, 다 죽인 거야. 사람이 할 짓이 아니야, 사람 목숨은 다 소중한데 왜 그렇게까지, 정말 안타까운 일이지요. 진주가 인원수가 많아요. 지금 땅 밑에 묻혀있는 사람 2000구가 넘어요. 시굴작업을 해봤는데 5군데가 있어요. 이걸 발굴해야 하잖아요. 그런데 정부가 안 해주고 있는 거죠. 파면 나와요. 옛날에는 민둥산이잖아요. 지금은 숲이 꽉 차버렸어. 사람들 증언을 듣고 그때 그 자리를 찾아서 파 보면 어려워요. 숲속을 헤치지도 못하겠고.

그래도 다섯 군데를 확인해서 명석에 세 군데는 발굴을 못했고 두 군데는 발굴을 하지 않았습니까. 잘나면 지가 잘했고, 못나면 조상 탓이라고 하다 보면 정부 탓만 할 순 없잖아요. 지방정부도 정부란 말입니다. 제가 회장할 적에 시에다 대고, 도에다 대고 이것 좀 해결해달라 이것 좀 너무하지 않냐 했더니, 이건 중앙정부에서 해야 할 일인데 왜 우리가 해야 되냐 라고 핑계를 대더라구요. 중앙에 행안부나 국회나 가면, 아 요즘 지방자치젠데 지방정부가 이런 걸 해야지. 우리보고 어떻게 해달라고 하냐 이런다고. 그럼 직접 전화를 해달라고 하면 전화는 해줘요. 그래도 아무 반응이 없다고.

-아버지의 보도연맹 가입 경위나 시기 이런 걸 알고 계시나요?

그런 걸 전혀 알 수 없어요. 그런 건 어머님이 아실 텐데도, 아실는지도 모르겠지만 일절 함구를 해버리셨어요. 자꾸 옆에서 빨갱이라 하니까 다 숨기는 거죠. 수면 밑으로 넣어버려요. 알면 다 빨갱이라고 하니까.

-면사무소 불려 가신 날짜를 알 수 있을까요?

정확한지는 모르겠지만 음력으로 6월 11일 제사를 모십니다. 그러면 7월 초에서 10일 이쪽저쪽이 되겠죠. 어디 가서 돌아가신 지는 모릅니다. 가해자는 경찰도 군복을 입기 때문에 군인인지 경찰인지 모르는 거죠. 군경이 저질렀다고 보는 거죠. 우리 금산면 전체에서 그때 100명 정도 끌려가셨어요. 동네에서 한 분이 살아온 분이 계셔요. 금산면에서 1,2등 가는 부자였어요. 그 당시 소 한 마리를 팔아서 뇌물을 바쳤어. 그래서 밤에 나왔죠. 그분이 나오시면서 엄마한테 말했어요. 11일 날 아마 돌아가셨을 거라고 말했어요. 그날로 제사를 모시는 겁니다. 그분은 빠져 나오셨어요. 돈을 써서. 그때는 뇌물이 통하던 시절이었죠. 하지만 나오고 얼마 안 계셔서 돌아가신 걸로 알고 있어요. 아마 심적으로 충격을 받았을 것 같아요.

지금 찾은 시신 400여 구 있지만은 DNA 검사를 못하니 우리 아버지인지 아닌지 모르는 거죠. 한 구당 300여만 원이 든대요. 박선주 교수님이라고 유해발굴단장님 하는 말씀이 400여 구를 했을 적에 DNA가 잘하면 한두 사람 맞는대요. 확률이 그만큼 낮대요. 4.19 직후에 했다면 확률은 높았겠죠. 그땐 사람들이 많이 살아있었으니까. 지금은 거의 다 돌아가셔서 힘들대요.

-친척분들이나 주변 사람들이 말씀하시는 아버님은 어떤 분이셨나요?

우리 강 씨 문중에 회장님 맡으신 분이 있는데, 그분 말씀은 아버지가 보통 사람이 아니었다고 해요. 말도 잘 하시고 노래도 잘 부르고 사람들 가운데 리더를 잘하시는 똑똑한 사람이었다고 하더라고요. 그리고 그분이 말씀하시길 큰아버지는 너거 아버지 발바닥도 못 따라갔다고 하셨어요. 네가 너거 아버지 참 많이 닮았다고 하셨어요. 우리 누님은 저하고 나이 차이가 두 살이 납니다. 어머니는 아버지에 대해서 입을 딱 닫아 버리셨어요. 이후에도 안 했어요. 열여섯 살에 시집와서 20살에 혼자되셨어요. 지금은 결혼도 안 할 나이잖습니까. 만약에 좋은 일이라면 이야기를 할 텐데, 빨갱이라 하니까 자식들한테 무슨 좋은 일이라고 말하겠습니까. 그러니까 딱 함구를 해버렸죠.

그런데 어머니는 평소에 이 말은 하셨어요. 너거 아버지는 죽을 일을 하지 않았다. 그래서 꼭 살아서 돌아오실 거다, 이러면서 사망신고를 하지 않으셨어요.

-사시면서 연좌제로 어려움을 당하신 건 없습니까?

제가 1966년에 서울 올라가서 한국제과기술고등학교에 다녔습니다. 2년쯤 주방에 그릇 씻고 하다가, 그 때 내 생각에 앞으로 분식, 밀가루 쪽으로 뭘 하면 좋지 않겠냐 그래서 제과를 배웠습니다. 그때는 제과하는 곳이 없었습니다. 서울빵하고 삼립빵 두 군데서 만들어서 전국으로 배달을 하는 시스템이었습니다. 그 빵이 지방으로 다 내려왔어요. 그래서 그 한국제과기술고등학교를 나오면 99%는 다 취업을 하게 되어 있었어요. 한 반에 38명이 우리 기수였는데 나 혼자 취업이 안 되었어요. 나는 손재주가 좋아 데커레이션 이런 것 하면 남들보다 다섯 손가락 안에 들 정도로 잘 그렸어요. 그런데 나만 안 되었더라고. 실력이 모자라면 실력이 모자라서 그랬다고 알겠지만 그것도 아니고, 이유를 몰랐어요. 직장도 취직이 안 돼. 근데 세월이 흐르니 아, 내가 연좌제 때문에 그랬구나. 알았어요. 그런데 개인 집에는 취직이 되었어요. 개

인제과점에 들어가서 일을 했지.

그러고 결혼을 하고 진주에 와서 분식집을 했는데 애가 셋인데, 애들이 가게를 돌아다니고 해서 분식점을 그만두고 누나가 이 천막집을 해보라고 했어요. 그렇게 살아왔어요.

-누님은 지금 살아계시죠?

같은 형제간이라도 일체 이런 이야기는 안 합니다. 아버지에 대한 기억이 있거나 아는 게 있으면 하겠지만 전혀 모르니까 이야기할 거리가 없어요.

-그동안 유족회 말고 이웃 분들이 이런 일을 많이 알고 계십니까?

많이 모릅니다. 왜냐면, 내가 TV 나온 게 10회도 넘습니다. 그러면 그걸 보고는 어, 니 얼굴이 보이던데 그 말 한 마디뿐입니다. 관심 있게 안 봅니다. 한번 듣고 끝입니다. 뉴스도 사흘 넘어가면 잊어버려요. 사람들은 자신하고 직접 연관이 안 되면 잊어버려요.

그런데 김주완 국장처럼 이렇게 끈질기게 조사한 분들이 전국에서 제법 많습니다. 시민사회에도 관심을 가지는 분들은 억울한 한을 우리라도 나서서 풀어드려야 되겠다 이런 마음을 가진 분들이 있습니다 너무 고맙습니다. 그래도 나름대로 사회가 이런 분들이 없으면 우리 입으로 아무리 떠든들 무슨 소용입니까. 그래도 살만한 세상이죠. 그런 분들이 있기 때문에 괜찮은 거죠.

-2006년에 진실과 화해를 위해 과거사 정리위원회에 피해자 진실규명 신청은 하셨죠? 국가와 지방자치단체에 바라는 점은?

네 했습니다. 국회하고 지방자치단체에 바라는 점은 유해 발굴을 좀 해달라는 겁니다. 큰 돈 드는 거 아니잖아요. 지방과 정부가 서로 니미락 내미락 하는 거죠. 우리가 누구를 잡고 이야기하겠습니까. 지금도 파면 바로 나오는데 파는데 돈이 들잖아요. 박선주 교수팀에 부탁해서 두 군데 했는데, 그분들은 시작하면 일주일, 10일, 같이 합니다. 다 가정이 있잖아요. 사람들이 말이 쉽지. 유해 만지기가 쉽지 않아요. 고맙죠.

진주시가 1년 예산이 얼맙니까. 도 예산이 얼맙니까. 발굴 비용은 아무것도 아니예요. 정치인들은 이런데 관심이 없어요. 자기들의 치부를 드러내는 일이거든요. 우리나라가 딱 반으로 나눠져 있어요. 좌우로. 이승만부터 이어져 오던 사람들은 머릿속에 딱 박혀 있어요. 그 사람들과는 대화가 안 됩니다. 노무현 이야기나 지금 이야기 꺼내면 '니도 빨갱이네' 이래요. '니도 똑같은 빨갱이 놈이네' 그래요. 말을 더 하면 싸움 밖에 안 되니까 입 닫아버리죠. 사람이란 게 완벽한 사람이 누가 있겠습니까 다 허물 잡고 털면 나옵니다. 상대를 배려를 하고 그러면 얼마나 좋습니까. 신처럼 완벽한 사람이 어디 있겠습니까. 그러니까 이 사람들하고 대화를 하면 대화가 안 됩니다. 빨갱이라 하면 할 말이 없어요. 텔레비전이나 신문을 보면 현재 조국 법무부장관 찬성하는 쪽 하고 반대하는 쪽이 있는데, 이해를 하고 상대를 봐야하는데…. 이해는 가요. 그럴 수 있잖습니까. 그런데 너무 도가 지나칩니다.

저같은 사람 보고 너거 아버지 빨갱이라면서? 이러면 기분이 좋습니까? 아직도 그런 세상이라는 거죠. 흠을 잡고 만들면 만들어진단 말입니다.

사람이 팍 돌아버리겠어요. 제가 스트레스를 받아서 신경정신과 약을 먹고 있어요. 밖으로 도출해서 해소를 해야 하는데 그렇게 못하니까 갑갑한 거죠. 제가 9년간 진주유족회 위령제를 하면서 추도사를 제대로 읽어본 적이 없어요, 보면 글은 다 보이는데 눈물이 나요, 가슴이 터질라고 하고 갑갑하고….

-돌아가신 아버지에게 드리고 싶은 말씀이 있다면 해주십시오.

역사에서 보면 정의는 항상 이겼습니다. 때로는 시간이 걸리기도 했지만 진실은 밝혀지는 것을 보았습니다. 저는 그 이유 때문에 이 나이에라도 밝혀보자 싶어 밝히지 못한 아버지의 죽음과 관련된 개인사를 이렇게 털어놓는 것입니다.

바라는 것은 다른 게 아닙니다. 이 사건의 진실규명과 아버지를 비롯한 억울하게 돌아가신 분들의 명예회복, 그리고 재발 방지를 위한 사회적 합의를 이끌어내는 것입니다. 그런 다음에 억울하게 가신 넋들을 위로하고 살아남아서 고통스러웠던 유족들의 가슴을 어루만져 남은 여생이나마 마음 편히 살다 갈 수 있도록 하고 싶습니다. 그렇게 하는 것이 아직도 실체를 밝히지 못한, 불법적 살인에 참여한 이들의 가슴속 불안과 죄의식을 조금이라도 덜어주는 일이 될 것입니다.

아버지, 누가 아버지의 가슴에 총을 쏘았습니까? 그 누가 우리 집을 그렇게 만들었습니까? 누가 우리 어머니의 청춘과 평생을 빼앗아갔습니까?

아버지, 아버지 곁으로 가신 어머니와 함께 계시겠지요? 하늘나라에서도 어머니의 그 한 많은 가슴속 응어리를 부디 풀어주시고 이승에서 못다한 사랑을 나누십시오.

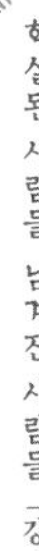

희생자 강종호

증언자 강성현

○ 면담자: 한양하

○ 조사 장소: 진주유족회 사무실

○ 조사 일시: 2019년 9월 27일

증언자 정보

· 이름: 강성헌

· 생년월일: 1949년 12월 15일(만 70세)

· 성별: 남

· 희생자와 관계: 희생자의 아들

· 주소: 부산시 해운대구 중동

· 직업 · 경력: 자영업(식품제조업)

희생자 정보

· 이름: 강종호

· 생년월일: 1925년 12월 21일(당시 26세)

· 성별: 남

· 결혼여부: 기혼

· 직업: 상업(진주중앙시장 잡화점)

· 주소: 경남 진주시 평안동 237번지

강성헌 유족의 아버지 강종호(당시 26세) 씨는 당시 진주 중앙시장에서 잡화상을 하고 있었다. 그날이 진주 장날이어서 아버지의 외사촌 부부가 와서 장사를 일찍 마치고 집에 가서 저녁을 먹으려고 하는데 군인 둘이 총을 들고 와서 보도연맹 관련하여 조사할 게 있다고 아버지를 연행해 갔다고 한다.

당시 누나는 네 살, 강성헌은 백일이 지났다고 한다. 성장한 후 아버지에 대해 궁금하여 당숙들에게 물어보니 아버지는 진주고보를 다니다가 집안 형편이 좋지 않아 집안에서 운영하는 인쇄소에 취직하였으며, 이후 세를 얻어 가게를 냈고 성실하게 일해서 여동생 둘 중 한 명은 시집 보내고, 막내 여동생도 공부를 시켰다. 당시 건국준비위원회에 가입하여 서북청년단과 싸움을 하게 되어 당숙이 불러서 말렸다고 한다. 이후 동네 반장도 하고 인심을 얻었는데 전쟁이 나자 보도연맹원으로 연행되어 처형되었다.

이 일로 큰고모는 남강에 투신하여 자살하였고, 작은고모는 인민군에 들어가 월북하였다. 아버지가 돌아가신 후 어머니는 생선장사를 해서 가족을 돌보았으나 강성헌이 7살 때 재혼을 하였고, 이즈음 1년여의 생활이 인생에서 가장 행복했던 시절이라고 회상하였다. 재혼 후 동생을 보았으나 의부가 출타 중에 경기를 하여 죽게 되자 죽은 아버지 귀신 탓이라며 강성헌과 누이를 외가로 보냈고, 외가에서는 다시 돌려보내 누나는 식모살이로, 강성헌은 김해 대성원이라는 고아원으로 가게 되었다.

고아원에서 우수한 성적으로 낙동중학교에 입학했으며, 졸업 후 인천 국립소년직업훈련소에서 기술교육을 받았다. 이때 어머니 친척이 찾아와 부산에서 사업을 하는데 일을 해 달라고 하여 부산으로 내려온 뒤 부산에 정착하여 갖은 직업을 전전하였다. 현재 외식 산업 프렌차이즈를 운영하고 있으며 부경대학교 CEO과정도 마쳤다고 한다.

노무현 대통령 당시 텔레비전 자막에서 보도연맹 관련 글이 나오는 것을 보고 동사무소에 연락해서 과거사진상규명위원회와 연결되었고, 아버지 관련 증언 진술을 해 준 친척 덕분으로 보상을 받았으며 진주 유족회에서 활동을 하고 있다.

현재 유족회 회원들이 하나로 뜻을 모아 서로 돕고, 정치인들은 정견과 이념을 떠나 과거를 바로 세워야 한다고 말했다. 역사를 바로 세우는 것이 국가가 할 일이며, 이렇게 하지 않았을 때 누가 국가와 민족을 위해 목숨을 바치겠느냐고 하였다.

-소개 부탁드립니다.

제 이름은 강성헌입니다. 진주 강가입니다. 음력 12월 25일이 생일입니다. 남매인데 위에 누님이 있고 저입니다. 지금 현재 부산 해운대구 중동 아파트에 살고 있습니다. 자영업으로 식품제조업을 하고 있습니다. 아버지 성함은 강종호, 1925년 12월 21일생인데 족보책 보고 베꼈습니다. 아버지는 진주 중앙시장에서 여러 가지 물건을 파는 잡화점을 했습니다. 집은 평안동 237번지였는데, 전쟁 중에 직격탄을 맞아 흔적이 없다고 합니다. 엄마가 드무실로 피난을 갔다오니까 집에 시체가 나뒹굴고 해서 들어가지 못하고 다른 데서 사셨다고 합니다. 그때 기억은 없습니다. 어머니 말로는 그때 제가 백 일이 채 안 됐다고 하는데 아버지 돌아가셨을 때가 음력 7월 25일이니 제가 백일 지나고 나서였던 것 같습니다. 어머니는 백일 전이라고 하는데 저는 백일 후인 것 같애. 어머니는 핏덩어리였다고.

-아버지께서 잡혀가신 날에 대해 말씀 부탁드립니다.

어머니를 통해서 들은 이야기입니다. 마침 그날 진주 장날이었답니다. 장날이 되면 시골에서도 사람들이 물건을 이고 지고 장 보러 옵니다. 그때 마침 우리 진외가가 지금 장재동, 장재실에 있었고. 거기 부농으로 할아버지부터 아버지 외사촌들이 잘살았습니다. 외사촌 부부가 같이 시장에 왔다가 집에 일찍 와서 밥 한 끼 먹을 거라고 했답니다. 아버지가 몸을 씻고 있는데 경찰관이 아니고 군인이 둘이서 총을 들고 와서 아버지를 그 자리에서, 현장에서 바로 연행했답니다. 그걸 보고 우리 어머니도 있고 아버지 외사촌 아재하고 부부가 왜 그러냐고 이야기하니까 보도연맹에 관한 조사가 있어서 조사만 하면 바로 보낼 거다. 우리 어머니는 따라 갈 거라고 나섰답니다. 못 오게 하니 기다리는데 그게 끝입니다.

-집과 가게는 가까웠습니까?

집은 가게하고 따로 떨어져 있었습니다. 가게는 중앙시장 안에 있었고 집은 평안동 237번지인데 아마 내가 볼 때는 수정동이랑 진주고등학교 사이인 것 같습니다. 평안동 그 위로 가면 형무소랍니다. 옛날 형무소가 계동에 있었습니다. 어릴 때 그 집은 기억에 없지만 그 주소는 어릴 때부터 못이 박혔습니다. 어머니가 '성헌아 주소 외워봐라'고 했습니다. 누나가 네 살, 저하고 세 살 터울이니까. 누나는 기억이 조금 나는데 아버지가 우리를 그리, 특히 아들을 그리 좋아했답니다. 누나 말로는 아버지가 인물도 잘 생기고, 아버지가 멋쟁이라카데예.

강성헌 유족.

-부모님은 어떻게 혼인하게 되셨나요?

그 당시가 요새 정신대(일본군 '위안부') 아시지예. 일본 사람들이 정신대 소녀들을 차출할 때랍니다. 그걸 피하기 위해서 외조부님이 사람을 고르다 고르다가 우리 아버지를 골랐어예. 아는 지인을 통하고, 첫째는 진주 강씨 하면 그 당시 양반이라고 진주에서는 괜찮은 가문이었거든예. 그게다가 가만히 사람을 보니 머스마가 좀 똘똘하고, 할아버지 친구가 중신을 했답니다. 어머니는 후일담인데 그때 사실은 학교 모 선생을 선을 함 봤다더라고. 거게는 초혼이 아니고 그 사람이 부인이 죽었는데 후처고. 그래서 거기는 안 되고. 마음은 그 사람한테 들었는데. 할아버지가 선을 다 보였는데 할아버지는 아버지한테 마음이 있었지. 어머니는 18살에 아버지 20살에 결혼을 하셨지.

-혼인 후에 아버지는 어떤 일을 하셨나요?

결혼 후에 오촌 당숙이 진주에서 아주 부자였습니다. 그 당시 군납을 했어예. 강치주씨라고 당시 진주에서 힘깨나 썼습니다. 제가 결혼 이후에 아버지에 대해 모르는 게 많으니까 어머니께 '그때 무슨 일이 있었습니까' 물어보니까 너그 아버지가 참 똑똑하고 성실했다. 할아버지가 일찍 돌아가셔서 너그 아버지가 어른 노릇을 다 했다. 아버지가 독자여서 여동생이 두 명이 있었고, 할머니마저도 시름시름 몸이 아파 가지고 아버지가 진주고보 3학년까지 다니다가 도저히 가정형편상 가정을 돌봐야 하겠기에 공부를 못하고, 그때 우리 집안에서 인쇄소를 했답니다. 강 씨 집안에서. 인쇄소에서 일을 하게 됐다. 일을 열심히 하고, 그리하다가 지가 장삿길로 나선다고 장사를 하게 됐는데 그때 당숙께서도 돈도 도와주시고, 이리저리 해서 점포를 직접 꾸려나가고 자영업을 했는데 참 잘했다. 특히 여동생들을 손수 벌어서 공부 다 시키고, 부모 노릇도 잘하고 잘했는데, 나중에 진주가 소란스럽고 시끄러운 일이 있었는데, 그게 뭐냐면 그 당시에 건준(건국준비위원회), 여운형 선생이 세운 건준에 소속된 사람들하고 서북청년단하고 싸움도 하고 심지어는 전투도 하고 그 정도로 살벌했는데 너그 아버지가 거기 있었다 하더라. 그래서 조용히 불러서 못하게 했는데 그 이후에도 모르겠지만 극구 못하게 했다. 니가 가장이고 가정을 돌봐야 하는데 그래가 되겠나. 그래서 아버지도 동의를 하고.

나중에 그래서 보도연맹에 들어가지고. 그게 결과적으로 전향을 하기 위해 국가에서 만든 기관이라예. 아버지가 보도연맹에 그리 들어가게 됐는데 사변이 터지자 잡혀가서, 나중에 당숙이 군납을 하다 보니 군 기관 사람들하고 이야기를 나눠보니까 시범 케이스로, 사실은 실제 행동을 한 사람이기 때문에 좌익이라기보다는 일단은 건준에 속해 가지고 서북청년단하고 싸움도 하고 핵심에 있었기 때문에 다음날 바로 잡혀갔답니다.

-건준 활동 당시 어머니는 그걸 모르셨나요?

어머니는 그 일을 전혀 모르고 살림만 살고, 아버지는 그 당시 동네 반장도 했어. 사회활동도 하고 나름대로는 바쁘게 사신 분이라예. 그리고 주위로부터 젊은이가 참 잘한다 칭찬도 많이 듣고 제가 어릴 때 어머니가 나중에 할 게 없어서 시장에서 함티 장사를 했습니다. 생선 팔아다가 노점에서, 노점상이지. 저는 당시 집에서 몇 발 안 되니 엄마 옆에 있어야 될 얻어 묵고 거기서 놀고 하는데 아버지를 알았던 사람들이 보고 저한테 꼭 한마디를 하고 갑니다. 니가 종호 새끼구나. 너그 아버지는 법 없이도 살 사람이고. 참 너그 아버지 어진 사람인데 세월이 들어서 그리 됐다. 나한테 용돈도 주고. 그런 일들을 많이 겪었습니다.

-아버지가 잡혀가신 뒤 어머니는 어떻게 하셨나요?

어머니는 그 당시에 제일 먼저 당숙 중에서 오형제 중 넷째 분인 강영호라고, 그분도 진주에서 동회장을 오래 했습니다. 아버지와 동갑이라예. 어머니도 만만하고 해서 그 당숙을 찾아가서 '성헌 아버지가 잡혀갔어요. 빨리 손 좀 써 달라'고 말을 했는데 영호 아재가 형제간들 의논해서 수습을 해보겠다고. 그러자 시장에 왔던 우리 진외가 쪽, 아버지 외가쪽 부부들이 집에 가서, 그 당시 아버지 외할아버지가 살아계셨고, 아버지 외삼촌이 살아계셨고, 아버지 외삼촌이 당시 장재실에서 구장을 했어요. 그들도 아는 사람들 손을 써 가지고 아버지가 진주 형무소까지 잡혀 갔다. 그 다음날 바로 끌려갔다더라. 트럭으로 끌려가서 처형된 걸로 알고 있다 하더라고요.

-혹시 끌려간 날짜는 아시나요?

그 날짜는 모릅니다. 처음에는 제사를 음력 6월 18일날 지내다가 나중에는 9월 9일에 그때로 통일을 했다대요. 6.25에 인민군이 들어오고 하니 친척들이 피난을 갔답니다. 썩 우리일 같이 관심을 못 썼다는 거지. 큰아버지 말이 내가 그때 돈이 있어가지고 부뚜막 구들장에 돈을 자루째로 묻어놓고 갔는데 제수씨가 빨리 이야기했더라면 소 한 마리 값 정도는 목숨을 구할 수 있었는데 내가 왜 안 했겠노 그렇게 이야기하시더라고.

-가족들은 어떻게 생활하셨나요?

우리 어머니가 전혀 생활 능력이 없잖아요. 아버지가 버는 걸로 살림만 하셨으니까. 외할아버지가 드무실에 살았습니다. 드무실이 알고 보니 여기라네요.(진주시 초전동 진주유족회 사무실) 그때 여기 와보면 허허벌판이었는데 외할아버지 집으로 피난을 와서 살았습니다. 전쟁이 끝나고 나서 진주로 오게 됐고, 인민군이 들어오고 나서 우리 고모가 두 분인데 큰고모는 종순이, 작은고모는 달순입니다. 큰고모는 그때 결혼을 하셨고, 우리 고모부가 그때 트럭 운전을 하셨을 겁니다. 그래도 시집가서 잘 살고 계셨고, 우리 작은고모는 도립 병원에 간호원으로 있었습니다. 오빠가 그리됐다는 것을 시골에 출장, 파견 근무를 갔다가 와서 알게 된 모양이라. 우리 집에 같이 살고 있었는데 오빠가 그리됐다는 걸 알고, 식음을 전폐하고 울고 있다가 인민군이 들어오자 바로 인민군으로 자원입대해서 인민군 간호원으로 병원에 종사하다가 퇴각할 때 넘어갔습니다. 그 이후로 볼 수 없었지요.

-다른 가족은요?

큰고모는 유서를 남기고 집을 나가버렸습니다. 유서 내용인 즉 도저히 힘이 들어서 더 살 수 없다. 유서 한 장 남겨 놓고 집을 나섰는데 나중에 경찰들한테 연락이 와서 시신 수습하라고. 남강에 빠진 시신을 수습하라고 해서 고모부가 수습해서 장사를 지냈답니다. 전쟁통에. 결과적으로 아버지가 그렇게 된 다음에 다 그리 된 기라. 할머니는 그 훨씬 전에 돌아가셨고. 아버지 장가보내고 3년 뒤에 돌아가셨답니다. 아버지가 여동생 둘을 데리고 있다가. 큰동생은 시집 보냈고. 우리 고모들은 그 당시 또래에서는 똑똑했답니다.

-유년 시절과 성장기는 어떻게 보내셨나요?

제가 철이 들 때가 언제냐면, 너댓살, 다섯 살 때 생각이 들어. 어머니가 시장 갔다 오면 밤새 흐느끼는 것도 봤고. 그리고 친인척 집에 돌잔치나 큰일 있으면 허드렛일 해 주고, 다 부잣집들입니다. 친척들은. 나는 또 거기서 맛있는 거 많이 얻어묵거든. 그 사람들한테 '종호 새끼야, 너그 아부지가 살았으면…' 이런 소리를 듣고.

제가 유년기를 고아원에서 보냈습니다. 내가 일곱 살 때입니다. 초등학교 들어가기 직전이네. 우리 강가 집안에 할머니가 계셨거든예. 너그 엄마 귀신이 들어 아버지를 잡아갔다 하고. 우리 엄마한테 냉대를 하는기라. 어디 살러 가라고. 엄마는 우리를 우짤긴데. 그리 버티고 버티다가 내가 일곱 살 때 시장에 그 당시에 어협 진주시에 고기를 취급하는 조합장이 지금은 상인회 회장쯤 되것지. 어머니 중신을 해서 좋은 사람이 있다. 그 사람 집안에 묏자리를 봐주는 풍수를 소개한기라. 임풍수라고 그 당시는 이름이 있었어예. 그분이 처음에는 우리를 좋아했어예. 어머니는 우리를 대학까지 보내준다는 조건을 걸고 갔어예. 진주에 봉래국민학교 1학년 다니다가 2학기 쯤 돼서 이사를 하게 됐는데 저기 진동, 임곡리인가 의곡리인가 기억이 나지 않는데 거기 저수지가 있는데 저수지 상류에, 산 위에 시냇물이 흘러가는 입구에 그 당시 초가 2층을 지어 놨더라고. 그래갖고 위에 올라갈 때는 사다리 타고 올라가고. 경치도 참 좋고 학교는 태봉국민학교를 다녔는데. 거기서 태봉국민학교까지 근 십 리 거리라. 2학년인데 누나는 5학년이고, 동네 아이들하고 학교 갔다왔다 하는 게 놀이라. 들로 산으로 내 걸어왔다갔다 하면서. 그때가 우리가 젤 행복했던 것 같애. 내 유년기 중에서.

그 뒤에 의부가 출타 중, 남의 묏자리 봐주는 일로 집을 자주 비웠거든예. 그때 태어난 내 동생이 밤사이 경기를 하다가 죽어버렸어예. 그때 손을 쓸 수도 없고 병원도 없고. 임풍수가 아이를 좋아하고 내한테도 잘해주고 누나한테도 잘해주고. 우리도 좋아하고. 그러고 나니 아버지 귀신 때문에 아이가 죽은 거라고 우리를 홀대하기 시작하더라고. 일단 우리를 외가로 보냈어예. 그 당시 이모가 사천공군부대 간호사로 있었습니다. 이모를 시켜 외할아버지한테 연락하니 이모를 보냈어. 그래 우리를 데리고 갔다가 외할아버지도 가만히 생각하니 신경질 나거든요. 지 새끼도 못 거두면서 얄궂은 걸 데꼬 산다 생각하니 딸이 미워죽겠어. 그래서 다시 우리를 보내버렸어. 그때가 내 국민학교 2학년 다닐 때입니다.

외가에 갔다가 다시 오니 그다음에는 어머니는 그 당시에 마산에 어협조합장입니다. 전삼도 씨라고. 그 집에 누나를 수양딸로 보낸다고 했는데 알고보니 가정부로 보낸 것 같애. 누나가 그 집에서 고생을 억수로 한 것 같애. 나는 고아원으로 보냈어예. 김해군 대저면 출두리 당리부락에 있는 대성원, 그 당시 원장은 변종택 씨. 거기서 대상국민학교 3학년 편입을 해서 낙동중학교에 그 당시 시험 쳐서 제법 어려운 데 내가 7등으로 들어갔어예. 그래갖고 그동안 재미있는 일도 있었겠지만 젤 몸서리쳐지는 게 그리움입니다. 내가 살면서 어쨌든가 힘이 되면 엄마하고 같이 살아야 되겠다. 중학교 졸업하고 직장 생활을 전전하면서 국가기관에서 하는 국립소년직업훈련소, 인천에 가면 있습니다. 당시로 가면 대졸자도 오고 박 대통령이 외국인들이 오면 보여줄 정도로 국가에서 장려하는 기관이었습니다. 거기서 공부를 하면서 중고등학교 교육과 기술교육을 받았습니다. 과정이 그 당시 2년인데 대학교수님이 직접 와서 가르치고 했거든.

거기서 나와가지고 졸업하기 전에 마침 어머니 외사촌 동생이 내가 어릴 때 한 번씩 놀러갔을 때 잘 해주셨는데 그분이 한번 올라오더니 자기가 사업을 하게 되었는데 양돈업을 같이 함 해볼래. 사실 꼬여서 내려온 거지. 거기 있었어야 되는데. 이것도 나중에 아니다 싶어서. 운전도 하고 이것저것 닥치는 대로 하면서 독학도 하고, 마지막 학교 정규과정은 아니더라도 부경대 CEO 과정도 수료하고, 나름대로는 지금 현재 사업하고 연결되는 외식업을 하게 되었거든요. 만두 전문점을 합니다. 상호가 강가네 손만두입니다. 여러 가지 조합을 해가지고 프렌차이즈 사업을 하고 있습니다. 이후 부산에서 둥지를 틀게 됐습니다.

내가 열여섯 살에 부산에 내려왔습니다. 결혼은 서른한 살에 했습니다. 결혼하고 난 다음에는 옷장사도 좀 했습니다. 모피장사도 하고. 제가 이사를 스물아홉 번 했어요.

-어머니와는 언제부터 같이 사셨어요?

어머니를 모시게 된 건 제가 결혼 전에 스물여섯 살쯤 됐을 때입니다. 어머니는 당시 혼자 사셨고, 어머니가 누나를 먼저 데리고 사시더라고. 어머니는 세월 잘못 만나서, 너그 아버지 같은 사람이 없었는데 하다가 원망도 하고.

-진주유족회는 어떻게 알게 되었어요?

보도연맹이라는 말이 뇌리에 박혀 있었는데 그때 보도연맹이 어떤 건지 사실 몰랐습니다. 빨갱이 단체구나. 그 정도만 생각했지. 노무현 대통령 되고 나서 텔레비전 자막에 보도연맹이 나오더라고. 그래서 동사무소에다가 자막을 봤다고 관계 기관이 어디냐고 하니 구청에 문의하라고 하더라고. 구청에 문의하니까 지금 접수 중이라고 하더라고.

구청에서 조사기관을 저한테 연결을 해줍디다. 제가 전화를 드렸고 거기서 전화상으로만 저하고 몇 번 통화가 오갔는데 기관이 과거사 진상조사위원회입니다. 담당이 누군지도 모르고 어머니한테 들은 이야기를 근거로 해서 했는데 나중에 난 제외라는거라. 너무 증거가 없다는 거라. 지금은 다 돌아가셨는데. 그때 생각나는 게 인우보증할 사람이 있습니까 하더라고. 제 주변에 생존해계신 어머니 인척이 있었고 사회적으로 대학총장 한 사람이 있었고, 연세대학교 아버지 외사촌 되는 박홍희 교수는 제법 유명했던 사람이거든요. 자기들이 사인하고 그때 일어난 아버지에 대한 사실들을 증명을 해 주고 그게 참작이 되어갖고 부산 구청에서 조사위원이 내려올 거라고 해서 거기서 만나가지고 다시 조사를 하고 소상하게 이야기했습니다.

아버지가 그때 잡히고 난 다음날 우리 집 앞으로 트럭이 몇 대가 지나가는데 한 차에서 한 사람이 손을 흔들면서 모자를 벗어서 흔들면서 가더래요. 자세히 보니 종호더라. 아버지 지인이 봤고. 그때가 아마 마지막인 것 같애요. 그때가 마지막인줄 몰랐다고 하더라고요. 진주형무소로 가더라 이랬거든. 그렇게 해서 나중에 결국 내가 확정판결(진실규명 결정을 뜻하는 듯)을 받았습니다. 유족들 중에 제일 먼저 받았는데 그때가 아마 2006년도였든가?

-아버지가 건준 등 사회활동을 하는 데 영향을 준 친구나 친척이 있었을까요?

친구가 있었다고 합니다. 한 분이 있었는데 우리 어머니가 그 사람을 원망을 하더라고. 그 사람을 아버지가 안 알았어도 괜찮았을낀데. 아버지가 진주고보, 중학교와 고등학교 합친 개념이지. 지금 진주고등학교의 옛날 이름이지요. 우리 아버지 학모 쓰고 뿔테 안경 쓰고 찍은 사진이 있었거든요. 그때 만난 친구인지는 모르지요. 어머니가 아버지 사회생활까지는 관여를 안 했는데 나중에 후일담으로 그런 이야기가 왔던 모양이더라고요. 정확한 건 모르는데 큰아버지 말씀은 그 당시 서북청년단들하고 전투를 했답니다. 무기를 미군정에서 다 탈취를 해 갔기 때문에 대창을 만들어서 찔러 죽이는 싸움까지 했다고 합니다. 어머니도 아버지의 비극이 오기까지에 대해서는 알려고 하지도 않고 저한테 자세히 이야기하지도 않았습니다.

아버지 사촌들은 좀 보수적이고, 아버지만 유독, 우리 친족들 중 우리가 제일 못살았거든요. 그 당시 조부님이 가톨릭 신자였어예. 가톨릭 신자로 개종하셔서 자식들한테는 전도를 안 하시고 그래가지고 일찍 돌아가셨어요. 우리 아버지의 아버지 강유진 씨가 가톨릭이고 옛날엔 동학도 했답니다. 옛날에 우리 집에 칼도, 할아버지 쓰시던 게 있었어요. 내가 거기에 손도 베였어요.

유독 우리집만 그랬어요. 아버지가 그 일 있고 나서는 강가 문중에서 우리를 거들떠 보지를 않았어요. 저그한테 가면 혹시나 (불이익이 있을까) 싶어 우리를 챙기지를 않더라고.

그 당시만 해도 빨갱이란 낙인이 굳게 있어, 할아버지가 사실은 나한테 영향이 있을까 싶어서 호적에 올릴 때 아버지 이름을 함께 올리지 않았습니다. 전쟁 때 진주가 전부 불바다가 돼서 호적등본이 다 탔어예. 그래서 호적부를 다시 만들면서 아버지가 빨갱이로, 보도연맹이 빨갱이라 생각했기 때문에 내 신상에 영향이 미칠까 싶어서 걱정을 하면서 우리를 보호를 했답디다.

-진주유족회와 연결은 어떻게 됐습니까?

처음에 제가 두 번째 조사를, 그때 금정구청에서 조사를 과거사 진상조사위원회에서 내려와서 조사를 받았거든예. 마침 그때 내 비슷하게 조사를 받는 사람이 있더라고예. 그 사람은 신문기자 출신인데. 자기 아버지도 그렇게 당했더라고예. 내가 우리 모임이 있습니까 물었더니 진주에 있다며 김태근(전 진주유족회장) 씨 주소를 적어주더라고예. 처음엔 내가 부산에 사니까 부산유족회로 들어갔어예. 그러면서 진주유족회 하고, 아버지가 진주에서 돌아가셨기 때문에. 용산리 유해 발굴할 때 우리 유족회 모임이 있었거든요. 그때 진주에 왔어요. 양쪽에 회원이 되어 있었습니다.

-유해발굴하는 과정 등을 보시면서 진주유족회나 국가에 바라는 점은 어떤 것이 있습니까?

유족들이 한 목소리가 되어가지고 똘똘 뭉쳐서 정부와 대항을 해야지요. 어쨌든 우리 국가가 과거에는 솔직한 말로 이승만 정권부터 첫 단추를 못 끼었다 하더라도 인제는 세대교체도 많이 되었고 정말 진실을 감추지 말고 정의로운 나라가 됐으면 합니다.

우리 진주가 그 당시에 어떻게 된 건지 모르겠지만 여기에 그 당시 피해자들이 너무 많은 것 같아요. 다른 지역에 비해서. 지금이라도 국가가 좀 더 성의를 가지고, 정치적으로 정견과 이념을 떠나서 과거를 바로 세워야 앞으로 좋은 미래가 안 있겠습니까? 우쨌든간에 잘못된 역사는 바로 반듯하게 만들어줬으면 싶은 바람이 젤 강합니다.

유해 발굴은 정치적인 구도가 짜여져 힘을 실어주는 사람이 필요한데 지금 정치인들이 제일 문제인 것 같애요. 야당지지자이지만 야당도 목소리를 낼 때는 내줘야 합니다. 표만 의식하는 걸 보면 아닌 것 같고. 어쨌든간에 과거에 피해를 입은 민심을 어루만져 줄줄 아는 그런 정치를 하고 국회의원들이 많이 생겼으면 싶습니다. 우리나라가 위기에 빠졌을 때 과연 국가와 민족을 위해 목숨을 바칠 사람이 많았는데 국가가 어떤 위기를 당하더라도 목숨을 바칠 사람이 있겠습니까? 걱정입니다.

여기가 제 안태고향입니다. 오늘 제가 첫 이사회에 참석했는데 우리 아버지 뼈가 묻힌 곳이다 해서 훈훈한 정도 있습니다. 용산리 발굴할 때 뼈 하나하나 보면서 이 중에 우리 아버지도 계실끼다 싶어 마음이 훈훈합디다.

-말씀 잘 들었습니다. 마지막으로 하실 말씀은?

우리 아버지에 대해 일가친척들 칭찬을 많이 했다고. 박홍희 교수는 연세대학교에서 알아주는 교수인데 아동들 골수암 환자들 위해 숙식할 수 있는 공간도 만들고 좋은 일을 많이 했습니다. 아버지 외사촌 동생인데 콜롬비아 대학 물리학 박사입니다. 그분도 인우보증 서주면서 '난 참 종호 형님 어릴 때 좋아했는데, 너그 아버지 참 똑똑한 사람이라고 이야기했주었습니다. 그런 분에게 고맙죠.

○ 강성헌 유족이 인터뷰를 준비하며 직접 쓴 글

진주유족 강성헌 아버지 함자는 강종호(1925년 12월 21일생) 이시고 진주 강씨 은렬공 31세손으로 강유진(저의 조부님) 금점이(저의 조모님 봉화금 씨 금경용의 따님) 사이 3남매(종순 달순) 중 맏이로 진주에서 태어나시고 어머니 박영희(1927년 5월 18일생, 외조부님 박흥봉 밀양박씨, 외할머니 김정순) 사이 박영희 박영애 박정애 중 맏이로 태어나시고 사고 당시엔 누님 강옥희(1946년 8월 16일생), 저 강성헌(1945년 12월 25일생), 달순이 고모(종순이 고모는 출가)와 함께 진주시 평안동 37번지에서 행복하게 살았습니다.

(중략)

6.25사변이 일어나고 얼마 있지 않아 그날이 장날이라 마침 아버지 외사촌(금봉식 백묘순) 부부가 장재실에서 장보러 와서 만나 평상시보다 조금 일찍 장사를 파하고 집에서 저녁이라도 함께 먹고 보낼 거라고 와서 몸을 씻고 있는데 총을 든 군인 2명이 와서 보도연맹에 관해 조사할 게 있다면서 데리고 간다기에 어머니도 같이 가려고 하니 조사만 하고 보내줄 테니 가족은 집에서 기다리라고 해서 기다렸으나 나중에 알아보니 아버지는 죄가 무거워(주모자급) 다른 사람보다 먼저 총살했다는 이야기를 듣고 망연자실할 수밖에 없는 처지였습니다.

(중략)

아버지는 독자라서 저에게 제일 가까운 친족은 5촌 당숙들(다섯 분)이었는데 경황 중이라 아버지하고 연세도 같고 만만하게 지나던 강영호 당숙께 부탁을 했는데 형제들 하고 의논해서 알아보겠다 했으나 마침 장재실 저의 진외가 아버지 외조부님(금경용)과 외삼촌 되시는 금점세(장재실 금봉식의 부친)께서 나서서 진위 파악과 사태수습에 나서주셔서 우리 가족에겐 너무나 고마운 어른들로 남게 되었습니다. 외조부님 (당시 드무실에 사신 박흥조)께선 우리 가족을 돌봐 주셨습니다.

(중략)

아버지 총살됐다는 소식 접하고 다음날 동네 사람들로부터 뒤벼리 모티(남강기슭)에 총살당한 시체들이 있다는 소문을 접한 어머니가 누나는 걸리고 나를 업고 현장에 가보니 시체가 즐비한데 몇몇 사람들이 먼저 와서 시체더미에서 확인을 하고 있었고 오뉴월 무더위에 악취가 진동하고 여기까지 오는데 땀범벅이 되어 피로와 공포로 지금이면 도저히 할 수 없었을 텐데 용기를 내어 확인을 했으나 아버지 시신은 없더라고 했습니다.

달순이 고모는 그때 진주 도립병원에 간호사로 근무를 하고 있으면서 당시엔 시골 출장진료팀에 차출되어 근무 중 이었는데 연락을 받고 며칠 후 집에 와서 밤새 통곡을 하고 날마다 슬퍼하다가 인민군이 진주를 점령하자 가족과 함께 평화롭게 살아가고 있는 오빠를 아무 절차도 밟지 않고 강제연행해서 총살한 국가에 더 이상 살아야겠다는 희망을 잃어버리고 인민군에 자원입대해서 당시 진주 인민군 병원(진주도립병원)에서 간호병으로 근무하다 후퇴할 때 같이 월북한 걸로 전해지고, 언니인 종순 고모님은 그일로 인해 시집에서 시름시름 앓다가 어느날 더 이상 살아갈 용기가 없고 미안하다는 유서를 남기고 집을 나갔는데 나중에 진주 남강에서 시신으로 발견이 되어 고모부께서 수습해 장례를 치렀다고 들었습니다.

(중략)

살아오면서 어려움이 많았으나 제일 참기 어려웠던 것은 가족이 뿔뿔이 흩어져서 그리움이 사무쳐 가슴을 옥죄는 슬픔이었습니다. 왜 나는 이런 운명을 안고 태어났는지 부모님을 원망도 했습니다.

(중략)

이젠 1남 1녀 자식과 1남2녀 손자 손녀도 있는데 나의 불행이 더는 이어지지 말기를 바라고 해방 후 자의든 타의든 역사를 바로 세우지 못해 불의가 정의 위에 군림해 혼란의 연속이었는 데, 이제라도 정의가 바로 서고 존중받는 국가가 되었으면 하는 강한 바람과 희망을 가져봅니다.

제가 곰곰이 생각을 했습니다. 지금 우리나라 경제강국으로 우리나라를 부러운 눈치로 보는 사람들도 많습니다. 그래도 나는 경제적으로는 강국에 들어섰어요. 사람이 살면서 인본이라는 게 뭐겠습니다. 개인이 보호해야 할 가치가 있지만 국가가 자국민에 대해서는 보호해야 합니다. 제 아버지는 아무리 생각해도 빨갱이가 아니었어예. 그 당시 정권 이념이 앞섰고, 사회 생활을 가족들을 부양하려다 보니 누구보다 열심히 하셨다는 겁니다. 그러면서 경제적으로 체험을 많이 하다보니 우리나라 그 당시만 해도 기득권은 대체적으로 친일이고 이승만 정권에 협조하는 사람들입니다. 적폐의 대상인 겁니다. 모든 권한을 쥐고 있다보니 그에 대해 정의로운 활동을 하다가 어느 날 육이오 사변이라는 그 틀에 묶여서 보호해야 할 국가 권력이 어느 한 가정을 완전히 박살 낸 겁니다. 국민을 보호해야 할 국가가. 긴 세월이 지났어도 국가가 모른체 한다면 그것보다 더 큰일이 어디 있겠습니까? 자국민을 보호하지 못하는 국가가 국가입니까?

지금은 진영논리에 얽매이지 말고 여권이든 야권이든 양심을 갖고 그동안 가슴 아프게 한평생을 보낸 자국민을 생각해야 합니다. 자국의 국민이라고 생각한다면 지금이라도 바로 세워져 마땅하다고 생각해요. 아니면 우리는 부끄러운 민족이 될 거라고 생각합니다.

희생자 김성홍

증언자 김상길

○ 면담자: 한양하

○ 조사 장소: 김상길 유족 자택

○ 조사 일시: 2019년 9월 10일

증언자 정보

· 이름: 김상길
· 생년월일: 1941년 9월 8일(만 78세)
· 성별: 남
· 희생자와 관계: 희생자의 아들
· 주소: 경남 창원시 반지동
· 직업·경력: 지방 공무원 33년 재직 후 퇴직

희생자 정보

· 이름: 김성홍
· 생년월일: 1915년 10월 3일(당시 36세)
· 성별: 남
· 결혼여부: 기혼
· 직업: 농업
· 주소: 경남 진양군 사봉면 부계리 제동부락 1443

김상길 유족의 아버지 김성홍(당시 36세) 씨는 어머니 강증남 씨와 1950년 진양군 사봉면 부계리에서 농사를 짓고 있었는데 사봉지서로 출두하라는 전갈을 사봉초등학교 6학년 아이들 편으로 받았다. 김성홍 씨는 사봉지서에서 진주경찰서로 갔고, 이후 진주형무소로 옮겨졌다고 하는데 행방불명이 되었다.

당시 김상길은 10살, 초등학교 2학년이라 생생하게 기억할 수 있었다. 아버지와 어머니는 일본으로 돈 벌러 가서 오사카 기와공장에서 일을 했으며 자신도 일본에서 태어났다. 이후 가족들은 해방이 되어 할아버지 할머니가 계시는 산청으로 돌아왔다. 그곳에서 빨치산(또는 인민군)에게 보리쌀 두 되를 준 부역죄로 1년 징역을 살게 되고, 전과기록이 진주형무소로 넘어가 보도연맹으로 끌려가 처형되었다고 한다.

아버지가 잡혀간 후 고모네가 사봉으로 와서 같이 살았다. 김상길 씨는 전쟁 당시 인민군이 들어왔던 기억, 미군이 점령했던 기억, 가을에 냇물에서 백골을 발견했던 생생한 기억들을 이후 글로 정리해 두었다.

어머니는 중앙시장에서 물건을 떼다 파는 행상을 했으며, 김상길은 일반성중학교에 다니다가 중2 때 대곡중학교로 전학을 가서 이후 진주농림학교에 진학하였다. 당시 망경동에서 하숙을 하였으며 어머니가 하숙비로 쌀을 이고 오셨다고 한다. 군대 다녀와서 공무원이 되었으며, 99년부터 거제 고현에서 유족회 모임을 하게 되었고 이후 진주유족회가 건립될 때부터 활동을 하였다. 보도연맹 관련 탄원서를 작성하여 여야 국회의원과 대통령께 1800여 통의 편지를 보내고 전쟁 당시의 상황에 대한 자료 수집과 자료 정리 등을 하였다. 현재 유족회의 급선무는 위령탑 건립과 추모공원을 만드는 것이라고 하였다.

-소개 부탁드립니다.

김상길이고 41년 9월 8일생이고 큰아들이고 외동입니다. 밑에 동생 넷이 다 죽었어. 그 당시 촌에 있으니까. 동생 다 병사로. 몸이 아파 다 죽었어. 나만 혼자 살아났지. 주소는 창원시 요대로 맞습니다. 예전에 뭐 시청, 군청, 도청에도 근무하고 뭐 지방공무원. 공무원 33년 퇴직했지. 아버지 성함은 김성홍. 성품 성자에 넓을 홍자. 생년월일은 1915년, 가만있어, (판결문 자료를 보며) 1915년 10월 3일이네. 당시 서른여섯 살. 아버지는 농사지었어. 경남 산청군 산청읍 차탄리, 차탄리 번지까지는 모르겠다. 차탄리 612번지인가. 나중에 아버지 살아있을 때 경남 진양군 사봉면 부계리 제동부락, 아 거기서 끌려갔어. 농사 짓다가.

그 전에 그(차탄리) 살다가 아버지가 형무소 살고 나와가지고 저 사봉면, 고향이 아닌 사봉면으로 이사를 갔어.

-당시 가족들 이야기 좀 해 주세요.

아버지는 김성홍, 어머니는 강증남. 증가할 때 증남. 할아버지 할머니도 살아계시고. 할아버지는 김석구, 아홉 구자, 할머니는 정마실.

-아버지는 어떻게 끌려가시게 되었나요?

차탄리에서 보도연맹으로 된 사연은, 보도연맹으로 보리쌀 두 되 주고 일 년 징역에 삼 년 집행유예 살고 나왔는데, 국가보안법으로. 보리쌀 두 되 보내준 것이. 그것 가지고 진주형무소에서 재판을 받아 살고 나왔는데. 산청은 진주형무소 관할이거든. 진주형무소 법원에서 재판을 받고 나와가지고 농사를 짓고 있는데. 한창 그 모 이앙기 때, 갑자기 뭐 사봉지서 순경이 통보를 해가지고 이웃집에 사봉초등학교 다니는

김상길 유족.

학생 편으로 사봉지서에 출두하라 이래가지고. 순경이 수갑 채워 진주 경찰서로 가가지고, 형무소 가가지고 그 이후로는 행방불명이 되었지.

보도연맹으로 학살되었지. 내가 그때 열 살. 국민학교 2학년 때, 열 살 때 어머니하고 모시고 있다가 오라 캐서. 그 다음날 새 옷 갈아입고. 사봉에 살 때 국민학교 2학년인데 거기가 미군하고 인민군하고 전투지역이라. 거기가 6.25때 전쟁이 벌어지는 지역이라. 왜냐하면 마산하고 진주하고 경계거든. 함안하고 마산 경계에서 마산 부산 뿐이 안 남았는기라. 그라니 진주에서 인민군하고 우리 부락에서 오고. 내가 증언을 해놨어.

-아버지가 보도연맹으로 연루된 이유는 무엇입니까?

처음에는 보도연맹으로 그게 부역죄지. 부역죄로 해서 보도연맹해서 산청경찰서 사찰계에서 부락이장하고 둘이 와 가지고, 보리쌀 두 되, 그게 부역죄라. 그게 국가보안법. 아버지는 좌익인지도 모르고 농사짓는 사람이 아버지는 일본 살다가 왔어. 나도 일본에서 태어나 다섯 살 때 와 가지고 진주로 안 가고 아버지 할아버지가 사는 산청으로 이사를 가가지고 산청국민학교 1학년 2학기까지 공부하다가. 지리산이 가까우니까 좌익우익 하니까 일본서 나와가지고 여기 있으면 안 되겠다. 고향은 안가고, 고향이 대곡인데 가면 안 되겠다. 사봉면에 살면서 초등학교 6년을 마치고 중학교 2학년 때 고향 대곡중학교로 왔지.

-아버지는 어떻게 일본으로 가셨어요?

아버지는 돈 벌러 일본으로 갔지. 오사카, 대판 기와 굽는 공장, 그 당시 할 게 없으니 젊은 나이에 갔지. 해방이 돼서 나와가지고. 내가 다섯 살 때 해방이 돼서 돌아왔어. 돌아와서 진주로 안 가고 산청군, 그 당시 할아버지 할머니가 산청에 누에 치고, 농사를 짓고 있는데 고향으로 안 가고 산청으로 간 기라. 오사카 거서 미국하고 일본하고 태평양 전쟁이 벌어졌어. 거기서도 내가 다섯 살이니 미군 비행기가 새벽 4시에 폭격을 하는데 어머니가, 아버지는 상길이 놔두고 도망가자고 하고, 나는 큰일 날 뻔했어. 어머니가 상길이 놔두면 안 된다 했지. 거기서 내 하나 밖에 안 낳았거든. 해방이 되고 연락선 타고 부산 와서 산청으로 간 기라. 오사카 기와 굽는 공장에 B29 미국 비행기가 폭격하는 거, 쏴쏴쏴 하는 것도 기억나고, 또 한국으로 올 때 연락선 배를 타고 오는데 항구에서 기차를 타고 연락선 타고, 그때는 부산 오는 일본 나가사키 항구인데 거기서 타가지고 해방이 되니 산청으로 왔어. 할머니 할아버지가 산청에 있으니. 거기 작은 고모가 살았어. 고모도 시집을 거기 가서 고모가 지금 92살인데 산청에 살아.

-보리쌀 부역은 어떻게 하게 된 건가요?

부락 이장이 집집마다 밥을 해묵을라고 어려븐 시절이었거든. 부락 이장 입회 하에 빨갱이 그건 모르겄고, 아버지는 모르거든. 산청경찰서에 사찰계에 아버지 보리쌀 두 되 기록이 남아 입건을 한 거야. 1년 징역 집행유예 3년 했는데 진주형무소에서 그 전과기록이 다 마치고 나오면 진주경찰서로 통보가 가는 기라. 김성홍이가 보리쌀 두 되로 국가보안법으로 이관됐다 하면 그 전과기록으로 보도연맹으로 등재하는 기라. 자료에 그래 해 놨어.

-사봉으로 간 이유는요?

빨갱이가 난동을 하니까 아버지가 거기 있으면 안 되겠다 싶어서, 고모 아재가 거기 있으면 죽을까 해서 우리 집으로 6.25 때 난리가 나서 왔어. 내가 어리고 아버지가 돌아가시니께 고모 아재가 산에 둘이서 삼십리 길로 나무하러 댕겼어. 고모 아재가 사봉에 살았어. 고모하고. 산청국민학교 1학년 2학기 때, 거기 보니 지리산에 전부 빨갱이 잡으로 간다고 경찰이 총을 들고 청년들 데리고 가더라고. 훈련해 가지고.

-사봉에서 생활은 어땠나요?

사봉으로 이사를 갔지. 나도 어머니하고 같이 농사 짓지. 모 심고 하는데 사봉국민학교 다니는 6학년 학생이 김성홍 호출 영장인가 통보가 와가지고 그걸 가지고 내일 몇 시까지 사봉 지서에 출두해 가지고,

사봉 지서 순경하고 진주경찰서 가야 된다고. 그날만 피했으면 살긴데. 아버지는 형무소 살고 나왔는데 뭐 죽겠노, 살고 나온 사람을 또, 두 번 죽는 기라. 그날 아침 일찍이 옷 갈아 입고, 나는 죄 마치고 형무소 살고 나왔는데 왜 나를 또 부르노, 의심을 했지. 아버지가 보도연맹 가입도 안 했는데, 명단을 그리 올리니 통보에 의해서 강제 가입이 된 기라. 경찰서장이 직권으로, 진주형무소에서 전과 기록이 넘어오니까. 내가 열 살 때라.

전쟁 상황도 알고. 그 당시 우리 부락에 인민군이 밥 먹으러 한 이십명이 왔어. 부락 이장이 보리를 걷어 쌀도 없었고, 보리밥을 했어. 인민군들은 밥을 해 주고, 동무 동무 하면서 밥 좀 해달라고, 이십 명이 신이 나 가지고 자기들은 마산을 점령하기 위해 진주를 거쳐 가는 기라. 그 내가 거기 서 있는데 그때 8월이라. 그때 학질을 앓아 달달 떨고 있는데 앞산 있고 뒷산있고. 거기서 좀 큰 산이 있거든 거기서 쿵하면서 신호탄이 내 앞에 떨어지는 기라. 내가 맞았으면 즉사했어. 미군이 이 골짜기에 제동부락에 인민군이 있는가 없는가 신호탄을 쏘는 기라. 그 당시 인민군들이 밥을 먹고 있었거든. 미군이 오는 거를 통신병이 감지를 한 기라. 그때 밥 먹다가 삼십육계로 저 진주 쪽으로 후퇴를 한 기라. 당시 미군이 부계리 전체가 전투지역이라. 우리 학교도 B29 와 가지고 폭격하고.

거기는 사봉초등학교 부계 분교지. 분교는 규모가 적은 학교고. 거기서 6.25 때 미군이 폭격해 가지고 학교도 없고, 잔디밭에 공부하고 남의 재실에 가고, 부락 회관에 가서 공부하고, 점심 때 되모 미군들이 사료로 주는 밀가루 덩어리를 빠사가지고 점심 때 되면 우유를 끓여가지고 그걸 점심으로 주는기라. 그만큼 어려운 시절이라.

-미군이 들어와서는 어땠나요?

미군이 들어오면서 부락 이장이 제동부락 입구에 미군 폭격을 받아서 집이 없는 기라. 그러니 우리집 아래채가 비어 있었거든. 고모 오기 전에. 거기 부락 이장이 각시가 둘인데 둘이 오고 해 가지고. 미군이 내리오는 기라. 총을 쏘고 오는 기라. 태극기 들고 미군 맞이를 했지. 미군이 우리 부락에 우리 집에 처음 들어올 때. 내가 열 살이고 이장이 집집마다 다 들어가. 미군들이 총 들고 총 끝에다 칼을 달고, 전투 태세로 들어오는 기라. 어머니가 그 당시 스물여덟인데 어머니가 변소 있는데 변소 거기까지 들어가는 기라. 인민군이 있느냐고. 까딱하면 큰일 날 뻔 했어. 미군장교가 흑인 장교라. 대위인데 이 부락에 미국말로 안 하고 이 부락에 인민군, 빨간 빨갱이 없느냐, 5분 전에 도망을 갔거든. 한국말을 잘해. 장교인께 한국말을 배웠어. 장교를 앞에 세우고. 총을 들이대고 겁이 나는 기라.

인민군은 무사히 가고, 간쯔메(통조림)를 부락에 45집이거든. 집집마다 들어와서 나눠주라고. 아이스크림도 있고 오만기 다 들어 있는기라. 미군이 그 당시는 부자나라 아이가. 영어는 안 하고. 빨갱이 없느냐, 이승만이 그리 만들어놨어. 만약에 전쟁이 났으면 우리는 밥을 해줬으니까 집단학살을 하게 되는 기라. 인민군이 빨리 도망을 갔기 때문에 거기서 전쟁이 안 났지. 미군은 엄청 많고, 앞산 뒷산 새까맣게 내려오는 기라. 부산 마산 해서 연락선을, 유엔 결의 해 가지고 태평양 건너서, 그 당시 낙동강으로 미군이 내려왔거든. 마산을 점령하면 부산까지 끝이라.

(자료집을 하나씩 설명해주시며) 진주에서 미군이 중요한 사건이고, 중요한 자료라. 이 사람이 86세이고, 나는 79세인데 요 사람이 그 당

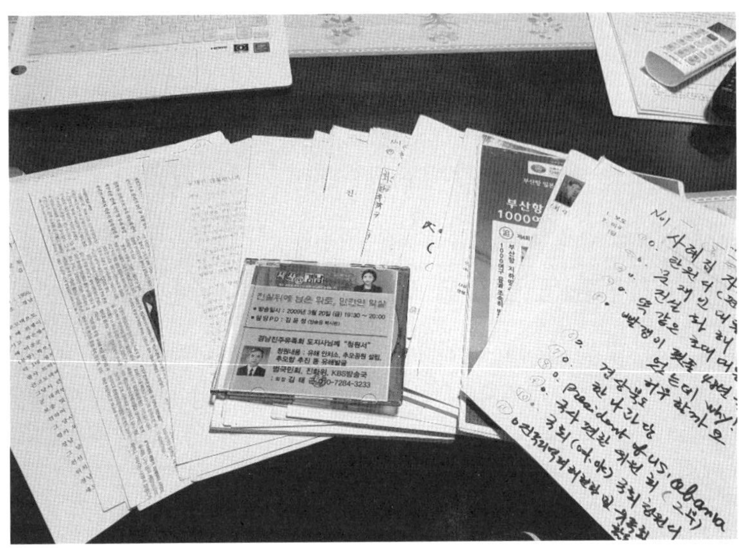

김상길 유족이 각계에 보낸 문건

시 진주 전쟁 상황을 상세히 해놨으니 워드프로세스를 해. 나는 자필로 원안이 이거라.(자료집을 보여주시며) 요거는 내 증언이고, 86살 공군 출신이거든. 나도 사천 공군 출신이거든. 이걸 워드 프로세스 해서 두 개를 해서 사례집에 넣으면. 이것이 문재인 대통령한테도 한 부 갔습니다. 내가 자료를 천팔백 통을, 자료를 문재인 대통령하고 여야 국회의원에 보냈고, 여기 목록도 다 있어요. 국회청원서까지. 내가 박사가 됐어. 이 정리한 자료 반드시 넣고 이것만 워드를 치면 돼. 이걸 원안을 쳐가지고 올리면 돼.

앞으로 전쟁 날는지 모르니까 이분이 내하고 협조를 해가지고, 작성자가 신영계, 이분도 진주가 고향, 86살인데 이 사람이 내용을 참 잘 정리했어. 그 당시 진주가, 낙동강이 무너지는 기라. 부산 마산도 공산

화되는 기라. 진주에서 2개월간 인민군들이 주둔했기 때문에 그 사이에 미군이 바로 들어오는 기라. 진주유족회 정연조 회장한테도 줬어. 김태근 회장이 진주유족회 모든 자료, 그분이 초대회장, 알겁니다. 김주완 기자는. 이것도 넣고. 6형제가 자기까지, 한 사람 자기 형님은 흥남 비료공장 일제 때, 또 형님은 형무소 사건하고, 자기는 병이 들어 진주경상대학병원에서 돌아가셨거든. 내가 문상을 갔다 왔어. 김주완 기자는 여기 명함도 있대.

(다른 자료를 보여주시며) 이거는 태평양 전쟁 때, 부산 문현동에, 일본놈들이 천 명을 막아놓고 죽였는기라. 고것도 넣어놓으면 좋을끼요. 나머지는 진주유족회애서 자료를 가져가라쿠대. 요번에 사례집에 넣으면 좋겠나. (합동추모제 자료를 보며) 부산도 부산 마산 경남 똑같은 형무소 사건이야. 나는 자료가 또 있으니 자료를 주면 됩니다. 요걸 가지고 미국무성 자료, 산증인 함 봐라. 학살하는 거 함 봐라.(학살 사진을 보여 주며) 나는 원안은 있으니. 나머지는 참고 해가지고. 워드를 칠 때 딱 보고 해. 내가 영어로 오바마 대통령한테도 편지로 했어.

(아버지 관련 자료를 보여주시며) 내가 도청에 근무할 때 도경찰국에 들어가 내 동기가 보안과장할 때 이거 안 되는데, 복사할 수 없다 해서 지하창고 가서 내가 자필로 적겠다 해서 보도연맹 명부라. 부산 마산 진주 똑 같은 기라. 김성홍, 아들이 김상길, 진주 사봉면 부계리 나오지요. 1443번지. 여기 나오네. 제동부락. 영구보존. 비밀서류란 말이라. 내가 직접 한기라. 뒤에 요거는 서울 국가경찰청에 가니 안 해줄라는기라. 우리 딸내미(김선연)하고 가서 이건 기록물이라. 거기 범죄가 보리쌀 두 되가 무슨 빨갱이고.

-유족회에서 어떤 활동을 하셨나요?

청와대에 자료를 천팔백 건을 넣어줬거든. 감사하다고. 노무현 대통령부터 계속 넣었어. 진주유족회 김태근 회장, 정연조 회장 내하고 근 십년 간 유골을 여러 군데를 갔어. 김태근 회장 자기 돈을 많이 썼고. 내 월급은 얼마 안 되는데 청와대에 중요한 자료를 많이 줬거든. 만날 내가 이런 일이 아버지 거기 신경을 다 쓴기라. 그만큼 자료를 읽고 모아 놓고. 요런 자료는 신영계 그분이 90% 이상 그대로, 이런 자료가 나올 수가 없어요. 진주 임원들이 정 회장도 유복자라, 내가 김태근 회장 다음으로 나이가 많은 사람이라. 그 당시를 내가 알거든. 원안을 보다가 모르면 전화를 하이소. 그 당시 전쟁상황을 설명할 수도 있어.

-사봉경찰서에 와서 아버님을 데리고 가서 그 뒤 생활은 어떻게 하셨습니까?

진주형무소에 가서 면회를 하고, 나는 한 번도 안 갔지. 어머니하고 고모님하고 면회도 가고, 몇 번 갔지. 면회 갔을 때는 수감하고, 처형명이 떨어지니까, 이승만이 보도연맹 좌익 분자를 명단에 의해 총살하라, 그것도 공문이 다 나와 있어. 거기 보면 다 나와 있어. 재심 결정하는 거 보면.

(자료집 부분을 읽음-초등학교 2학년 10살 때 고모집에서 피난 중이었는데 전투기 기관단총으로 사격을 했고, 달밤처럼 불빛이 밝아서 그 집에 인민군 트럭 한 대가 정차되어 있었네요. 인민군이 2개월간 주둔을 했다가. 미군 점령지로 장악을 당해서. 큰고모가 황소 한 마리를 사육하고 있어서) 인민군들이 잡아 먹으려다가 진주에서 의령은 국도거든. 물독을 열 개를 해서 젊은 애들 차출해서, 진주에서 차출했겠지요.

키가 적으니 훈련도 안 받고 총만 준기라. 그걸 끌고 가더라고. 동무, 동무, 일체 인민들한테 피해를 안 주고, 식수를 주니까 고맙다고. 목이 마르니까. 의령 쪽으로 해서 마산을 점령해 간다고 올라가는 기라. 이 자료는 사봉면 부계리에서, 인민군 밥 먹고 미군이 들어오는 거 하고 있어.

국군통수권을 한 사람이 봐야지. 아까 쓴 것 그 당시에 미군 B29 폭격기가 남강철교를 끊고 또 인민군들이 강에 다리를 놔 가지고, 비행기 한 대가 일본 오키나와에서 날아오는 기라. 진주를 폭격하고 가고. 그기 나와 있어. 내가 직접 봤어. 마산 경계 방아산 전투, 그게 중요한 자료야. 여기 해골이 우리 밥 먹고 있는데 초등학교 다니는데 도로 부역하러 간 기거든. 미군 탱크하고 도로가 파이니까. 인민군이 별 두 개짜리가 방아산하고 마산 여항산 함안 거기서 소련제 백말을 타고 올라왔다쿤께. 그 당시 2개월 진주가 방패 역할을 한 기라. 쭈욱 함 보소. 이걸 반드시 넣어야 해. 기자님도 보면 알깁니다.

6.25 전쟁 증언이 여기 다 있어. 국국통수권자인 문재인 대통령이 봐야 하거든. 표지를 갖다가 기자님이 여기 여러 가지 있는 것 중에서 이걸, 김태근 회장님 가족이 몰살을 당했는기라. 이걸 넣으면. 오형제가 다 죽었어. 일제 강점기에 끌려가 죽고, 형무소서 죽고, 이 사람도 병으로 죽었는데 김신조 내려올 때 김태근 전 진주유족회장도 부상도 당했어. 이 자료는 모두 가져가면 돼. 여양리 학살은 유골이 많이 나오거든. 그걸로 하든지.

-아버님께서 진주형무소 계실 때, 처형 명령이 떨어지고 나서, 행불된 건 어떻게 아신 거예요?

끌려간 거는 학살 후문이 퍼졌지. 내가 고등학교 다닐 때 진성 고개

가면 양민학살이 있다고 듣고, 아버지 생각이 난 기라. 진성면 거기도 많이 죽었거든. 진양군 명석면 거기는 뭐 전체가 여러 군데서 죽인기라.

아버지가 오데로 끌려간 거는 모르지. 여러 군데니까. 명석에도 가고 여러 군데로 유가족들이 유골을 못 파도록 분산했거든. 아버지가 어디에 있는지 모르고, 유골도 다 못 팠지, 100% 중 20%밖에 못 했어. 방치돼 있어. 아버지는 어디로 가셨는지 모르지. 제사는 근래에 교회에 다니니 안 모시고, 그 당시에는 제사를 지내고 산소도 가고. 어머니 산소는 돌아가신 데 뼈가 있고 아버지 산소는 유골을 못 팠으니 뫼등만 만들어놨지. 제사는 계속 지냈지, 할아버지 할머니가 계셨으니. 날짜는 집 나간 날짜로 해서, 그때 그것밖에 모르니. 한 달 있다 이승만이 총살시키라 했으니.

내가 중학교 다닐 때 여동생은 막내동생인데 곰보, 홍역을 해 가지고. 막내가 인물이 젤 좋았어. 곰보병이 열을 받아서. 나는 나이가 어리니 사망신고도 모르고 삼촌이 군대 갔다가 늑막염이 걸려 42살에 고생하다가 돌아가셨어. 삼촌이 뒷산에 내 여동생 묻힌 장소를 알아. 지나가면 여동생이 저기 있다 표시를 해 놨거든.

-생활은 어떻게 하셨습니까?

생활은 어머니가 중앙시장에서 비단을 떼 가지고 집집마다 댕기면서 이걸 울러 매고 촌에 가면 현금이 없으니까 땅콩도 받고 보리쌀도 받고 오면, 모가지는 새같이 약한 데다가. 이리 이고 오거든. 나는 오후에 지게 짊어지고 보리쌀 무거우니 마중을 나가. 그래가지고 나를 고등학교까지 시켰는데 대학을 갈라하니 몸이 아파 못 가고. 진주 농림고등학교를 졸업했지.

대곡으로 이사를 간 거는 중학교 2학년, 진주 일반성중학교 2학년 때 고향 대곡중학교로 다시 했어. 거기 큰고모 집이 의령과 경계 지점인 대곡 광석리(넌덕거리)이라, 학교가 멀어 삼십 리 길을 걸었거든. 우리 집에서 밥 먹고 댕기라 해서 졸업을 했어. 고등학교는 진주에 가서 망경북동에 살았어. 어머니가 돈이 없으니 쌀로 두 말을 이고 오면 하숙집을 하니까 집안 부락 이장집에서 하숙을 했거든. 촌에 부락 이장 큰마누라지. 촌에는 작은 마누라가 살고. 거기도 아지매가 둘이라. 거서 3년 동안 마치고. 62년도 졸업해 가지고, 마산 3.15부정선거가 60년도에 났거든. 그때 내가 남강철교 건너서 마산 김주열 죽어가는 아침에 YMCA 영어 강좌 들으러 다녔다. 남원경찰서에서 완전무장 해가지고 차가 10대를 대검을 차고 학생들 죽이러 간기라. 그것도 내가 증인이라.

(자료를 보여주시며) 유골 여러 군데 판 거를 십 년 동안 했어. 이걸 한 번 읽어보소. 재심청구를 보면 우리 유족회를 알게 해 놨어. 경남경찰청에 가서 보도연맹 명부를 확인한 기라. 이기 이승만 정부가 명부를 만든 기라. 이거 내가 책을 보고 만든 기라. 내가 거제도에서 공직생활을 했거든. 고현에 가면 김기춘하고 자유한국당 사무실이 있거든. 찾아가 사람 죽여놓고 보상을 왜 안 해 주노. 한나라당이 지금까지 그리 안 하나.

66년도 군대 갔다 와서 바로 공무원 합격됐어. 시험을 쳐 갖고 바로 했어. 신원조회 같은 거는 안 했고, 군대 가가지고 사천공군 비행장에서 시험 쳤거든. 그 당시에는 대전에 공군훈련소가 있었어. 거기 가서 정보부에 가서 내 같은 사람 10명을 불러서 너그 아버지 빨갱이 했지, 군홧발로 밟고 뺨도 맞고, 거기 가서 아버지가 좌익으로 몰려가지고 아들까지도. 그게 연좌제라. 공무원은 신원조회 안 했고.

유족회 활동은 83년 3월 4일부터 현재까지 하고 있어. 아버지가 학살되었으니 진상규명해야겠다. 여야 국회의원과 국회 청원서도 내고. 전에는 거제도에 고현 사건이 있거든. 거제도 유족 모임을 가면서 고현면 유족회를 하는데 진주는 그 당시 결성도 안 된 기라. 거제가 빨랐어. 매일 거기 가서 참석하고 책자도 받아오고. 옥포 박물관에서 거제 유족회 모임을 하면 내한테 통보가 오거든. 십 명 넘어 될 거야. 나는 진주유족회고. 여기서 차를 타고 퇴직하고 나서, 99년에 했는데 마전초등학교 몇 년, 옥포초등학교, 옥포고등학교를 15년 동안 학교 경비를 했어. 고성을 거쳐서 진주까지 유족회를 했어. 내야 자가용도 없어 버스를 타고. 젊은 강병현 회장, 정연조 회장은 당시 유복자라 전쟁 상황을 모르고. 김태근 전 회장과 나는 잘 알아.

-유족회나 국가에 바라는 점은 무엇입니까?

유족회하면서 힘든 거는 국가에서 빨리 보상이라든지, 추모공원이라든지 위령탑 이런 거는 국비로 해야하거든. 이런 걸 빨리 해 주면 좋겠다. 유골 발굴도 20% 밖에 못했거든. 여러 군데 방치돼 있어. 그걸 발굴 해 줘야 해고, 발굴한 데는 추모공원을 만들어야 하고. 그걸 우리가 원한다.

내가 낼 모레 80인데 앞으로 몇 년 살지는 모르지만 내 죽는 날까지 해야지. 미신청자 보상. 그 당시는 얼마를 받았는데 미신청자는 보상을 아직 못 받았어. 이 사람들 이번에 과거사 보상 특별법을 한나라당(현 미래통합당)이 결재를 안 하는기라. 그래서 과거사 특별법을 빨리 추진하고, 추모공원 추모탑을 다른 데는 지방자치단체는 도지사가 해 주고 시장도 하는데, 진주만 안 하고 있다. 도비를 지원해 주고. 유골을 컨테이너에 방치해 놓고 있는 기라. 경남대 있다가 산에다가 콘테이너 박스에. 충북에 있는 것도 가져 와야 되고. 추모공원 추모탑 건립하고 과거사 보상 미신청자는 빨리 보상을 해 줘라. 이기 진주유족회 유가족들의 청원이라.

-아버지하면 기억에 남는 것은 어떤 게 있습니까?

그 당시 기억이 환하지. 아버지는 농사를 지어도 내보다 인물도 좋고, 잘 생겼어. 아버지가 살아 있었으면 안 좋겠느냐. 아버지하고 어머니하고 내하고 농사짓고, 아버지 총살되고 나서 나는 나무하러 6학년까지 계속 산에 댕겼지, 나무를 안 하면 밥을 못해묵는 기라. 가까운 데는 나무도 없고 송진도 다 긁어묵고, 마산 경계 여항산 방아산까지 삼십리 길이라. 고모 아재하고 둘이 나이 어린데 고모 아재가 도와주고. 만날 어머니도 고생을 많이 하고 내가 몸이라도 건강하면 효자 노릇 할긴데. 효자 노릇도 못하고. 어머니는 69살에 돌아가셨어. 치매가 걸려서 우리 막내가 욕을 봤어. 병 간호 한다고. 나는 도에 있을 때거든. 거제에 10년 근무하다가, 문재인 대통령 살던 양산 거기 근무하고 마지막은 원동면장으로 사표 내고, 거제 갔지. 학교 경비를 15년 했어. 여기 온지는 4년째라. 만날 나 혼자지. 마누라하고 살다가 마누라가 여기 먼저 오고 나는 4년 뒤에 오고.

-건강은 괜찮으신가요?

내는 등산을 좋아하니 산을 계속 타요. 산 타고 물 많이 먹고 과일 많이 먹으면 돼. 여기 내용 보면 다 넣으세요. 증언한 거. 이거 기자님한테 편지한 거. 여야 국회의원에게 천팔백 통 보냈어. 사비를 많이 썼어. 문재인 대통령한테도 다 갔어. 국회 탄원서 자필로 해서. 거제도 능포우체국 장승포우체국, 옥포우체국 세 군데서 천팔백 통 보냈어. 노무현 대통령한테도. 진주유족회 활동도 여기 다 들어 있거든.

-예, 여기까지 하고 마치도록 하겠습니다. 말씀도 감사하고 자료도 챙겨주셔서 감사합니다.

희생자 김또수

증언자 김순달

○ 면담자: 김한규

○ 조사 장소: 김순달 유족 자택

○ 조사 일시: 2019년 12월 12일

증언자 정보

· 이름: 김순달
· 생년월일: 1948년 10월 5일(만 72 세)
· 성별: 여
· 희생자와 관계: 희생자의 딸
· 주소: 경남 진주시 망경동
· 직업·경력: 식당운영

희생자 정보

· 이름: 김또수
· 생년월일: 년 월 일(당시 세)
· 성별: 남
· 결혼여부: 기혼
· 직업: 농업
· 주소: 경남 진양군 집현면 신당리

김순달 유족의 아버지인 김또수 씨는 한국전쟁이 일어나자 보도연맹에 가입했다는 이유로 끌려가 희생당하였다. 당시 희생자는 결혼을 해서 1남 1녀(김순달과 남동생)가 있었으나 혼인신고를 하지 않은 상태였다. 따라서 김순달 씨는 호적을 갖지 못한 상태였다.

유족의 어머니는 남편이 희생당하자 1년 후에 아들을 데리고 재가하였다. 혼자 남겨진 김순달 씨는 9살까지 큰집에서 살다가 진주의 안 씨 집안에 양녀로 들어가게 되었다. 거기서 11년 동안 온갖 일을 다 하면서 폭력에 노출되었고, 이루 말할 수 없는 고통과 고생을 겪었다.

20살이 되던 해 그 집에서 몰래 도망을 나와 삼천포에 있는 남양공업에서 일하다 남편을 만났다. 23세에 결혼을 하였지만 24세에 아들을 낳고 남편마저 사별하게 되었다. 그 후 28살에 식당을 시작해서 40여 년을 혼자 식당을 운영하며 살아왔다.

아버지에 대한 기억과 자료는 전혀 없다. 유족회에 참여하게 된 계기는, 식당에 마을 사람들이 와서 하는 얘기를 듣고 알게 되었다. 현재 피해자 진실규명 신청을 하지 못한 상태이며, 증인과 공증을 받는 절차를 진행하고 있다.

김순달 씨가 바라는 것은 오로지 아버지에 대한 명예회복이다.

-증언자께서 몇 살이실 때 아버지께서 돌아가셨는지요.

내가 네 살 때 돌아가셨지요. 엄마가 나보다 스무 살이 많으니까 내가 네 살 때니까 그때 24살이었었나? 두 살 아래 동생이 있었고, 동생은 엄마가 재가하면서 데리고 갔어요.

-어머니는 살아계신가요?

돌아가셨죠.

-증언자께서 당시의 기억이 나시는지요.

아무것도 기억이 안 나지요.

-아버지께서 보도연맹에 가입한 이유로 끌려가셨는지요?

어찌 된 건지 저는 잘 모르겠는데, 아버지가 아침 식사를 안 하시고 나무하러 가셨는가 봐예. 나무하시러 간 사이에 아마 면에서인가 누가 데리러 왔더래예. 아버지가 안 계신다 했는데 나무를 해서 오셨다 말입니다. 엄마가 아버지에게 면에선가 지서에선가 데리러 왔더라 얘기를 했던가 봐예. 그러니까 식사를 안 하시고 그 길로 나가셨다는데. 그게 마지막이었답니다.

-아버지께서 왜 끌려가셨는지도 모르시겠군요.

그건 모르지요. 가셔서 안 돌아오셨다는 거밖에는 모르지요. 엄마가 어릴 때 같이 살고 했으면 대충 듣기라도 했을 건데. 우리가 아버지 제사를 음력 6월 11일인가 지내거든요. 나가신 날이 그날이라고 해가지고예. 그 해를 안 넘기고 엄마가 재가를 해 가버렸어예, 엄마하고 같이 살 기회가 없었거든예. 그런 얘기를 들을 기회가 별로 없었는데, 자라면서 아버지가 뭣 때문에 돌아가셨는지는 모르지만 어쨌든 희생을 당했다는 얘기는 들었거든예. 옛날에는 이런 얘기도 할 수가 없었잖아예. 딸이고 큰 아버지 밑에 실려 있고 하니까 별로 신경도 안 썼고, 내 살기가 우선에 급하니까예. 세월이 조금씩 바뀌면서

김순달 유족.

어쨌든 간에 희생을 당하셨으니까, 내가 자식이라도 있으니까 아버지를 명예회복이라도 시켜드려야 안 되겠나 싶어가지고는. 사촌 동생이 있었거든예. 어릴 때 살기는 집현면 신당에 살았는데 나중에는 산청군에 살았거든예. 사촌 동생이 작은아버지 명예회복 할 거라고 노력을 하다가 결국 못 하고 동생이 죽었어예. 지금은 남은 사람이 나밖에 없는데, 내가 뭘 아는 게 별로 없어가지고, 내가 식당을 하다보니까 동네 사람들이 많이 오셨거든예. 동네 희생당하신 분의 아들도 오시고 해서 대충 이야기를 듣게 되었는데, 신당리에 아버지하고 같이 잡혀가신 분 아들이 지금도 살고 계세요.

-유족회에는 언제 가입하셨는지요?

그게 보자, 가입한 지가 한 4~5년 됐는가 잘 모르겠네예.

-유족회에는 누가 가입하라고 했는지요?

그런 거 없었고예. 내가 식당을 하니까 모임이 있더라고예. 그래서 이야기를 하다보니까 그런 희생자 분들 가족들이라고예. 그래서 나도 그러면 해봅시다. 최초에 알게 된 것은 그분들 오시기 전에 TV를 보니까 마산 진전면 여양리에 발굴 그런 걸 하더라고예, 그래서 내가 한 번 가봤거든예. 그 뒤 그런 단체가 모임을 하더라고예. 구체적으로 물어볼려면 신당에 살아계시는 윤동근 씨라고 그분이 정확하게 알고 있어 모든 거를. 자기 아버지하고 같이 끌려갔어예. 대문을 서로 마주 보고 살았다 하네예. 그 동네에 (희생자가) 몇 분 계신다고.

-여양리도 갔다오고 하셨는데, 시신은 수습을 못하셨지요?

못했지요. 사촌 동생이 죽기 전에 얘기하기로는 작은아버지는 명석으로 가셨다 하더라고예, 장사하면서 바빠서 발굴하는 명석에 못 가봤거든예, 위령제 지낼 때는 갔다 왔었는데, 제사는 남동생이 지내다가 엄마가 재가하면서 아버지 재산 조금 있는 걸 사촌한테 다 넘겨줘서 제사를 모셨는데, 동생이 죽고 나서 절에 모셨나 봐예.

-아버지에 대한 기억은 있으신지요.

전혀 기억이 없지예, 얼굴도 기억이 안나예.

-연좌제 같은 것으로 피해를 보신 것이 있습니까.

옛날에는 그랬다 아입니꺼. 제 같은 경우는 큰아버지 밑에 (호적에) 실렸고, 아버지가 혼인신고를 안하고 가셨으니까 주민등록이 없었거든예. 주민등록 만들 나이 돼가지고 큰아버지 밑에 실었다 아닙니까. 여자니까, 취직할 일도 없고 해서 그런 일(불이익)은 없었습니다.

-본인과 가족이 겪은 어려움이 많았겠습니다.

많이 힘들었죠. 결혼해서 이내 신랑도 돌아가셨거든요. 엄마가 재가하시고 9살까지 산청군 큰집에서 살았거든예, 할머니하고 큰어머니하고 살다가 9살에 진주에 양녀로 들어왔어예. 안 씨 집안에 양녀로 실렸는데, 너무너무 그 집에서 구박이 심해가지고는 11년 살아주고 20살 묵어서 그 집에서 빈손으로 도망을 나왔거든예. 그래가지고 남의 집에 식모살이도 하고 말도 못하게 고생을 했죠. 그러다가 삼천포 남양공업이라고, 그릇 도자기 만드는데 다니다가 아바이를 만나서 결혼을 하고 살았는데, 애 놓고 삼칠일 지내고 돌아가셨어예, 22일만에. 23살에 결혼해서 24살에 돌아가셨어예. 지금 애는 없고예.

-그러면 식당은 언제부터 하셨는지요.

애가 4살 먹었을 때 진주로 왔는데 돈이 너무 없어서 거의 우리 애는 굶었지요. 4살 먹은 걸 혼자 두고 남의 식당에 일하러 나갔으니까. 한 3년 있어서 처음에 월급을 5000원씩 받았는데, 한 3년 있으니까 월급을 조금씩 올려 주더라고예. 그래서 안 쓰고 돈 백만 원 모아가지고 식당을 했지예. 맨 처음에 시작은 대안동에서 하다가 그 집을 새로 짓는다고 비우라고 해서 장대동으로 들어가서 거기서 한 2년 돈을 좀 벌었거든예. 그래서 집을 하나 샀어예. 장대동 그 안에서 이사를 좀 많이 했습니다. 최종적으로 반도병원 옆에서 식당을 하다가 그만두고 여기로 들어왔죠. 이야기 다 하려면 끝이 없습니다. 대충 대충해서 그렇지. 여기(망경동) 들어온 지가 한 3~4년 됐나 봐예. 식당을 28살에 시작해서 4~5년 전까지 했어예.

김순달 유족.

-진실화해를 위한 과거사정리위원회에 피해자 진실규명 신청은 하셨습니까?

아직 못했죠. 서류가 아버지로 안 되어 있잖아예. 저번에 회의할 때 누락된 사람들은 증인 두 사람을 받아서 회장님이 하라고 하더라고예. 증인 두 사람은 해놨는데, 공증을 받아야 된다고 하더라고예. 산청 살던 곳에 관계를 잘 아시는 아지매가 계신데, 그 아지매하고 윤동근 씨하고 증인을 받았는데, 또 공증을 받으려니까 90이 넘으신 연세 많으신 분이 치매까지 걸리셨는데 모시고 올려니까 올 수가 없어예. 윤동근 씨는 공증을 받았는데, 이 분을 이야기를 하려니까 위임장을 받아갔고 공증을 하라 하더라고예. 그래서 공증을 받으려고 계획은 하고 있지예. 그래서 서류를 언제 하면 됩니까 물으니까, 아직 결정이 안 나서 결정이 나면 하라고 하더라고예.

-국가나 지방자치단체에 바라시는 점이 있으신지요.

제가 바라는 건 명예회복뿐이지요. 돌아가시고 안 계시지만, 내가 알고 있으니까, 남들도 그런 케이스에 있는 분들이 하고 있으니까 명예회복이지 다른 게 있겠습니까. 지금까지 쉬쉬하고 살았잖아예. 그래서 죄가 많은 줄 알았는데 우리가 죄는 없는 사람이네예. 옛날에는 빨갱이 새끼라고 남자들은 공직에도 못 나갔지예. 말도 못 하지예, 손가락질 받고 했지예. 회장님이 서류는 일단 만들어놓으라고 하더라고예. 한 사람 공증은, 5촌 당숙모인데 치매 걸리셔서 그 아들이 동생 되는데, 그 동생보고 서류를 떼놓으라고 했습니다.

-혹시 사진 같은 것이라도 있는지요.

아무것도 없어예. 엄마 사진도 늙어서 찍은 것뿐이고. 근데 지금 생각해보면 이해가 안 가는 부분이 자식을 둘이나 놓고 살도록 혼인신고도 안하고…. 아무리 촌이지만 살기가 힘들어서 그랬는지는 모르겠는데. 시대가 지금하고는 다르니까. 제가 듣기로는 소문에 아버지가 엄마를 별로 좋아하지 않았다고 하더라고예. 아버지가 얼굴에 흉터가 있다 하더라고예. 화상자국이 있었는데, 그래서 그런지 결혼을 좀 못했나봐예. 집안에서 옛날에 없으니까 쌀 몇 섬을 주고 엄마를 결혼을 시켰나봐예. 내가 볼 때는 별로 마음에 안 들고 그러니까 혼인신고도 안 했는 것 같아요. 지금 생각해보면.

-형제는요?

"동생이 하나 있는데, 동생은 성이 다릅니다. 어머니가 데리고 가서 거기서 올렸으니까. 지금 70인데 부산에 살고 있어요. 동생은 아버지

문제에 신경 안 쓰죠. 내가 얘기도 안 했고, 대충 얘기해도 관심이 없더라고예.

-건강은 어떠신지요.

제가 고생을 많이 해서 아픈 데는 여기저기 있어서. 걸어 다니는 종합병원이라고 하는데 아직 수술하거나 그런 거는 없습니다. 어릴 때 너무 일을 많이 했거든예, 양녀로 11년 동안 살면서 많이 맞기도 하고. 연탄집게 갖고 연탄 구덕에 처박아놓고 달려들고 머리카락을 집어 뜯기도 하고예. 그리 고생을 많이 했어예.

희생자 김한동

증언자 김승일

○ 면담자: 한양하

○ 조사 장소: 광주학생독립운동기념관 내 유족회 사무실

○ 조사 일시: 2019년 9월 15일

증언자 정보

· 이름: 김승일

· 생년월일: 1943년 2월 13일(만 77세)

· 성별: 남

· 희생자와 관계: 희생자의 아들

· 주소: 광주광역시 남구 광복마을길

· 직업·경력: 전 조선대학교 사범대학 음악교육과 교수, 현재 퇴임

희생자 정보

· 이름: 김한동

· 생년월일: 1915년 11월 18일(당시 34세)

· 성별: 남

· 결혼여부: 기혼

· 직업: 공무원(광주시 수도계 직원)

· 주소: 전라남도 광산군 석곡면 망월리(현 망월동) 월산부락

김승일 유족의 부친 김한동(당시 35세) 씨는 1948년 여순사건 바로 뒤 10월 22일 광주에서 체포되어 미군정청 법령 치안유지법으로 5년 형을 받아 김천형무소에 수감되었다가 한국전쟁 즈음 진주형무소로 이감되었다. 전쟁이 발발하자 진주형무소 문을 열었다는 소문은 들었으나 부친의 소식은 전혀 알 수 없었다고 한다.

희생자 김한동 씨는 14세에 광주고등보통학교에 입학하여 1학년 재학 중 광주학생독립운동에 가담하여 퇴학처분을 당하였고 그 후 독서회 활동을 하면서 항일 투쟁의 의지를 다지면서 에스페란토어와 헤겔 철학을 익힌바 있다. 이후 항일 독립투쟁의 일환으로 노동자 동맹파업을 주도한 죄목으로 1938년 25세에 수감되어 2년의 옥고를 치르고 1940년에 만기 출옥하였다.

김한동 씨의 바로 위형님이 당시 전남노농협의회 활동과 독립운동을 하시던 터라 집안에서부터 영향을 받았다고 한다. 그러나 해방 이후로는 김승일의 중부(선친의 손위 형)님과 아버지는 집안일과 생계에 충실하였으며 아버지가 잡혀갔을 48년 당시에는 광주시 수도계 직원이었다고 한다.

김한동씨는 혼인 후 해방 일주일 전 쯤 광주경찰서에 9일간 구금되었다 해방 몇 일 후 풀려났는데 이때 어머니께 조선옷 달라고 했다고 한다. 어머니께서 김승일의 동생을 낳을 즈음 친정으로 가서 생활했는데 아버지와 다툼이 있은 다음 아버지는 김승일을 데리고 광주로 갔는데 여순사건 바로 뒤 사상범이 광주에 나타난 것을 알게 된(가족의 추측임) 형사들에 의해 체포, 김승일은 인근의 친척집에 맡겨지고 아버지는 잡혀가셨다.

세월이 흘러 2002년 태풍 루사로 경남 마산 진전면에 유해가 드러났고 2004년 그 유해를 발굴했다는 동아일보의 기사를 보고 곧이어 경남도인밀보의 김주완 기자가 쓴 민간인학살 관련 기사들을 읽게 되었고, 이를 계기로 진실화해위, 진주유족회와 연결되었다고 한다.

현재 유족회에서 가장 시급한 것은 유족의 DNA를 채취, 보관하는 것인데 현재는 경비를 감당할 수 없으니 과학이 발전하면 유해의 DNA 검사가 적은 비용으로 가능해질 것이기 때문에 쉽게 가족을 찾을 수 있을 것이다, 또 부모님 묘도 없이 제사를 지내는데 추모공원을 지어야 하고, 사회적으로 돌아가신 분들과 유족에 대해 사회적으로 공감하고 인정하는 마음이 필요하다고 하였다.

-본인과 아버지에 대한 소개 부탁드립니다.

저는 1943년 02월 13일생입니다. 어머니 성함은 박계례입니다. 아버지는 한나라 한자 동녘 동자. 아버지 생년월일이 1915년 11월 18일입니다. 아버지는 돌아가실 때 직업은 광주시 수도계 직원이었습니다. 지난 번에 광주시에 선친의 독립유공자 서훈을 신청하면서 수도계 근무기록과 직원 봉급, 인사발령 등 어떤 기록이 없을까 찾았더니 없어요. 전쟁이 나서 광주시청이 세 번이나 이사를 했습니다. 그러니 그 당시 입증할 자료가 없답니다.

저는 조선대학교 사범대학 음악교육과 교수로 퇴직했습니다. 아버지께서 끌려가기 전에 거주했던 곳은 광주광역시 망월동이에요. 지금 5.18묘역이 있는. 그때는 광산군 석곡면 망월리 월산부락. 번지수는 모르겠네요. 여기 살았습니다.

김승일 유족.

-선생님께서 선친의 약력을 글로 기록하여 주셔서 쉽게 정리할 수 있을 것 같습니다. 아버지의 삶에 대해 약력으로 잘 알 수 있는데 아버지에 대한 기억을 말씀으로도 좀 들었으면 합니다.

전혀 기억에 없습니다. 제가 1943년생인데 아버님과는 1948년 10월에 헤어졌거든요. 그래서 제가 만 다섯 살에 헤어졌어요. 그 후로 뵌 적이 없어요. 일제 강점기에 독립운동하다가 옥고를 치른 일본 판결문이 있어서 선친의 약력이나마 제가 적은 것이지. 기억에 남는 건 아버지한테 회초리 맞으면서 조기교육을 받았고, 만 다섯 살 때까지 초등학교 2학년 과정 공부를 하고 입학을 했어요. 그 기억밖에 없어요. 공부 안 하면 밖에 손들고 서 있으라고 하고. 회초리 맞고.

-아버지에 대해 말씀해 주시기 바랍니다.

저희 할아버지는 김 홍자 필자, 집에서는 홍필, 쓰기는 영자 철자를 쓰셨는데 당시 전라남도 함평군, 요즘으로 말하자면 교육장을 하시다가 돌아가셨어요. 그런데 할아버지 밑에 3남 1녀가 계셨는데 저희 선친이 셋째, 삼남이지요. 일남은 초등학교 교장으로 퇴임하셔서 병으로 생을 마감하셨고, 2남은 항일 독립운동 중에서도 아주 유명한 전남노농협의회 독립운동 관계자로 엄청나게 큰 사건의 주동자였어요. 그래서 옥고를 몇 차례, 몇 년 더 치르신 분으로 항일 독립운동 유공자 〈대한민국 애족장〉을 받으시고 국립묘지에 모셔져 있습니다. 그 형의 영향을 받아서 3남이신 제 선친도 독립운동을 하시게 되었지요.

제 선친은 일제 치하에서 옥고를 치르고 1950년에 진주에서 돌아가셨는데 2남이신 제 중부님은 제가 결혼한 후인 1973년에 돌아가셨어요. 그래서 광주학생독립운동 기념관의 유공자 사진에 아버지는 젊고 중부님은 나이가 든 사진이 있는 거지요. 6.25 이후로는 대한민국 정부 수립 이후 중부님은 일체 활동을 하지 않으시고 생업에만 치중하셨어요. 제 선친도 광복 이후에는 광주시청 수도계에 근무하면서 생업에만 치중하셨지요. 광복 이전에 항일독립운동 한 걸 가지고 그러는 거예요.

아버지 학교생활에 대해서는 잘 모릅니다. 요즘은 통칭 광주일고라고 하는데 당시의 명칭은 광주고등보통학교에요. 1학년에 입학하자마자 광주학생독립운동이 터져 거기에 적극 가담하여 퇴학을 당하시지요. 그러니까 광주고보에 7,8개월 다니셨나? 당시 만 14세였는데 형님의 영향을 집에서부터 성장기에 받았던 모양입니다. 17세에는 항일 독

김승일 유족의 선친 김한동 씨.

립운동이었던 전남노농협의회에 가담 하셨는데 미성년자로 불기소 처분을 받으셨습니다. 그 무렵 우리 선친의 주 전공분야가 독일 헤겔 철학이었대요. 그리고 또 에스페란토어를 했대요. 그 말을 듣고 나도 깜짝 놀랐거든요. 선친의 사진 뒤에 이상한 영문 글자가 써 있죠. 그게 에스페란토·국제어잖아요. 에스페란토어에 능통하셨대요. 국제적 활동을 하시려고 그랬나 봐요. 독서회에서 사회과학연구도 하셨고, 일제치하 판결문에 보면 러시아에도 가려고 했나 봅니다. 저희들도 몰랐고 어머니도 한 마디도 안 하셨는데 당시 일본글로 쓰인 판결문에 그렇게 되어 있어요. 1934년 사회운동 연구를 하면서 불교를 비판하고 1936년에는 노동자동맹파업을 추진하기 위해 서울에도 다녀왔습니다. 독서회에 참여하신 분이 6분이었는데 그중 2분이 서울분이시더라고요. 서울분을 근거로 독서회를 하고 동맹파업을 주도하자고 하셨어요. 거기서 발각되어 2년형을 받으신 거예요.

-성진독서회는 광주 내에서 모임인 것 같은데 아버님이 참여하신 모임은 전국모임인가요?

전국 모임은 아니고 독서회모임에 두 분이 서울 분이었던 것이고, 네 분은 광주, 전남이죠.

1938년에 당시 23세로 수감되어 2년의 옥고를 치르시지요. 소위 일제치하의 치안유지법 위반이었죠. 2년 뒤(1940년 10월)에 만기 출옥했습니다. 선친의 약력을 보면 치안유지법이라는 용어가 자주 나옵니다. 일제치하 치안유지법, 미군정청 법령 치안유지법, 이렇게요.

제가 들은 풍월로 알기로는 일제치하의 치안유지법은 일종의 시국사범을 다루는 법인 것 같습니다. 그리고 그 일본법이 해방이 되면서 미군정시절에는 이름만 '미군정청 법령 치안유지법'으로 되었다가 대한민국 정부에 의해 1948년 12월에 '보안법'으로 바뀌어서 계엄 하에서 시국사범을 다루는 법이 되었다고 그렇게 들어 알고 있습니다.

-부모님께서는 결혼은 어떻게 하셨나요?

바로 2남이신 중부님께서 망월리 산판에 산감 일이 있었는데, 당시 나무를 때서 난방을 하고 밥을 짓고 했잖아요. 그 나무를 못 베게 지키는 역할을 하셨던가 봐요. 그래서 망월리에 산판 감시를 왔다가 어느 집에 보니까 처녀가 얌전하고 이쁘게 보이니까 제수씨 삼아야 쓰것다. 모르는 사인데 말을 걸어서 계기가 되어 동생과 연결시킨 거예요. 누가 소개한 것도 아니고 딱 보니까 제수씨 삼으면 좋겠는데 이렇게 되어서. 외가에서 선친을 받아들인 이유는 제 외할머니한테 들었는데 바로 우리 어머니의 손위, 제 이모가 시집가서 시댁 가서 어찌나 고생했는지, 제 이모부가 외할머니 말로는 짜잔해 갖고 손위 이모에 대해 고생시킨다고 굉장히 후회했는데, 전혀 모르는 어떤 사람이 왔는데 우리 아버지가 미남이에요. 외할머니가 딱 보니 욕심이 나서 두말 안 하고 결정했데요.

미 군정시절 미군 2명과 같이 광주시청 수도계 직원들과 함께 찍은 사진
(뒷줄 오른쪽에서 7번째가 김한동 씨)

외가에서는 아버지가 활동을 하는 줄 전혀 몰랐대요. 그런데 역설적으로 우리 어머니가 고생을 많이 하셨어요.

-1945년에도 예비검속으로 잠깐 구금되셨네요. 선생님이 세 살이셨을 때네요?

어머니 증언에 의하면, 어머니가 시집와서 신접을 차렸는데 광복 전에도 쫓겨 다니고 광복 후에도 죄도 없는데 피해 다니고, 그러다 보니 생활이 불편했겠지요. 그런데 해방 몇 일전 광주 경찰서에 잡혀가 (1945년 8월 초에 소련이 참전하게 되니까 예비검속으로) 9일간 구금되어 있다가 해방 이틀 뒷날 석방이 됐어요. 선친은 석방되어 나오자마자 어머니한테 조선옷을 달라고 하셨대요. 그 말이 간단한 말인데요, 그게 제가 보기엔 굉장히 함축된 의미가 있어요. 선친으로서는 절실한 말이지요. 이제 해방이 되었으니 조선옷 입고 싶으셨던 게지요. 구금에서 나오자마자 조선옷 주라고, 조선옷 안 입었다고 누가 뭐라는 것도 아닌데, 그 말을 되새길 때마다 거기에 함축된 의미가 느껴지고 선친은 일제 치하에서 조국의 독립에 대한 열망이 얼마나 간절하셨기에 그러셨을까 싶습니다.

-1948년에 다시 광주 공원 인근 도로변에서 체포되어 김천형무소를 거쳐서 진주형무소로 가게 되네요? 도로에서 체포된 이유가 뭔가요?

어머니 증언에 의하면 친정집, 외가집이 아주 부자였어요. 한 동네에 외갓집 땅을 소작하지 않는 집이 없었어요. 계급은 양반집이 아니었으나 광주에서 포목장사를 해서 망월리 땅을 사서 모두 소작을 주었어요. 어머니가 저를 출산할 때는 친정에 갔는데 우리 외할머니 보니까 광주에서 피해 다니고 하면서 어렵게 사니까 둘째 임신했는데 출산이 걱정되니까 외가집 바로 앞집을 사서 이리 와서 살면서 출산을 하라고 했어요. 그래서 망월리에 갔거든요.

망월리에 살면서 하루는 어머니 아버지가 부부싸움을 하시더라고요. 제가 그때 다섯 살이에요. 왜 싸웠는지는 모르지만 싸움 끝에 어머니는 외가로 가고 나와 동생과 아버지와 잤는데 아침에 동생은 외가에 보내고 나보고 아버지 따라 가자. 그래서 따라 나섰죠. 광주로 이십 리를 걸어온 거예요. 나중에 어머니에게 들으니 그 날이 1948년 음력으로 10월 22일 날이에요.

20리 길을 가면서 칭얼거리기도 하고, 군밤을 맞은 게 기억나요. 광주 도심을 지나 광주의 남쪽 변두리에 왔을 때, 사진기 렌즈 같은 걸 노점상에서 구경하고 있을 때 뒤에서 누군가가 탁 잡더니 손을 잡더라고요. 아버지는 아무 일도 한 것이 없는데…

그날이 48년 (음력) 10월 22일인데 10월 18일 날 여순사건이 터진 거예요. 여순사건이 터지고 , 바로 일제 강점기 하에서 사회주의자 김한동이 광주 시내를 왔다고 하니 눈에 뜨이니 덜컥 잡은 것은 아닌지 가족들은 그렇게 추축하고 있었고 선친은 그렇게 잡혀가서 5년형을 받은 거죠.

1998년 보훈처에 선친이 일제치하에서 2년 옥고를 치룬 것으로 독립유공자 서훈 신청을 하면서 5년형을 받은 판결문을 아무리 백방으로 찾으려 해도 찾을 수가 없었어요. 부산에 있는 국가기록원, 광주 국가기록원, 서울에 있는 육군 검찰단, 또 국방부 검찰단에 가고 전화로 묻고 우편으로 정보공개 청구도 하고 했는데, 없다. 자 봐라, 컴퓨터에도 없지 않느냐, 없는 거예요. 2020년 2월에도 계룡대 국방부 검찰부로 가서 판결문을 구하니까 담당 군 검사가 나와 '아무리 찾아도 없다' '그렇게 없는 경우가 또 있느냐' '꽤 있다' '없는 건 왜 없느냐' '전쟁도 치루고 여기저기 부대이동도 하고 해서 훼손되고 손실 된 건이 꽤 있다. 댁도 아마 그런 경우라고 생각 되어 진다'라고 하였습니다. 저는 그 판결문을 찾아 재심을 청구하여 독립유공자 서훈을 다시 하려고 했던 것인데 지금은 포기상태이죠.

다시 이야기 돌아가서 그날 도로상에서 수갑을 탁 채워서 그러니까 난 깜짝 놀랐지요. 내가 놀라니까 뭐라고 하더니 저를 앞장세우고 형사하고 둘이 광주 북동에 먼 친척집이 있는데 저는 처음 가봐요. 지금 생각해보니 거기가 친척집이구나 했지, 누군지도 몰라요. 그 당시는 몰랐지요. 나를 맡기고 아버지는 가버리시더라구요.

지금 생각하니 형사가 좋은 사람이었던 거지. 나쁜 사람이었으면 나

히노데 자동차 근무 시절(맨 왼쪽이 김한동 씨).

까지 데리고 광주경찰서까지 갔을 거예요. 시내에서 도망갈 수 있었으니까. 그래도 인간적으로 친척집에 맡겨 놓고. 그러니 형사는 나 때문에 많이 걸었지. 이때가 마지막이지. 그 이후로는 본 적이 없어요. 모습도 없고 마지막 말씀 남긴 것도 기억에 없고, 마지막인 줄도 몰랐지요.

-이후에 어머니는 어떻게 만나셨어요?

그러다가 망월에서는 광주 간 사람이 소식이 없네 하고 걱정을 하고 있던 차에, 그때는 전화가 있는 것도 아니고, 나를 맡고 있던 친척이 나를 데리고 망월로 외가로 델다 줄라고 온 거예요. 나를 보고 상황을 파악한 거예요. 형사가 잡아가면서 김승일이를 거기다 맡겨놓고 갔구나. 친척한테 이야기를 다 들었을 거 아녜요? 애비가 잡혀 갔구나.

연락도 없이 잡혀갔는갑다. 그 시절엔 그래놔서 그런 갑다. 여순사건이 터져서 그걸로 잡혀갔는갑다. 연락이 오겠지. 연락이 안 와요. 그 다음에 편지가 온 거예요. 김천 형무소에서.

그 엽서를 받고 어머니가 김천형무소에 면회를 가니까, 내가 5년형을 받아서 김천형무소로와 있네. 그때야 안 거예요. 5년형을 받았다는 사실도 그때 알았지. 또 그 뒤에 진주형무소에서 편지가 온 거지. 이감된 거야. 우리 어머니는 김천형무소 면회 한 번 가고, 엽서가 와서 진주형무소 이감됐다니 진주형무소 가니 3년형으로 감형됐으니 1년 반만 있으면 나가니 승일이 하고 잘 키우소 했대. 그런데 6.25가 터진 거지. 그러고 나선 소식도 없지. 누구 말을 들으니 진주형무소가 문을 열었다고 하고 누구는 다 죽여버렸다고 하고. 다 죽여버렸다면 다 죽어버린 거고, 문을 열었다는 말이 맞다면 진주나 경상도에서 살고 있다는 말인지, 일본으로 갔단 말인지, 어디 가서 딴 여자 만나서 살고 있단 말인지.

그러니까 2004년까지도 살았는지 죽었는지 어디로 갔는지를 몰랐단 말이에요.

-아무도 그 진상을 알 수가 없었으니까.

그렇죠. 내가 1957년에 진주로 수학여행을 갔는데, 진주를 지나면서도 우리 아버지가 진주에 죽어 계신지 몰랐다는 거잖아요. 그러고 나서 2004년 태풍 루사로 진전면에서 유골이 쏟아져 내려온 이후 조현기 씨 통화하고 김태근 씨 만나고, 우리 아버지 어딘가에서 학살당했구나 그때야 알게 된 거예요. 54년의 세월이 흐른 거예요. 54년을 죽었는지 살았는지, 문을 열어서 나왔는지, 병사를 했는지, 딴 여자 만나서 살았는지.

-가족들은 어떠셨나요?

중부님도 한 번 진주형무소로 면회를 다녀오셨대요. 우리 어머니가 서운하신 건 중부님이 동생이 그러고 있으면 좀 손을 쓰든지, 6.25가 터지고 문을 열었다네, 다 죽었다네 하면 뭘 좀 가서 알아보고 해야 하는데. 그런데 나는 이해가 되어요. 중부님 밑으로 아이가 여섯이에요. 2녀 4남이에요. 먹여 살리느라고 죽을 지경이에요. 저희 중부님이 정미소에 직원으로 일을 하는데, 학교 월사금이 나오면 큰아버지한테 가서 받아오너라 어머니가 정미소로 쫓아보내요. 정미소로 가서 그 말을 못하고 왔다갔다 하면, 큰어머니도 눈치를 아는 거예요. 돈 받으러 왔구나. 돈을 못 주게 한 거예요. 그러면 중부님이 얼른 큰어머니 모르게 사친회비, 월사금을 호주머니에 넣어줘요. 그걸 못 받아오면 어머니께 혼나니까. 그랬었죠. 어머니는 어머니대로 원망했지만, 중부님은 중부님대로 손쓰고 싶은 마음은 꿀떡 같아도 형편이 그리 못 되셨다는 게 이해가 돼요. 그럴 엄두가 없었어요.

-유족회와 연결은 어떻게 되었나요?

2004년인데요. 2004년까지, 그러니까 아버지가 죽었는지 살았는지 모르고 잊고 산 거예요. 지금 생각해보니 특히 어머님이 개가를 한 탓으로 그냥 더 잊고 살았던 것 같아요. 한동안 제사를 안 지냈어요. 내가 결혼해 가지고 우리 아버지 제사를 첫 제사를 지내는데 날짜를 모르잖아요. 그래서 내가 기왕에 제사라는 것은 후손들이 모이는 데 의미가 있으니까 1월 1일 2일, 3일까지 연휴였으니 1월 2일 제사를 모시겠다고 집안 어른들께 말씀드렸더니 네 뜻대로 해라 하셔서, 나중에는 아버지 생신날 모시라고 해서 11월 18일날 모시기도 하고. 왔다

갔다 해요. 내가 결혼을 1972년에 했는데 그전에는 제사도 없었어요. 돌아가신지를 알아야 제사를 모실텐데, 행불 상태인데 어떻게 제사 모실 생각을 했겠어요?

-2004년에 유족회와 만난 것은?

어느날 내가 동아일보를 보는데 경상남도에서 태풍 루사로 뼈가 많이 나왔는데 그게 6.25때 집단학살로 묻은 뼈라는 기사가 있더라고요. 동아일보 기사를 쓴 기자 이메일 주소가 있더라고요. 이메일도 보내고 전화도 했어요. 마산에 있는 조현기 씨를 만날 수 없느냐, 전화번호 좀 알려달라. 조현기 씨와 통화하니 일단 경남도민일보를 읽어라고 해요. 그래서 기사를 읽어보니 김주완 기자가 써 놓은 기사가…. 와, 우리 아버지 이렇게 돌아가셨구나. 틀림 없구나. 우리 아버지 제일 먼저 죽였겠구나. 사상범이니까. 거기서 돌아가셨다고 확신을 하게 되었지요.

-그 이전까지는 그런 걸 전혀 모르셨군요.

경남도민일보를 보고 도민들이 증언한 것들이 그대로 나오잖아요. 차로 싣고 와서. 그러고 나니까 그 다음해 1년인가 지나서 진실화해위원회에서 신청할 사람 신청하라고 하더라고요. 그때 확신을 가지고 신청을 했지요. 경남도민일보 다음이 진화위예요. 김주완 기자하고도 통화를 하고. 김주완 기자는 기억을 못하겠지만, 김주완 기자 대단하신 분이더라고.

-네 그렇게 진화위에 진실규명 신청을 하게 되셨군요. 그 다음은요.

그렇지요. 진화위에 신청을 하였고 진화위로부터 결정문을 받고 그 결정문에 의해 선친의 사망관계 호적을 정정하게 되었는데 그 이유는 우리 문중사람들이 6.25후로 우리 아버지가 진주 형무소에서 행방불명 상태가 된 것으로 알고 있으니까 예를 들면 우리 집안 누군가가 해군사관학교에 1차 합격했는데 2차에서 떨어졌다? 그러면 틀림없이 그게 승일이 아버지 때문에 그렇게 되었다 하는 등 연좌제인지 모르지만 모두 우리 집안의 안 좋은 일들은 다 우리 아버지 때문이라고 둘러쓰는 거예요. 그러다 보니 면사무소 꽤 높은 자리에 오랫동안 근무한 적이 있었던 우리 친척 한 분이 우리 아버지가 병으로 죽었다고 호적에 실어버렸던 거예요. 나도 모르게. 1960년대 초에. 나는 어리지, 어머니는 개가했지 하니까 무시해 버린 거겠지요. 나중에 내가 초등학교 교사 시절 그걸 알게 되었지만 뾰쪽하게 내 놓을 근거도 없고 해서 나도 뭐 그냥 그대로 살았습니다. 그런데 진주 유족회에서 배·보상을 추진하면서 호적이 그렇게 된 사람은 호적을 정정하라 해서 2012년 11월 14일자로 광주가정법원 목포지원(본적지 관할 지원)에서 정정했던 것입니다.

-진주유족회와의 연결은 어떻게 된 건가요.

조현기 씨가 경남도민일보를 보라고 해서 보고 깜짝 놀라 마산에 조현기 씨를 만나러 갔어요. 조현기 씨를 만나니 누구를 만나라 누구를 만나라 했는데 그중 한 사람이 김태근 씨예요. 그 집도 자기 형이 그렇게 되었지요. 김태근 씨가 유족회를 창립하려고 하길 래 나도 창립 때부터 김태근 씨랑 같이 했어요. 그때 유족회 할 때 처음에 가서 보니까 김상길 씨나 김태근 씨, 강병현 씨, 정연조 씨 등 고생들 하고

광주학생독립운동기념관에서 김승일 유족.

있는데 나도 어떻게든 도움이 되고 싶은데 나는 멀리 광주에 있어서 같이 힘을 보탤 수는 없고 미안해서 어떻게 할까 하다 가만히 보니 활동비도 한 푼 없이 각자 호주머니를 털어 하고 있는 것 같아요. 그래서 나도 호주머니 털어 적지만 단 몇 푼 교통비라도 하시라고 보태드렸지요.

-어머니께서 아버지를 회상하시는 건 어떤 점이 있으셨나요?

이런 말을 하면 안 되지만 어떤 측면에서는 어머니를 미워하기도 하고 싫어하기도 합니다. 그래도 우리 형제를 버리지 않고 끝까지 키워주셨구나 하는 점을 인정하고. 우리 어머니가 초등학교만 졸업을 하셨거든요. 그런데 독립투쟁을 한다, 조선 사나이가 조선 민족을 위해 일을 한다는 데 대해 얼마나 어렵겠나 그런 이해나 긍지, 자부심이 없으서. 남들은 다 따뜻하게 사는데 왜 우리만 배고프게 사느냐, 이 생각 뿐이셨던 것 같았어요.

한번은 제 어렸을 땐데 제 몇 살 땐가 모르겠어요. 느닷없이 뭔 불이 확 켜져. 경찰들이 아버지를 잡으러 왔는데 탁 불을 써서 후래시를, 온 데가 캄캄하지요. 다른 데 전기가 있는 데가 없으니. 구둣발로 들어왔는데 우리 어머니가 나랑 동생을 끌어안으시더라고요. 나는 그걸 잊을 수가 없어요. 어머니가 동생을 업고 나는 손을 잡고 걸리면서 지서에 가 가지고, 지서도 캄캄한데 뭐라고 뭐라고 물어요. 그러면 어머니가 뭐라고 대답을 하니 후래시를 팍 비췄다가 꺼. 언제 다녀왔어, 어디 갔어, 팍! 너 알아 몰라. 애한테도 후레시를 팍.

그렇게 어머니가 고생하셨어요. 그러나 남편 하는 일이 조국과 민족을 위한 독립운동이라는 의식은 갖고 계시지 않은 것 같았어요. 진화위 보상받았을 때 어머니가 살아계셨어요.

-아버지 때문에 연좌제 등으로 불이익을 받았거나 고달팠던 점은 없으셨나요?

1951년에 망월리에서 송정읍으로 이사해 살게 되었는데 어머니는 이름을 박성숙으로 바꾸어 쓰셨고(이유는 모름) 내가 중학교를 가려고 할 때 어머님이 '너는 아버지 때문에 다른 건 못하고 그러니 선생이나 하게 사범학교를 가라' 해서 광주사범학교 병설중학교에 입학하게 되자(1954년) 광주로 이사해 살게 되었는데 가끔 경찰서에서 형사가 찾아와 확인을 하고 갔고 우리가 이사를 하면 어떻게 알았는지 반드시 형사가 찾아와 확인을 하고 가곤 했었는데 어머니는 그때 우리가 아버지 때문에 〈요시찰인〉이라 그런다 하셨지요. 이런 일은 1960년 4.19

이후부터는 쭉 없어졌어요. 그 이후로 내가 광주사범학교를 졸업(1960년)하고 연령 미달로 1년 쉬었다 1961년에 초등학교 교사가 된 이후로는 이상하게도 진로나 취업에 연좌제를 받았던 건 없었어요. 내가 중학교, 고등학교 교사를 거쳐 1974년에 조선대학교 교수가 되어서도 아무 일 없었고 전임강사, 조교수, 부교수, 교수, 승진할 때마다. 그리고 사범대학장 할 때에도 신원조회에서 한 번도 거론되거나 체크 되거나 하지 않았어요. 자기들이 체크했는가는 모르겠는데 나는 느끼지 못했어요. 내 전공이 음악이니까 음악 하는 놈들이 사상했겠냐 하고 제쳐버렸는지는 모르겠지만 저는 느껴보지 못했어요. 나는 아버지 때문에 지장 받거나 그런 걸 몰랐어요. 진주에 가서 보니 정연조 씨나 그런 분은 그랬다고 하더라고요. 나는 한 번도 느껴보지는 못했어요. 순탄하게 올라갔어요.

-진주유족회에 바라는 점은 어떤 점인가요?

몇 가지가 있는데요. 우선 제일 급선무로 유골을 발굴해서 보관하고 있는데 이 유골이 누구 집 유골인지 알려면 DNA 검사를 해야 하는데 경비가 많이 드니까 엄두를 못 내고 놔둔 거예요. 그런데 내 생각은 과학 문명이 발달하니까 곧 저렴하게 할 시대가 온다는 거예요. 제가 정연조 회장님 될 때 지금 살아 있는 유족들 DNA를 체취해서 보관해 둡시다. 경비를 감당할 만할 때 이 뼈 DNA와 맞춰서 하면 될 거 아니겠습니까. 나도 77세인데 곧 죽어버려요. 직계를 세상 뜨게 되면 DNA 검사를 못해요. 그리고 직계 아래로 내려갈수록 DNA가 희미해져요. 그래서 지금 DNA 체취해서 보관해 둬야 한다. 그럼 나중에 저렴하게 할 수 있다. 지금 컨테이너 거기다 보관해 놓고 있잖아요.

두 번째는 추모공원, 지금 저희 아버지 묘가 없이 지내왔어요. 지금까지. 2015년에 어머니가 별세하셨는데, 별세하실 때 어머니 묘 옆에 아버지 묘를 만들었어요. 어머니 살아 생전에 내가 죽을 때 내 옆에 너그 아버지 옷을 만들어 놨으니 옷을 넣고 묘를 만들어라고 하셨어요. 옷을 넣고 묘를 했는데, 내가 정연조 회장한테 선친 묘 있는가요, 없는가요? 하니 없다 이거요. 그래 어째요? 하니 빨리 추모공원 해야 한다. 5.18 추모공원에 가면 묘가 쫙 있고 영정이 모셔져 있죠. 그러면 전부 다 제사를 거기서 모시고 할 거 아닌가요? 그래야 한다. 그걸 우리 정연조 회장한테 이야기를 했고요. 정연조 회장이 금년에 땅을 살란다고 하시더라고요. 노력을 많이 하시는 줄 알아요.

그 다음에 명예회복을 해야 합니다. 지금 사실 말인즉 보도연맹으로 죄도 없는데 돌아가셨다고 우리끼리는 그렇게 하지요. 그러나 사회적으로 그렇게 인정을 받아야지요. 정말 저분들 억울하겠어. 정말 그동안 세월을 살면서 억울했을까. 이걸 사회적으로 공분하고 공감하고 인정해줘야 해요. 그런 과정이 필요해요. 그리고 저희 선친은 국가유공자로 서훈을 받아야 하고, 국립묘지에 모셔야 합니다. 이건 제 이야기지만요.

-마무리 하면서 하고 싶은 말씀은요?

먼저 저와 제 가족이 도대체 영문도 모른 채 행방불명 상태가 되어버린 저의 선친의 행방을 알 수 있게 되는 계기를 마련해주신 당시 마산(함안)의 조현기 씨와 경남도민일보의 김주완 기자에게 감사를 드리고 싶습니다.

그리고 지금의 진주유족회를 창립하느라 동분서주 애쓰셨던 김태근 초대 회장님과 당시 집행부의 여러분들, 유족회가 결성되어 그로부터 매년 위령제를 모시고 또, 정부를 상대로 배·보상 소송을 대법원 승리로까지 이끈 강병현 2대 회장님과 그 집행부, 그리고 아직도 우리 유족회 회원이면서도 진실화해위가 종료되어버림으로 해서 정부(진화위) 상대 〈결정문〉을 받지 못한 분들을 위해 과거사법이 다시 부활되도록 노력하시고, 우리 유족회원의 추모공원 설치를 위해 노력하시는 정연조 3대 회장님과 집행부 여러분들의 노고에 감사드리고 싶습니다.

특히 진주와 멀리 떨어져 있는 광주에 사는 저로서는 직접적으로 함께 뛰면서 도움을 드리지 못하는 점에 항시 죄송스러운 마음 가득하였습니다. 그런 점에서 늘 진주에 계시는 우리 유족회 회원님들에게 감사드리고 싶습니다.

우리 모두는 진주 유족회의 발전을 위해 항시 연대하여 한마음으로 전진을 도모해야 한다고 생각하면서 저 역시 멀리서나마 끝까지 함께 할 것을 다짐 드리고 싶습니다.

○ 아들 김승일이 작성한 김한동(金漢東) 선생 약력

· 1915년 11월 18일 善山金 諫議公派 35세손 金洪弼(永喆)의 3남으로 함평 나산에서 출생

· 1929년 3월 함평나산공립보통학교(현 나산초등학교)를 졸업하고 4월에 광주고등보통학교(현 광주서중학교·광주제일고등학교<광주일고>)에 입학

· 1929년 11월 광주학생독립운동에 가담, 1930년 초에 퇴학(당시 만 15세)

· 1930년 4월 고창사립보통학교, 9월 경성부 고학당 중학교 2학년에 편입.

· 1932년 전남노농협의회(全南勞農協議會) 사건으로 체포되어 1932년 5월 16일(당시 17세) 미성년자로 기소유예 처분

· 1932년 7월 초 강○○, 진○○과 더불어 항일투쟁을 위한 <사회과학연구회>를 조직

· 1934년 여름 사회주의에 대한 동경으로 러시아에 입국 관헌에 체포되어 수개월 옥살이 후 동년 10월에 귀국

· 1935년 1월 강○○, 조○○, 진○○ 등과 함께 독서회(사회과학 연구회)를 통해 활동함

· 1935년 2월 광주불교포교소에서 불국회(佛國會)를 조직하고 모임 때 사회운동시각에서 불교를 비판

· 1936년 10월 항일투쟁을 위해 서울 상경, 노동자 동맹파업을 추진하기로 결의

· 1937년 4월 경성부 창신정에서 항일 적색 노동조합 준비위원회를 결성하고 중앙노동운동을 조직 동맹파업을 도모

· 1938년 위와 같은 항일독립투쟁의 경력으로 <소화14년 형공합제24호 치안유지법위반> 사건으로 징역 2년형을 받고 수형(당시 24세)

· 1940년 10월 만기 출옥, 광주 히노데 자동차부에 취직

· 1942년 결혼(당시 27세) 전남 담양 히노데 자동차부로 전근, 담양과 전남 광산군 석곡면 망월리에서 생활

· 1943년 2월 13일 장남 김승일 출생

· 1945년 8월 9일경 소련이 전쟁에 참가하자 일제의 사회주의자들에 대한 예비검속으로 광주경찰서에 구금, 8.15 해방 수일 후 석방되어 나오자마자 어머니에게 "조선옷 주라"고 하셨다 함

· 1947년 2월 12일 차남 김승철 출생

· 1948년 10월 22일, 광주 공원 인근 도로상에서 관헌에 체포되어 미 군정 군법회의에서 5년형을 받고 김천형무소를 거쳐 진주형무소 복역 중 1950년 4월, 5년형에서 3년형으로 감형을 받고 동년 6월에 6·25가 발발 됨.

· 1950년 7월 중·하순경 진주시 명석면 일대 어느 곳에서 사망(당시 35세)

· 2009년 진실·화해를 위한 과거사정리위원회의 '부산·경남지역 형무소재소자희생사건 조사보고서'에서 민간인 희생자로 '진실규명 결정'

· 2015년 10월 6일 광주학생독립운동 동지회 회원으로 가입

2015년 10월 16일 장남 김승일 작성

<참고>

-선친의 1939년까지의 약력은 일제치하에서 2년 형을 치룬 판결문(출처, 국가기록원)을 근거로 하였음. (이 판결문을 근거로 작성된 선친의 약력은 일제강점기에 일본인들로 구성된 일본 사법부에 의한 판결문이라는 것을 고려하여야 할 것임)

-1941년 이후의 약력은 어머님의 중언에 의한 것임.

-2009년 이후는 본인의 진술임.

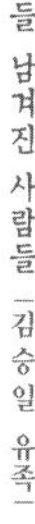

학살된 사람들 남겨진 사람들 —김승일 유족—

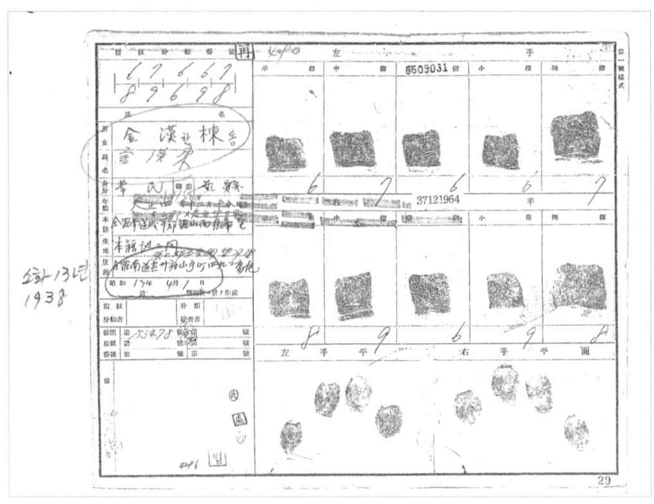

선친이 1938년 일제치하에서 항일 독립투쟁으로 체포되어 수사 받던 기록물(출처 : 국가기록원).
경찰청 과학수사 센터에서 <일제 강점기 생산 독립유공자>라는 제목이 있음.

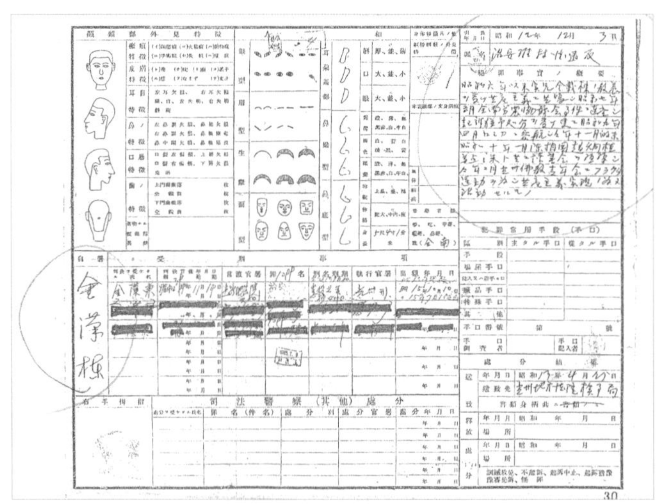

선친이 일제치하에서 항일 독립투쟁으로 2년의 옥고를 치룬 <판결문>의 첫 장.

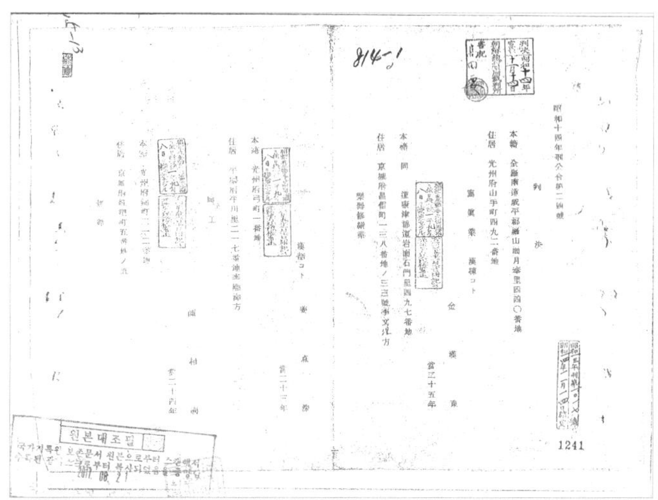

昭和十四年刑公合第二〇號

判決

本籍 全羅南道咸平郡羅山面月峯里四四〇番地
住居 光州府山手町四九二番地

寫眞業 金漢東 當二十五年

本籍 同
住居 京城府昌信町一三八番地ノ三

1241

선친이 일제치하에서 항일 독립투쟁으로 2년의 옥고를 치룬 <판결문>의 첫 장.

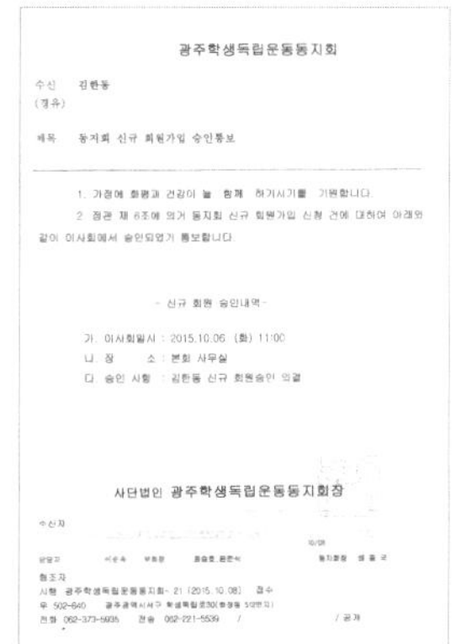

광주학생독립운동동지회

수신 김한동
(경유)

제목 동지회 신규 회원가입 승인통보

1. 가정에 화평과 건강이 늘 함께 하기시기를 기원합니다.

2. 정관 제 6조에 의거 동지회 신규 회원가입 신청 건에 대하여 아래와 같이 이사회에서 승인되었기 통보합니다.

- 신규 회원 승인내역 -

가. 이사회일시 : 2015.10.06 (화) 11:00
나. 장 소 : 본회 사무실
다. 승인 사항 : 김한동 신규 회원승인 의결

사단법인 광주학생독립운동동지회장

수신자

시행 광주학생독립운동동지회- 21 (2015. 10. 08) 접수
우 502-840
전화 062-373-5935 전송 062-221-5539 / / 공개

광주학생독립운동 동지회
회원 가입 승인 통보서.

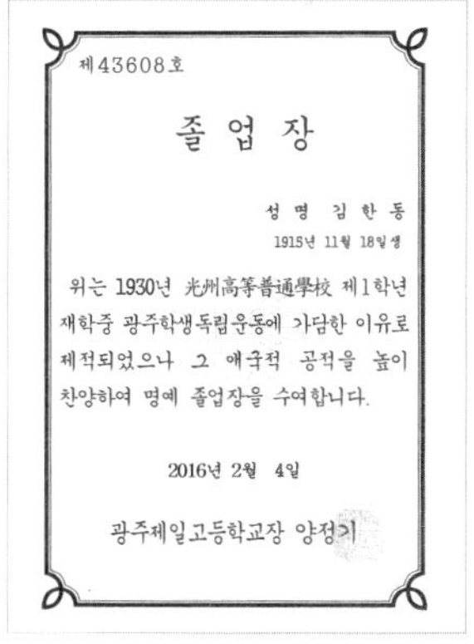

제43608호

졸 업 장

성 명 김 한 동
1915년 11월 18일생

위는 1930년 光州高等普通學校 제1학년 재학중 광주학생독립운동에 가담한 이유로 제적되었으나 그 애국적 공적을 높이 찬양하여 명예 졸업장을 수여합니다.

2016년 2월 4일

광주제일고등학교장 양정기

광주고등보통학교 명예 졸업장.

희생자 김종식

증언자 김형자

○ 면담자: 백은숙

○ 조사 장소: 김형자 유족의 자택

○ 조사 일시: 2019년 10월 19일

증언자 정보

· 이름: 김형자

· 생년월일: 1949년 4월 17일(만 70세)

· 성별: 여

· 희생자와 관계: 희생자의 딸

· 주소: 진주시 장대동

· 직업 · 경력: 진주시외버스주차장 대합실 매점 운영 35년간 함

희생자 정보

· 이름: 김종식

· 생년월일: 1921년 월 일(당시 29세)

· 성별: 남

· 결혼여부: 기혼

· 직업: 농업(농사를 지으면서 면서기 일을 함)

· 주소: 진주시 집현면 지내리 못안마을

김형자 유족의 아버지는 김종식. 서른 살에 보도연맹으로 학살되었다. 1950년 당시 농사도 지으며 면사무소에 일을 다녔다. 아침에 모심어 놓고 온 논을 둘러보고 집에서 면사무소에 출근하려고 있다가 예비검속으로 끌려가셨다. 그때 집을 나갔던 날로 기일을 지내고 있다. 윗마을 구장이 계속 집에 와서 보도연맹 가입을 권유한 것 같고, 도장을 찍어주었다고 추정한다. 구장도 같이 들어갔는데 구장은 풀려나왔다.

김형자 유족은 당시 첫돌이 막 지날 무렵이었고, 오빠가 한 명 있었는데, 일곱 살 될 때 멀리 가버렸다. 다른 형제간은 없었다. 아버지가 학살된 후, 형자 씨는 어머니 안증순 씨와 둘이 살았으며, 작은아버지와 집안 어르신들의 도움으로 큰 어려움 없이 자랐다. 결혼 후 진주시외버스 주차장 안 매점 일을 약 35년간 했으며, 지금은 진주시 장대동에 거주하고 있다. 어머니는 아직 살아계시나, 치매를 앓고 있고 치매요양원에 계신다.

-아버지가 학살당하신 것은 언제 알게 되셨나요?

(울먹이며) 옛날에 자랄 때 어른들이 아무도 이야기를 안 해주는 기라, 너무 가슴이 아파서 들먹이지를 안하고, 나도 아버지에 대해서 말을 안 하니까 아버지 소리를 안 불러봐서 부르지를 못하는 기라요.

-제가 인터뷰했던 분들이 다 70이고 유복녀, 유족자들이고 한 분은 아홉 살 때 돌아가셔서 좀 기억을 하시더라고요.

예, 우리 저 현재 회장님, 대평에 정연조 그분이 유복자고, 또 예전 회장님도 유복자고, 이중식 사무국장님도 유복자시고.

김형자 유족.

저는 제가 태어나가지고 아버지가 나가고 나서 좀 잇다가 첫말을 하더라고 하대요. 그것도 커서 들었지, 어릴 때는 일절 그런 말을 들어본 적이 없어요.

자랄 때는 이러지 않았어. 나이가 드니까 엄마도 불쌍코, 엄마가 시동생(김형자 유족의 작은아버지)을 남편 삼아 의지하며 살았어요. 우리 작은아버지 돌아가신지도 1년이 다 되어 가네. 그러고 나서 엄마가 정신을 놔버렸어요. 올해 96세인데 지금 치매요양원에 있어요. 거기 들어가신 지 9개월 정도 됐나.

-어머니 살던 집은 어딘가요?

클 때 우리 집은 그러니까 엄마 집 주소는 진주시 집현면 지내리 못

안마을이고, 현재 내가 살고있는 곳은 진주시 장대동이에요. 가게를 했어요. 나는 결혼하고 나서 시외버스주차장 대합실 안에서 매점을 35년을 했어요. 27살부터 마이크로버스정류장에서 시작해서 30살부터 시외주차장에서 해가지고, 65세까지 가게를 했어요. 남편은 돌아가셨어요. 6년 전 67살에 돌아가셨어요.

-아버지는 무슨 일을 하셨나요?

아버지는 면사무소에서 일을 하셨어요. 농사 지으면서요. 당시 아버지 나이가 30살 들 때였어요. 그 나이에 변을 당하셨어요. 어머니 말로는 자기보다 네 살 많으셨다고 하더라고. 종숙은 아버지가 닭띠였다고 하는데. 엄마가 오래돼서 잘 모르는 건가.

-끌려간 날짜를 나중에라도 아셨나요?

모 심어 놓고, 6,25 일어나기 전에 제법 한 달 전이나 됐다고 하더라구요. 논을 닷 마지기를 사고, 힘이 들어서 다시는 논 안 살끼다 이러면서 모를 심어 놓고, 아침에 모를 둘러보고 면에 출근할 거라고 마루에 앉아있는데, 위에 마을에 구장이 와서 자네 여기 도장 좀 찍어주라고 하더래요, 우리 할머니가 '도장 그런 거 벌로 찍는 거 아이다' 그랬다고 해요. 그러니까, 아버지가 읽어보더니 '어머이 우리 같은 사람은 여기 해당도 안 됩니다, 구장 얼굴 봐서 찍어주는 깁니더, 우리는 지서 가면 다 나옵니더' 이러면서 도장을 꾹 찍어주었다고 해요. 그길로 오후엔가 갔어요. 그래 가지고 집에서도 예사로 올 거라고 생각했대요. 우리 할머니가 삼일짼가 이틀짼가까지 기다리다가 안와서 지서를 찾아갔어요. 지서를 찾아가서 아버지를 만났어요. 그랬더니 아버지가

'어머이 가이소, 조사를 아직 안 했습니더. 조사 하면 우리 같은 사람은 다 나갑니더' 그렇게 말을 했답니다.

그러고 나서 구장 그 사람은 그날 나왔습니다. 나와서 멀리 튀어버렸답니다. 그래도 아버지는 안 와서 삼일만인가 지서를 가니까 진주경찰서로 갔다더라고 했다네요. 종조 할아버지(아버지의 삼촌)가 새벽같이 걸어서 아침 7시 30분인가 진주경찰서로 가니까 경찰서 안에 가서 찾아보라고 하더랍니다. 경찰서 안에 사람이 가득 들어차 있는데 아무리 찾아보아도 아버지는 없었대요. 그래서 간수인가 경찰에게 물으니, 한 7시 30분 정도에 갑종 체격 건장한 사람 한 트럭이 나갔는데, 거기에 타고 간 것 같다고 이야기를 하더랍니다. 갑종이라 하면 체격이 건장한 사람을 말하는 거라고 뒤에 알게 되었어요. 어디로 갔는지 물으니 아마 문산으로 가기가 쉬웠을 거라고 하더래요. 그길로 끝이었어요. 몇 년을 기다려도 소식이 없었어요. 제사도 한동안 안 모시고 살아돌아오길 기다리다가 지금은 아버지 제사를 그때 경찰서에서 나갔다고 한날인 음력 6월 6일로 지내고 있어요.

-아버지 그렇게 되시고 어머니하고 딸인 형자 님은 어떻게 살아오신 건가요.

금산면에 아직 아버지 사촌 동생이 살아계십니다. 그 당숙은 지금도 그러세요. 내가 80이 넘게 살아도 그렇게 잘생긴 사람은 아직 못 봤다고 합니다. 체격도 좋고 인물도 좋고 그랬었다고 해요. 우리 집안에 우리 아버지랑 아버지 사촌 동생이었던 김창식이란 분도 같이 변을 당하셨어요. 우리 집안 할아버지가 그러시더랍니다. 우리 집안에 똑똑한 놈 두 놈 죽고 집안이 망해버렸다고 하더랍니다. 김창식 당숙도 말도 못하게 똑똑한 사람이었다고 해요. 그 당숙도 유복자가 있었어요. 부산 살고 있어요. 딸래미. 그 동생은 동생 7살 때 엄마가 재혼을 했어요.

-형자 님의 형제는 없나요?

저한테 오빠가 하나 있었답니다. 7살 때 오빠가 멀리 가버렸어요. 오빠 얼굴은 전혀 모르겠네요. 내가 원칙은 무남독녀인데 저한테 귀한 동생이 있습니다. 남동생이. 우리 삼촌이 있는데, 삼촌 장남을 데리고 와서 우리 집에서 키웠어요. 삼촌은 직장도 옳게 구하지 못했다고 해요. 연좌제 때문에. 작은어머니가 우리 동생 6개월 정도 되었을 때 삼촌을 따라 부산으로 갔어요. 그때 동생도 데리고 갔는데, 우리 할머니가 그 동생을 3살 때 데리고 우리 집으로 왔어요. 큰아버지 앞을 비우면 안 된다고 데리고 온 거였어요. 저보다 6살 작아요 그 동생이. 나도 조선에 없는 동생이고, 우리 엄마도 하늘아래 없는 아들로 키웠어요. 동생이 참 착해요. 지금 서울에 살고 있어요.

그러고 우리 삼촌은 내가 자랄 때고 아직 젊었을 때도 그렇고, 우리 동생이니까 우리만 좋았지 삼촌이고 숙모가 그 어린 것을 보내고 얼마나 울었을까 그런 생각을 못했어요. 우리만 좋았지…. 그런데 내가 나이가 들고 자식을 키워보니까 우리 삼촌하고 숙모가 너무너무 감사해요. 우리 작은 어머니가 어린 걸 보내고 얼마나 울었을까 싶더라구요. 그 동생이 우리 아버지 제사를 지내고 있습니다.

-어머니 삶은 어떠셨나요?

우리 엄마가 25살에 나를 낳았으니까, 우리 엄마가 우찌 살았을까 싶어요. 딸 하나 이거 보고 불쌍하다고. 우리 엄마는 저랑 우리 동생 키우는 재미로 살았어요. 재가를 안 하고 살았어요. 우리 엄마 사촌 시동생들이 우리 엄마한테 말도 못하게 잘하셨어요. 농사도 같이 짓고. 그런 덕분으로 우리 엄마가 살았다고 봐요. 지금은 제일로 위에 종숙은 돌아가셨어요. 전에 종조 할아버지가 생전에 계실 때, 우리 어머이를 똥이나 내버릴까 내버릴게 없다고 하셨대요. 그만큼 질부를 바르게 산다고 좋아하셨어요.

어머니가 들은 이야기인데, 종조 할아버지가 돌아가시면서 아들들한테 내가 죽고 없어도 내 있을 때보다 너거 큰집 형수한테 잘해라, 우리 논에 일을 하다가 비가 오면 그거 멈추고 형수 집에 나락이나 보리나 그것 먼저 거둬들이라 하셨답니다. 그런 말을 남기고 돌아가셨다고 해요. 그런 어른들 덕분으로 살았습니다.

지금도 당숙들이 우리 엄마를 참 위합니다. 사흘들이 요양원에 가시다가 싸이클 사고가 나서 지금 못가시고 있어요. 그때 내가 자랄 때는 세근이 없어서 불만이었어요. 그 당시 엄마들은 파마도 하고 머리 기름도 바르고 그랬는데, 우리 엄마는 머슴과 맨날 들에 나가서 일만 해서 나는 그게 불만이었어요. 그런데 지금 보니 우리 엄마가 바르게 산 거더라고요.

-아버지가 어떤 이유로 학살당하셨는지 알고 계신 내용을 말씀해주세요.

우리 엄마가 그러는데 아무 죄없이 갔다고 해요. 엄마 따라 밭에나 논에나 갈 때 위에 마을 구장이 열 살 정도 많은데, 길에서 만나면 그 할배가 우리 엄마한테 인사를 45도로 굽혀서 하는 걸 봤어요. 우리 엄마는 새파란 나이였는데도, 인사를 받기는커녕 고개를 홱 돌려버렸어요. 지나가고 나면 '더런 놈 나한테 인사를 해? 저놈이 들어가지고 죄 없는 사람이 많이 죽었다'고 했습니다. '죄 없는 사람들 도장 받아 가서 다 죽게 만들었다고…. 지는 도망 나와삐고, 인사가 뭣이고 더런 놈' 이랬어요. 논이나 밭에 따라갈 때 그 아저씨가 자주 만나지더라고. 위에 마을이거든요. 저는 그 나이 든 사람이 인사를 하는데 엄마가 이상하고 나빠 보였어요. 볼 때마다 그래서 엄마의 반응이 이해가 안 되었어요. 엄마가 그 사람만 보면 이를 갈더라고. 그때는 자세한 사연을 몰랐고, 나중에 제가 처녀 때에야 그 사연을 들었어요.

-아버지가 안 계신다는 걸 몇 살 때나 알게 되셨나요?

우리 사촌들도 다 연좌제로 묶여 있었지만, 집에서는 빨갱이란 소릴 안 들었는데, 학교 가면 군경 유자녀들은 학교 회비를 전액을 안 받았는가 그랬어요. 그래서 내가 어린 나이에도 우리 아버지는 어떻게 해서 죽었는가, 무슨 죄를 지어서 죽었는가 싶더라구요. 6.25때 죽었다 카던데. 그런 생각이 들더라고예. 5학년 땐가 6학년 땐가 우리 엄마한테 그랬어요. 친구들이 등록금도 면제를 받고 해서 엄마한테 그랬어요. '죽음도 더럽게도 죽어갖고, 남들은 등록금 면제도 받고 그러더마는…', 그러니까 엄마는 그만 말문을 닫아버리더라고, 말도 안 하고 눈물만 흘리셨어요. 그리고 나서 내가 처녀 때 구장 그 사연을 대강 알았고, 뭣이 달라가지고 그렇게 죽었다 그렇게만 아는 기라.

아버지가 너무 그립고 다른 사람들이 아버지라고 부르고 터미널에서 아버지하고 팔짱을 끼고 그런 모습을 보면 목이 메여서 울고 그랬습니다.(울먹이며 눈물)

보도연맹에 대해서 잘 모르니까 집안에서도 마음 아플까 싶어 일절 말을 안하니까 몰랐던겁니다. 남편이 진양군청에 근무를 한 적이 있는데, 면에 근무하는 분들이나 면장님이 진주에 오면 우리 가게에 와서 물이라도 사드시기도 하고 그랬어요. 촌에 면장님들이 오시면 연세가 많으시니까 몇 번 보도연맹이 뭔지 그 면장님들한테 물어봤어요. 아버지가 보도연맹에 가셨다 하는데 어찌된 사실입니까 여쭤보니까 '그때 죄 없는 사람들이 도장 찍어주고 수많은 사람들이 억울하게 가셨는데, 아버지가 그리됐냐'고 하시더라구요. 나이가 들수록 아버지가 너무 그립고….

제가 50대 초반 60대 이럴 때 집을 팔아서라도 아버지 흔적을 좀 찾을 수만 있으면 좋겠다 싶더라구요. 가게에 앉아서 각 면에 전화를 했어요. 보도연맹에 대해서 알아봐달라고 하기도 했습니다. 그런데 아무도 모르더라고. 그러던 중 2012년도에 제가 암에 걸렸다. 서울에 치료하러 다니고 할 때 유복자 동생이 '언니야, 유족 모임이 있단다, 진주에 좀 알아봐라'고 했어요. 그래서 2012년인가, 동사무소를 가니까 남자직원들은 모르고 여직원 한 분이 연락처 하나를 주는데, 그때 받은 연락처가 강병현 전 회장님 연락처였어요. 우리 집하고 집도 가까운데 모르고 지나다녔어요.

-2006년에 진실과 화해를 위해 과거사 정리위원회에 피해자 진실규명 신청은 하셨나요?

2006년인가 남편이 이야기를 해서 진실과 화해를 위한 과거사 정리위원회 신청을 하러 갔는데, 어제 신청기한이 끝났다고 하더라구요. 하루 상간이니까 좀 받아달라 해도 꼭 안 된다더라고요. 그래서 사정을 하다가 나중에서 성이 나서 한마디 했어요. '70년이 다 되도록 부모가 어디가서 죽었는지 살았는지 흔적조차 모르는데, 이런 억울한 사람들인데 되든 안 되든 좀 받아주면 나중에라도 혹시 필요할랑가' 하며 썽을 냈어요. 지금도 미신청인으로 남아 있어요.

-유족회 활동은 강병현 회장님 아시고부터 죽 하셨네요.

예, 서울도 가고 경남위령제 모실 때 창원도 가고, 명석에 발굴작업도 가고 그랬어요. 발굴작업 할 때도 같이 갔습니다. 그때 충북대 교수님이 발굴하면서 이야기하는 것을 들었어요. 그때 학살된 사람들이 갑종 을종이 있었다고 하더라구요. 정확하게 그 차이점은 모르나, 우리 아버지는 갑종 트럭에 실려 나갔다는 말이 사실이었음을 알았어요. 파보니까 포승줄로 묶어 죽였으니 한데 묶여 있고 나무뿌리도 사이사이 뻗쳐서 엉망이었어요. 교수님께 DNA 검사를 하면 찾을 수 있냐고 하니 아주 희박하다는 말씀을 하셨어요.

지금 문산에서 발굴된 유해는 충북대학교 영안실인가에 안치되어 있었어요. 그런데 기간이 다 되어서 세종시로 옮길 때 가 본 적이 있습니다. 거기도 공원묘지도 있고 큰 건물이 있고 각 지역마다 구분하여 유해를 모셔두고 있었어요. 그래 내가 재종 동생하고 문을 열고 정말로 나는 아버지가 여기 계시는가 싶어서 '아버지~' 하고 목을 놓고 불러봤습니다. '아버지 정말 여기 계십니까. 딸이 한 명 있는 줄을 아시냐'고 소리치며 목을 놓고 울었습니다.(울먹이며 눈물)

우리 회장님이 너무 고생을 많이 하시는데, 세종시에 벌초 삼아 작년에도 또 갔다 왔습니다. 회장님은 위령제 지낼 때마다 웁니다. 남자 눈에서 축문을 읽을 때 울 때는 오죽하겠습니까? 아버지만 생각하면 가만 있다가도 목이 메이고 눈물이 납니다. 우리 엄마 돌아가시기 전에, 남편 빚만 잠깐 보고 말았지 않습니까. 불명예도 좀 벗고, 앞에 사람들 보상이랄 것도 없지만 좀 받았다고 하던데, 그런 게 있으면 우리 엄마가 알든 모르든 간에 얼마라도 받아서 우리 엄마한테 가서 좀 안기고 싶어요. 너무 불쌍해서….

-어머님은 평소에 힘든 점을 표를 많이 안 내신 모양입니다.

나처럼 마음이 약해서 평소에 울고 그랬다면 수절하고 못살았어요. 마음이 약해서 신랑 생각해서 울고 그랬으면 못살았어요. 목석같이 살았어요. 외갓집도 바로 옆에 동넨데, 외할머니가 열다섯 살에 우리 엄마를 결혼을 시켰어요. 일본 정신대에 안보내기 위해서 결혼을 빨리 시킨 겁니다. 또 그 다음 해에 이모를 결혼할 때도 안 됐는데 시집 보내고, 그런데 딸들은 안 잡혀갔는데 우리 외할머니는 큰사위 작은사위 모두 보도연맹으로 끌려가 학살이 되었어요. 이모도 무남독녀 딸 하나가 있어요. 그러니 외할머니가 어떻게 사셨을까.

엄마가 시집을 오니까 혼자 사는 할머니가 세 분이나 계시더랍니다. 시할머니가 계시고, 맨 위 제일 큰할머니니 중풍이 나서 병구완을 하다가 엄마가 결혼하고 나서는 엄마가 그 병구완을 했답니다. 열다섯 살 어린 나이에 대소변도 받아내고 베도 짜고, 그래서 면에서 상도 받고 그랬답니다.

돌아가신 종조 할아버지가 너무너무 저를 위해주었습니다. 오촌 당숙들이 도와주어서 자랄 때는 고생을 모르고 자랐습니다. 그런데 나이가 드니까 아버지가 그리 그럽고, 내가 집을 팔아서라도 아버지를 찾았으면 좋겠다 싶습니다. 내가 오십 중반쯤 되어서 아버지가 너무 보고 싶다고 하니까 우리 엄마가 증명사진을 갖다 주신 적이 있는데 그것도 어디 갔는지 없어졌습니다. 그리고 내 자랄 때 그리고 면사무소에서 동료들과 찍은 사진도 요새 가서 어디 갔는지 없고. 옛날에 초상화를 그린 게 있던데, 아버지 실제 인물 그 근방에도 안 갔다고 엄마가 그러셨어요.

-아버님께 하시고 싶은 말씀이 있으시면 해주세요.

이왕 가신 거고 하늘나라에서라도 편히 계시면 그것밖에 더 바랄 게 없고, 또 명예회복도 앞 분들이 누명을 벗었기 때문에 우리는 미신청인이 되어 있어도 빨갱이 소리는 안 들을 것 아닙니까? 제일로 큰 소원은 추모공원을 만들어서 추모탑이라도 하나 만들어서 부모 형제 자손들이 가서 불러도 보고, 가서 제도 지내고 그리라도 좀 해주면 죽어도 소원이 없겠다. 그러고 앞에 사람들처럼 우리 엄마 돌아가시기 전에 보상이라도 받으면 엄마한테 안겨드리면 싶어요. 괜히 내가 마음이 약해갖고 이렇게 울어샀는다. 위령제를 지낼 때 가면 '우리 아버지를 좀 찾아주이소' 이런 글만 보면 눈물이 앞을 가립니다. 참아도 참아도 눈물이 나와요.

학살된 사람들 남겨진 사람들 -김형자 유족-

희생자 문학주

증언자 문병근

○ 면담자: 백은숙

○ 조사 장소: 진주중앙시장 앞 양지다방

○ 조사 일시: 2019년 10월 4일

증언자 정보

· 이름: 문병근

· 생년월일: 1937년 12월 29 일(만 82세)

· 성별: 남

· 희생자와 관계: 희생자의 아들

· 주소: 진주시 미천면 향양리

· 직업·경력: 농업 (이전 정미소 운영, 장의업)

희생자 정보

· 이름: 문학주

· 생년월일: 1917년 월 일(당시 33세)

· 성별: 남

· 결혼여부: 기혼

· 직업: 농업

· 주소: 진주시 미천면 반지리

문병근 유족이 14살이던 1950년 아버지가 보도연맹 사건으로 학살되셨다. 당시 아버지 나이는 33살이었다. 명석면 어딘가로 끌려가 학살당했다는 소문을 듣고, 시신을 찾아다녔으나 찾지 못했다.

당시 5촌 당숙도 보도연맹으로 잡혀갔으나, 학살당하러 가는 트럭에서 뛰어내려 살아 돌아왔다. 그런데 총상을 이기지 못하고 이삼 년 만에 돌아가셨다. 5촌 당숙이 트럭에서 뛰어내린 날이 음력 6월 초이렛날이라서 그때 같이 있다가 함안으로 가서 학살되었던 분들은 다 제삿날을 그날로 지내고 있다.

문병근 유족의 아버지는 집에서 나간 6월 초하루로 제사를 지내고 있다. 아버지가 잡혀가시던 날 아버지는 고추밭에서 일을 하고 있었고, 경찰이 왔다는 것을 전하러 직접 아들 병근이 밭으로 갔다. 그때 장면을 동네 친구 두 명이 목격했다.

문병근 유족이 아홉 살 때 어머니는 병환으로 돌아가시고, 할머니 손에서 자랐다. 아버지가 돌아가시고, 집안에 있는 논을 팔아 정미소를 사서 운영했다.

-아버지께서 언제 어떻게 끌려가셨는지 기억나는 대로 말씀해주세요.

도장 찍어달라 해서 도장을 찍어 주었어요. 경찰이 와서 아버지를 찾았어. 내가 14살 때였지. 그때는 경찰이 차도 없이 걸어다녔어요. 우리 어머이는 내가 아홉 살 먹어서 세상을 떠나셨어요. 할머니 밑에서 컸지. 아버지는 음력 유월 초하루날 경찰서로 가셨거든. 그 뒤 명석인가에서 학살되었다는 소문을 듣고 할머니랑 삼촌들하고 학살된 장소에 가서 시신 찾는다고 뒤져도 도저히 얼굴 봐가지고는 모를 만큼 부패가

문병근 유족.

되어서 시신을 못 찾았다고 해요.

우리 5촌 당숙은 아버지랑 같이 잡혀갔는데, 사살되기 전 도망을 왔어. 군용 트럭을 타고 가는데, 우리를 죽이러 가는구나 직감적으로 알고는 트럭에서 뛰어내렸어요, 그런데 뛰어내릴 때 총을 맞고는 총상을 입었어. 현장에서는 안 죽었어요. 함안 어디서 그리된 모양이라. 그래가지고 집까지는 살아왔어. 병원은 가지도 못하는기고, 우리 할머이가 총상 입은 곳에다 입을 가지고 독을 빨아내었어요. 우리 당숙모는 입을 못대고. 대나무를 꺾어다가 재래식 화장실에다 꽂아서 대나무에 찬 똥물도 먹고 별걸 다했어요. 그래도 결국은 한 이삼년 있었는가. 있다가 회복을 못하고 돌아가셨어요.

그 당숙 아들은 지금 마산 사는데, 유족회 가입이 안 된 상태라 내가 지금 가입을 시켰으면 싶어요. 멀리 있으니까 자주 만나지도 못하고. 5촌 당숙이 트럭에서 뛰어내린 날이 음력 6월 초이렛날이라서 그때 같이 있다가 함안으로 가서 학살되었던 분들은 다 제삿날을 그날로 지내고 있어요. 우리 이버지는 집에서 나가신 6월 초하루로 지내고. 그때는 막 부자지간도 끌려가고, 형제지간도 같이 가서 함께 학살당한 사람들이 많아요.

그 당시만 해도 여우가 많았거든. 그 여우가 시신을 물고 다니고 그랬어요. 경찰들이 삽하고 괭이하고 사람들보고 가지고 오라고 했다고 하네요. 그래 깊이 파지도 안하고 묻어놓으니 여우가 시신을 파고 그런 거지 뭐.

-열네 살이었으면 그때 상황을 다 알고 계실 수도 있겠네요?

처음에는 몰랐지. 뒤에 들어서 안 거지. 그때 아버지 시신 찾으러 다니다가 헤치고 다니다가 시신 독이 올라서 할머니하고 삼촌하고 고생을 많이 했어요.

-어떻게 죄 없는 사람들 죽여 놓고 사람들 불러다가 파묻으라고 했을까요?

그때만 해도 자유당 시절이고, 경찰 말이라고 하면 사람들이 벌벌 기었지. 못 이겨서 나가서 그런 거지.

그 당시 아버지는 촌에 반장이었고, 그래도 이게 뭣인지 자세히 몰랐던 거지. 요새 같으면 잘 알아보고 찍어 줄 건데. 그때만 해도 무법천지였거든.

-형제간은 어떻게 되시는지요? 그리고 어머니는 어떻게 해서 돌아가셨는지요?

나혼자뿐이요. 그리고 어머니는 호열자라고 그 병에 걸렸어. 그 병이 겁난 병이라고 해요. 그 병이 걸려서 돌아가셨어. 그 당시 미천면 반지리 살았거든, 반지리 살 적에 아버지가 진주 봉래동 쪽에 집을 하나 사서 나는 그때 금성국민학교에 입학을 했어. 2학년 올라갈 땐데, 그때 어머니가 병이 걸려서 돌아가시고 다시 촌으로 갔어. 다시 가서 미천국민학교에는 다시 1학년으로 들어갔어요. 그때 한 학년에 보면 나이 차이가 나는 사람이 많았어요.

-정미소를 하셨다고 했는데, 돌아가신 아버지도 그 일을 하셨습니까? 언제부터 하셨는지요?

내가 처음 시작한 일이지. 정미소를 한 이유도 군에 갔다 와서는 내가 농사를 지어야 할 판인기라. 아무리 생각해도 내가 농사 배운 적도 없고 농사짓는 것보다 동네 정미소를 판다고 하는데 정미소를 한번 운영해보겠다고 했어요. 그랬더니 할아버지가 니가 아무것도 모르는데 어떻게 정미소를 할끼고, 하시더라고. 그래 내가 차차 배우면서 하지요. 그러니까 어른이 못이기셔서 허락을 하셨어요.

나는 허투름한 논을 팔아서 주실 줄 알았는데. 집 앞 좋은 논을 팔아서 정미소를 사주셨어요. 그래서 제가 왜 좋은 논을 파시냐고 물었더니, 나중에 평수가 많은 논을 농사지어서 사는 게 낫지 않냐고 말씀하시더라고. 무슨 말이냐면, 정미소가 망해 먹어도 뒤에 애들하고 평수 많은 골짝논을 농사지어 먹고 사는 것을 미리 염두에 두고 그러셨던 거지요. 옛날 어른들은 먹고사는 그걸 기본으로 생각했던 것이지요.

어른들 걱정과는 달리 정미소 운영이 잘 되었어요. 내가 시작하면서 다시 국수 기계도 들이고, 떡방앗간도 함께 하고 하면서 잘 했어요. 그런데 이상스레 일이 깰라고 하니까, 사고가 났어요. 국수 기계에 손이 끼어서 어떤 애가 손을 다쳤어요. 그런데 그 딸애가 애를 못낳아서 공을 들여서 낳은 귀한 애였어요. 돌아가는 국수 기계에 손을 넣어버린 거라, 난리가 났었어요. 손이 부서졌어. 요새 같으면 내 신세 조지지, 그때만 해도 손 치료해주고 그걸로 끝이 났어.

-자제분은 어떻게 되시나요?

진주 둘이 살고, 금산에 하나 살고, 내가 크게 못 배워서 공부를 시켰으면 했는데 그것도 내 뜻대로 되는 게 아니더라고. 우리 안사람은 집에 있는 것보다 병원에 있는 날이 더 많아요. 병원에서 나와도 정상적인 생활은 못해요.

-혹시 아버지가 보도연맹으로 학살될 때 보도연맹 가입 경위나 시기, 가입을 권유한 사람 등에 관해 알고 있는 내용이 있는지요?

그것까지는 모르겠어요. 나이 좀 더 들었으면 알 수 있었을지도 모르겠지만. 어머니라도 있었으면 들어봤을 텐데…. 그 우리 동네 향양리 장죽부락 사람들이 많이 끌려갔어. 한집에 둘씩 셋씩 간 집도 많아. 하루 저녁에 집집마다 제사를 많이 지내요. 형제간 부자간 그렇게 갔어요. 한 명도 안 간 집이 한 집인가 있어요.

-5촌 당숙 어른 성함이 어떻게 되는지요. 그리고 5촌 당숙 어른은 그렇게 된 이후 많이 만나셨는지.

문기주에요. 자주 만나긴 만났지. 그런데 뭘 자세히 물어보지는 못했어요. 이야기 들은 바로는 두 사람이 하나의 줄로 묶여 있었는데, 차에서 같이 뛰어내리자고 신호를 하고 뛰어내린 거지. 당숙하고 같이 뛰어내린 구 씨는 하루만인가 이틀만에 돌아가셨지요. 그분은 아들은 차에 같이 타고 있었고, 아들은 그길로 학살된 거지.

-아버지께서 아까 동네 반장이었다고 하셨는데, 본인이 기억하는, 또는 가족이나 동네 이웃이나 주변 사람들이 기억하는 아버지는 생전 어떤 분이셨나요.

전에 우리 할아버지는 침 같은 걸 놓고 한약도 짓고 했어요. 아버지도 그 일을 했어요. 할아버지도 학문을 좀 배운 분이었는데, 아버지는 더 많이 배운 사람이었어요. 나는 아버지가 하셨던 말은 기억이 나는데, 이런 말을 했어요. '나도 할아버지보다 많이 배웠고, 니도 나보다는 많이 배워야 안 되겠나' 이런 말씀을 한 기억이 납니다. 그런데 참 배우는 그 과정이 안 쉽더라고. 그때는 먹을 것도 귀할 땐데, 배고프고 그렇지는 않았어요. 그러니까 진주 집도 사서 공부시키러 보내고 했지 싶어요. 그런데 아버지는 옳은 농사일꾼은 아니었어요.

그날은 아침에 집 옆에 고추밭에 일을 하는데 경찰들이 아버지를 데리러 온 거지. 내가 아버지한테 말씀드리러 밭에까지 갔어요. 지서에서 사람이 왔다고.

내 친구 이병문이라는 애는 마침 앞에서 봤고, 전종식이라는 친구는 우리집에 침 맞으러 와가지고 그 장면을 목격한 거지. 그날이 유월 초하루인거지. 우리는 전혀 못 돌아올 거라고는 생각지도 못했지. 명석에 시신 찾으러 갈 때 알게 된 거고, 5촌 당숙이 돌아오게 되면서 확실히 알게 된 거지.

난 귀신이 없다고 봐요, 귀신이 어디 있나. 귀신이 있으면 그런 걸 놔두겠나. 귀신도 없는 기고, 풍수도 마찬가지라, 그러면 그걸 아는 자기는 집안이 더 잘 돼야지. 안 그런기라. 사람은 동물인데 좀 특이한 동물일 뿐이라고 생각해요. 어른 아이 다르다 법을 만들어놔서 그런 거지 죽고 나면 끝인거라요.

-할아버지도 계시고, 삼촌도 계시고 그래서 살면서 아버지가 안 계셔서 큰 어려움을 겪거나 그런 점은 없었습니까? 연좌제로 인해 피해를 본 경우는 없는지요?

큰 어려움을 겪지는 않았고, 그때 삼촌이 말을 해서 지금은 기억도 안 나는데 어디를 가려고 했는데, 누가 부모가 보도연맹 간 자식들은 안 된다고 하더라고. 지서에 물어보니까 올해까지는 그런데 내년에는 풀어진다고 한 적이 있었어요.

부산에 우리 삼촌이 그 당시 미군부대 통역도 하고 그랬어요. 조카가 나 하나뿐이니까 부산에서 공부시킬 거라고 부산 중학교로 나를 입학을 시켰어요. 그런데 부대가 다른 데로 가는 바람에 다시 여기로 와서 대곡중학교에 와서 다녔어요. 중학교도 중퇴 비슷하게 했고, 군에는 열아홉 살에 갔고 가기 전에 결혼을 했어요.

-혹시 기록을 본 적이 있습니까? 아버지에 대한 재판기록이나 판결문이나 이런 것들 말입니다.

그런 것은 없어요. 사상적인 활동 그런 것도 없었고 아무것도 없었던 거지. 가입한 것 그 도장 찍어준 것뿐이었던 거지.

-2006년에 진실화해를 위한 과거사정리위원회에 피해자 진실규명 신청을 하셨습니까?

아니 그건 못했지요. 진주유족회에도 한 이년 전에 가입했어요. 가입 안 된 사람이 많아요.

아까 말했던 장죽마을에는 두 집 말고는 다 외지에 살고 있는데, 별로 가입 마음이 없더라고요, 나도 자세히 모르면서 가입하란 소리도 자꾸 못하겠고.

-말씀을 들으니까 발굴 안 된 유해도 많고 그렇다고 하던데, 국가나 지방 자치단체에 바라는 점이 무엇일까요?

유해는 찾기는 힘든 거고 억울한 그 마음뿐이지 뭐. 말로서는 들먹이지도 못하겠어요. 정부에서 하는대로 따라가는 수밖에 없어요. 정부의 처분에 맡기는 거지 뭐.

-돌아가신 아버지한테 하고 싶은 말이 있다면.

하고 싶은 말이야 많지 뭐. 안 그래요? 말로 다 못하겠어요.

-자제분들은 다 알고 있지요?

다 알고 있어요. 공증을 받아놓으라고 해서 받아놨어요. 증인은 집안 사람도 안 된다고 하더라고. 마침 아버지 가시던 날 본 우리 친구 두 명이 증인이 되어서 공증을 받았어요. 난 이미 사형선고 받은 거나 마찬가지니 내 죽고 나면 니가 상속이 되니까 니가 밝혀달라고 그 소리는 해놨어요.

-더 하고싶은 말씀은 없으신가요? 사진이나 그런 건 남아있는 건 없을까요?

있었는데 이사하면서 어디 갔는지 없어졌어요. 할아버지 침 대롱도 없어지고. 있는 거라야 족보책 정도밖에 없지 뭐.

희생자 박사근불

증언자 박남숙

○ 면담자: 한양하

○ 조사 장소: 박남숙 유족 자택

○ 조사 일시: 2019년 10월 5일

증언자 정보

· 이름: 박남숙

· 생년월일: 1947년 5월 17일(만 72세)

· 성별: 여

· 희생자와 관계: 희생자의 딸

· 주소: 진주시 남강로

· 직업·경력: 자영업(30년 넘게 슈퍼 운영)

희생자 정보

· 이름: 박사근불

· 생년월일: 년 월 일(당시 28 세)
호적에 사망한 날짜만 있음. 가족관계 추정으로 살아 있으면 현 97세라고 함. 생일을 모름.

· 성별: 남

· 결혼여부: 기혼

· 직업: 상업(철공소 운영-배영초와 중안초 사이 공장터가 있었음)

· 주소: 진주시 본성동 344번지

박남숙 유족의 아버지 박사근불(당시 28세) 씨는 진주 본성동에서 철공장을 했다. 육이오 나던 해 7월 초 새벽에 사복 경찰이 권총을 들이대면서 박사근불이 나오라고 해서 체포해 간 후 진주교도소에 수감되었다.

당시 같이 살던 작은아버지 박문우 씨는 형님이 대한청년단에서 근무하고 새벽에 들어왔다고 했다. 박남숙 씨의 이모가 당시 교도관이어서 아버지 옷을 이모 편으로 전달하곤 했으며, 아버지가 트럭에 실려 가기 전 이모에게 "우리 숙이가 보고 싶다"고 했고 "대한독립만세"를 외치다가 경찰에 이마를 맞아 이모가 속치마를 뜯어 이마에 매어주었다고 한다.

사람을 실은 트럭이 명석면 용산리로 갔다는 것을 이모 편으로 듣고, 할머니, 어머니, 고모부가 시신을 찾으러 갔으나 비가 오는 데다가 시신은 찾을 수 없었고 고랑에는 핏물이 흘렀다고 한다.

아버지가 돌아가신 후 할머니는 어머니를 원망하며 박남숙 씨를 작은아버지 밑으로 넣고, 어머니를 쫓아냈다. 외가가 촉석루 앞에 있어서 어머니는 쫓겨난 뒤에도 남숙 씨를 찾아와서 만났고, 재혼하여 살다가 박남숙 씨가 결혼 후 상평동으로 이사를 간 뒤 어머니를 모시고 살게 되었다.

어머니는 경남대에서 유족인터뷰를 해 달라는 부탁을 받고 인터뷰를 하셨고, 남숙 씨는 당연히 유족회에 가입되어 있는 줄 알았다. 이후 개별 신청을 해야 된다는 것을 뒤늦게 알아 현재 2차 보상 판결을 기다리는 중이다.

-소개 부탁드립니다.

아버지 성함은 박삭음불.(녹취를 할 때도 유족 박남숙 씨는 박삭음

박남숙 유족.

불로 알고 있었다. 아버지 생년월일을 몰라 호적을 떼어보니 박사근불이었다고 성함도 몰랐다고 하며 우셨다.) 넉자입니다. 아랫방에서 낳으면 하방이라 짓고 했듯이 우리 아버지도 옛날에 삭음불이라 했어요. 아버지 생신은 잘 몰라. 증명서를 떼서 봐야 하는데 몰라. 유족 신청할 때 시청에서 했는데 못 받았어. 1차에서 우리가 빠졌더라고. 2차에서 해놨으니 못 들었지. 유족 카드도 못 받았어. 우리가 1차에 들어갔을낀데 그 당시 경남대 교수가 우리 집에 한 번 찾아왔었거든예. 한 이십년 됐나. 그때 첫 발굴하고 할 때 마산 진전면에서, 우리는 몰랐는데 우리 집에 명함하고 주고 갔는데 어머니 돌아가시면서 다 버렸어. 우리 어머니 살아계실 때 인터뷰를 다 해갔는데 그 뒤 소식이 없더라고. 그래서 이번에 서울 가면서 이야기를 들으니 그분(교수)이 돌아가셨다대. 우린 몰랐어. 그 교수님이 여자분 한 분하고 남자분 한 분하고 데리고 와가지고 사진 촬영하고 인터뷰를 해갔어. 아버지에 대해 작은아버지가 아실낀데 개인적으로 신청하려고 하니 서류를 남기라고 하는데, 다른 사람들은 집성촌에 사니까 한 사람이 아니고 서로 신청하는데, 우리 집은 단독이라. 우리 아버지는 대한청년단 단원이라. 나는 아무것도 모르니까. 작은아버지가 이때 말씀하시는 기라. 그래 인터넷에 찾아보니 그게 47년도에 창설됐는데 억수로 요새 말하자면 청년단들, 우익단체고, 아주 좋은 단체더라고. 우리 아버지가 좋은 일을 하셨는데 억울하게 가셨구나 하는 걸 그때 알았다니까. 우리 아버지가 훌륭하고 아까운 분이셨네. 그때는 입도 벙긋 못하고 살았기 때문에 그런 걸 몰랐는 기라. 그때 아버지가 몇 살이었는지는 작은아버지가 잘 아셔. 그래서 작은아버지 동영상을 찍었어. 우리는 그분들이 두 사람 신원보증을 받아서 변호사 공정을 받아서 일단 제출하라고 하대. 그러면 나라에서 안 해줄끼라 하면 개인적으로 할끼라고 동영상을 찍었어.

내가 알고 있는 건 주소는 알고 있다. 본성동 344번지. 여게가 촉석루 북문, 뒷문 고개 바로 앞에 본성동 동사무소가 있었는데 우리가 성 안에서 살았어요. 아버지가 철공장을 하셨어요. 살아 있으면 대동공업 김삼만 씨하고 기술을 같이 배워왔거든. 그때 공장이 지금 배영국민학교하고 중안국민학교 사이에 지금은 학원인가 있는데, 그게 우리 아버지 공장 터였어. 그리고 집은 배영국민학교하고 바로 지나가면 중안국민하교 바로 옆이었거든요. 6.25사변 때 폭탄 맞아서 구멍이 있는데 나는 폭탄 맞은 구멍으로 해서 학교를 들어갔다니까. 그때 들어가고 했을 때 집이 그리 돼 놓으니께 아버지가 자전거를 타고 출퇴근을 하셨어. 우리 외할아버지가 하동 갑부였었어.

-아버지에 대해 기억나는 점을 말씀해 주세요.

아버지는 장남이었는데 아버지가 잡혀갔을 무렵 할아버지가 살아계셨는데, 아버지는 기억하지 못하지만 아버지는 내 4살 때, 할아버지는 내가 6살 때 돌아가셨어. 아버지 얼굴은 몰라도 할아버지 얼굴은 알아. 할아버지, 할머니, 아버지, 어머니, 삼촌도 그때 열일곱 살 때라 카더라고. 몇월 며칠 날 붙잡혀 갔는지는 몰라. 우리 아버지 제사가 음력 6월 초열흘이거든. 그 때가 6.25 나고 여개 다 잡혀갔으니까 7월 초라 카더라고. 새벽에 아버지가 주무시는데 사복한 경찰관이 둘이 찾아와갖고.

할아버지는 농사를 지었고, 어머니는 한집에 같이 살았어. 어머니 외가가 하동이었지만 진주에서 다 살고 계셨어. 본성동에. 외할머니하고. 아버지는 학교는 잘 모르겠고, 작은아버지가 고등학교 다닐 때라고 했어. 어머니는 소학교를 나왔는데 모르겠어. 옛날에 어머니가 그러는데 옛날에 일본 사람들이 살 때 그 집에 가서 살았는가 몰라도 우리 어머니는 일본말도 잘하고 한국말도 잘하고 그래요. 우리 어머니는 일본에 가지는 않고 우리 이모님만 일본서 유학하고 오신 분이 있어.

박남숙 유족의 아버지 박사근불 씨.

아버지는 결혼하고 나서 외할아버지가 기술 배워오라고 일본 보내줬다 하대. 외할아버지가 옛날에 모릿대, 쇠 휘는 거인데 그 모릿대 하나가 전 재산이었거든. 외할아버지가 직접 모릿대를 가지고 와서 공장을 차려주셨대요. 요새 말하자면 대장간하고 비슷하겠지. 옛날 철공소를 했었어예. 그래 살다가 끌려가셨다대예. 그때 살던 집은 기억 안 나는데 중앙국민학교 바로 옆에 인사동인데 거기에는 방이 그리 안 많았었는데. 본성동에 살다가 아버지가 죽고 나서 왔는지, 불타고 이사를 온 것 같애.

내가 기억에 나는 건 인사동에 살았던 거 기억에 남아. 그건 전쟁 지나고 나서지. 그때 어머니는 같이 안 살았어. 우리 할머니가 옛날에 그랬잖아요. 부인이 잘못 들어와서 아들 잡아묵었다고. 우리 할머니가 보통 성격이 아니거든. 친정으로 쫓겨가셨거든요. 내가 보고 싶으면 집 앞에 와서 보고 가고 울고 그랬대. 나는 할머니랑 작은아버지랑 지냈어. 작은아버지는 일하러 가고. 할머니랑 막내 고모, 나 셋이서 살았어. 거기서 성장했어.

나는 엄마랑 '가는 봄 오는 봄' 영화를 보러 갔어. 내가 그때가 초등학교 4학년, 5학년쯤 됐을까? 외갓집을 왔다 갔다 했었어. 외갓집은 본성동, 지금 옛날 장어집 있었지, 지금 헐어진 유정장어 위에 사방관리소가 있었어. 바로 그 옆집이 우리 외갓집이었어. 바로 강에 둑이 있었는데 그 밑으로 물이 흐르고 남강 바로 밑이라. 지금은 둑이 싹 없어져 버렸잖아. 거기 살 때 사방관리소 옆집이었어. 사방관리소는 나무 키워가지고 하는 요즘 말하자면 임업시험장 같은. 거기 옛날에는 사방관리소라 했어. 그 바로 옆에 외갓집을 지은 거를 기억을 하지. 내가 초등학교 1학년 때였어. 엄마는 외갓집에서 외할머니하고 같이 살았어. 내가 자주 찾아갔었어. 엄마 보고 싶으면 맨날 찾아갔었어. 그때는 할머니도 찾아가고 오는 거는 허락하셨으니까. 엄마를 보내기는 했어도 혼자서 조카하고 사니까, 일본에 유학 갔던 이모가 애를 하나 낳고 돌아가셨거든. 그 오빠(박남숙 님 이종사촌)하고 같이 한집에서 사셨어. 우리 엄마도 공장에 다니면서 사셨어.

-아버지가 끌려가시던 날은 기억나시나요?

그 날 날짜는 작은아버지도 몰라. 그런데 돌아가신 날은 확실히 알아. 우리 이모님이 여교도관으로 있었어. 끌려가 있을 때는 이모님이 옷 같은 것. 그때 한 달 정도 있은 것 같애. 말하는 걸 들으니까.

아버지가 끌려가서 금방 돌아가시지는 않았어. 작은아버지가 새벽에 잡혀갔을 때를 이야기하시면서 아버지가 대한청년단. 새벽에 날짜는 모르는데 4시가 넘었는데 누가 문을 두드려서 나가니까 앞전에 아버지가 들어오셨대요. 씻고 주무시러 들어갔는데 문을 두드리더래.

우리 작은아버지가 나가니 사복 경찰관이 니가 박사근불이야 묻더랍니다. 내가 아니고 우리 형님이라니, 형님 어딨어? 청년단 야간 근무 서고 주무신다니까 그럼 나오라 그래, 하니 그래 따라 나가니. 정말 빤스 바람으로 잡혀갔대요. 경찰이라쿠대여. 우리 어머니는 씨아이씨(CIC : 특무대)라 하니 작은아버지가 사복 입은 경찰이라 하대예. 찾아가니 경찰에 없다하더라 해. 면회도 안 시켜주고. 절대로 면회도 안 되고, 연락을 해 주시는 분은 교도소 가서 우리 이모밖에 없어. 어머니도 얼마나 찾아갔겠습니꺼.

우리 이모한테로 옷을, 그 당시 추웠다더라고예. 이모는 우리 엄마 사촌, 큰집에 큰아버지의 딸, 이모가 우찌 교도관이 됐는지 공부는 많이 했으니, 우리 외갓집이 잘 사니까 교도관이 되어가지고 아버지 옷을 지어서 이모 편으로 보내가지고 입고 계셨다하대예. 그 연락은 이모밖에 못 해주는 기라. 그 이모는 벌써 돌아가셨지. 우리 엄마보다 나이가 많으니. 아버지 가신 날을 알고 연락을 해 준기라.

아버지가 실려 가신 날 맨 마지막 차에 있었대. 그때까지 많이 봐준 것 같애. 맨 마지막날 맨 마지막 차에 실려 가셨대. 음력 초열흘이래. 실려 가실 때 사람들을 철사줄로 손을 뒤로 해서 묶었더랍니다. 뒤로 묶어 갖고 교도소 마당에 세워놨는데 이모가 형부, 마지막으로 하실 말씀 있으면 하세요 하니, 우리 숙이가 젤 보고 싶다. 내가 너무 억울해서 눈을 못 감겠것다, 하고 '대한독립만세' 했답니다. 그라니 총부리를 가지고 때려서 아버지 이망(이마)이 터졌답니다. 이모가 속치마를 뜯어서 이마에 매줬다고. 그래서 그날 시신 찾으러 갈 때 이마에 띠 두른 사람을 찾아라 해서 갔는기라.

죽이기는 확실히 죽이는 걸 이모는 알았으니 하고 싶은 말이라도 하라했제. 무조건 끌고 나가서 죽였으니까. 끌려갔을 때 지금 우리 아버지는 발굴이 안 됐어. 용산에 그날 저녁에 갤카줘서 명석 용산에 갔는데 우리 어머니하고 할머니하고 고모부하고 셋이서 찾으로 갔더랍니다. 진짜 피가 고랑을 타고 내려오더랍니다. 미처 못 덮어 놓고 덮다가 다 도망을 가삐고 없더라네. 지키는 사람도 없고. 앞에 죽은 사람들은 보초를 서니 못 찾았답니다. 그날 비가 왔다쿠더나.

아무리 찾아봐도 이마에 두른 사람이 없더라캐에. 누가 연방 사람이 온다고 피하라 캐서 우리 할머니하고 어머니하고 내려왔는데 없어서 혹시나 살아서 오디로 갔는가 싶어서 사망신고를 안 했어. 점이라쿠는 점집은 우리 엄마가 다 다녔어요. 점집에서 안 나오더라쿠대. 산에다 집을 짓고 살고 있다는 데도 있고, 어떤 사람은 어디로 도망을 갔다는 사람도 있고, 그러니 우리 엄마가 희망을 갖고 살았는데.

제사를 꼭 지냈습니다. 지금까지도. 6월 초열흘날로. 묻힌 장소를 아니까 할머니까 가르쳐주면서 우리가 어릴 때 소풍을 그리로 갔는데 용산에 산 들어가는데 입구에 못이 있거든요. 할머니가 가르쳐 주더라꼬요. 거기 가면 못이 있는데 그 못에 그때 정자가 하나 서 있더라고. 고리 들어가면 너그 아부지가 묻혀 있더라카대예. 산길로 가는 길이 있더라꼬예. 그때가 초등학교 5학년쯤 됐는갑다. 억울해 산께네 니가 알아라고. 그거는 내가 지금도 기억하고 있어. 그리 지나치면서 몇 년 전까지도 못 안에 팔각정이 있었거든예. 어느날 가니까 없대. 내가 어제도 지나가면서 봤는데 못만 좀 있고. 그 옆에 짜다라 집을 지어놨대. 지나가면 자동으로 눈이 그리 가죠. 아버지를 쳐다보게 돼. 아직도 우리 아버지는 발굴이 안 됐어. 그 위에까지만 됐지, 우에 할 때는 우리 영감이 갔었지. 책에 보니까 어디어디에 있다고 돼 있는데 우리는 맨밑에 삼구간이라. 거기는 아직 밑에 거하고 발굴이 안 됐어.

-할머니는 아버지에 대해 뭐라고 하셨나요?

니 애비는 참 똑똑했다. 대동공업사 김삼만하고 친군데 그만치 잘 살 수 있을 낀대. 그 더런 놈들이 델꼬 가서 죽였담서. 그래서 우리 할머니가 날 참 좋아했어. 우리 아버지는 진짜 잘생겼는데 나는 안 닮았어요. (아들에게 저기 사진 내려봐라. 사진을 보며) 우리 아버지는 참 잘생겼어. 이 사진은 결혼하고 나서 일본 갔다 와서 찍었겠지. 결혼하고 나서도 일본 갔다오고 그랬는갑지. 조요(징용)도 갔다왔다 카대예. 그 기술이 있으니까 돌아왔어요. 우리 아버지하고는 오셨대요. 일본 공장에 가서 일도 좀 했는가 비더라고. 공장 이름은 모르겠어요. 살아서 돌아오셨으니까 배상은 안 되는 갚더라고. 해방이 돼서 돌아온 거는 아닌 갚던데.

할머니가 그 원한을 며느리한테 다 풀었겠십니꺼. 본성동에 살다가 아버지 죽어서 인사동으로 온 거 갔는데, 그 손 집에 살기에는. 본성동에 살 때는 집이 아래채 위채가 있어서 잘 살았어. 고모가 아래채서 났다고 하방이라. 작은아버지 성함은 박태수였는데 지금은 박문우로. 다 바꾸고 살았어. 자기 것 갖고 못 사니까. 작은아버지가 그 공장을 하셨거든. 아버지 공장을 받아갖고 한일철공소를 했는데 진주 사람들은 다 안다. 지금은 연세가 많으셔갖고 봉곡맨션에 계시고. 할배가 정신이 좀 가끔 가다가 기억을 다 못하시니까.

우리 할머니는 75살에 돌아가셨는데 내가 그때가 스물 몇 살, (아들에게, 니 몇 살에 할머니가 돌아가셨나?) 내가 결혼을 스물세 살에 했나. 그 뒤에 할머니가 살아계셨다가 내가 서른 살까지는 안 됐고, 아들이 세 살 됐어. 돌 지나고. 우리 할머니 오래 사셨어. 우리 어머니는 재혼을 해서 가셨다가 그 집 아들도 다 크고 해서 어머니가 우리집에 나하고 같이 있었어. 내가 모시고 있었어. 돌아가실 때까지. 우리가 여기(상평동) 와서 모셨으니 33년 됐거든. 85년도쯤 됐을끼구마. 그때 어머니가 서울 외삼촌 집에 가서 살림 살아줬어. 우리 외숙모가 안 계셔갖고. 외삼촌이 한의원을 하셨거든. 그러다가 그만하고 오셔갖고 우리 안집에 어머니가 계시다가 돌아가셨어.

우리 어머니는 긍정적으로 사셨어. 건강하시고. 어머니는 81살에 돌아가셨어. 지금 돌아가신 지 십몇 년 됐는데. 우리 어머니 띠가 뭐더라. 이제 이것도 이자뿌렀네. 돌아가신 지 12,3년 정도 됐으니. 2007년이었을 낍니다. 유족회에서 연락 온 거는 교수님이 연락이 왔더라고요. 상순인가? 가운데 상자가 들어가는데(경남대 이상길 교수를 말함)

그분이 명함을 주고 가시고 우리 연락처를 주고 갔거든. 유족회에서 연락을 받고 갔거든. 나는 그래서 유족회에 올려져 있는 줄 알았어. 그런데 안 올려져 있는기라. 누야 안올려져 있다 해서 그래 2차에 가서 신청을 했어. 우리는 분명히 교수가 와서 인터뷰도 하고, 서울 시위하러 간다고 할 때 어머니가 만오천 원 내고 갔다 오셨거든. 그때 갔다 와서 우리 어머니가 다시는 안 갈끼다 하더라고. 거기 가니 불만을 이야기하시더라고. 그 교수가 자기를 불러다가 억울한 걸 들어주고 이렇게 기대를 하셨는 것 같애. 그랬는데 가니까 남편 이름도 안 올려져 있으니까. 그럼 자기가 올렸으면 될랑가 싶은데. 우리가 왜 안 올려져 있나 하면. 교수가 오셔갖고 우리 어머니 한 분만 인터뷰해 갖고. 내가 회장님한테 가서 물으니 다른 분들은 한 마을에서 위원장인가 그런 게 있어갖고 자기 마을 사람들 접수를 받아갖고 신원보증 받고 자기네들이 올렸고, 우리는 그기 아니고. 아무도 연락을 해주는 사람이 없었어.

이상길 교수님이 뭣 땜에 내한테 연락을 안 해주고 왜 행방불명이 됐는고 알고 싶다 하니 이번에 회장되신 분이 이야기를 해주시는데 그분이 돌아가셨기 때문이라고, 그 서류가 다 묻혀버린 거라 하더라고. 그래서 내가 이해를 했다니까.

내가 그래서 청년단이라는 바람에 놀래서 우리 아버지가 혹시나 내가 생각할 때는 그런 사람들 잡아갔다 했으니 붉은 물이 있었는가 싶어서 동생한테 청년단이 뭔가 물었어. 우리 동생이 시청에 있으니 공부도 했고 하니 역사를 알고 하더라고. 누야 그건 우익이 돼서 괜찮다 하더라고. 내가 알아야 이야기를 할 수 있다 하니 우리 조카가 아이티(IT)를 하니 그걸 보여주대.(아마 인터넷 검색을 말하는 듯) 그게 상세히 나오데? 그래서 우리 아버지가 억울하게 돌아가셨구나. 우리 할머니 말이 맞구나. 똑똑하고 잘생긴 사람을 나라가 들어서 죽였다고. 우리 엄마가 남편 잡아 묵었다고 시집살이를 정말 많이 했어요. 우리 엄마도 불쌍한 사람이야.

-진주유족회는 어떻게 알게 됐어요? 바라는 점이 있으시다면?

진주시청에 신청을 했어요. 내가 직접 가서 본인이 해야 된다고 해서. 빨리 가서 하라고 시청에 있는 동생한테 연락이 왔대. 내일이면 끝난다고 했는데 받아주더라고. 유족회 1차에도 같이 했는데 회장님이 그걸 갖다가 안 올려졌으면 알려줘야 되는데 주소랑 이름만 알고, 내가 이름을 올리고 했거든요. 자기들도 처음에는 몰랐는 기라.

-유족으로서 국가나 유족회에 바라는 것이 있나요?

억울한 우리 아버지 같은 사람은, 이것도 내 운명이니까 내가 복이 없고, 우리 할머니 말마따나 우리가 복이 없어 그러니까. 지금은 억울한 기나 풀어주시고. 그러면 더 바랄 것도 없지 뭐. 하루빨리 지금은 국가 재정도 그렇고 안 해준다고 하네. 과거사위원회 문을 닫아삣다 안 카데요. 그게 다시 문을 열어야지요. 돈을 주든 안 주든 나는 이때까지 살았으니께 국가 돈 없어도 잘 먹고 잘 살았으니께.

우리야 다 살았으니 앞으로 발굴은 안 해야 되것십니까. 그것도 과거사위원회가 돌아가야 정부에서 보조를 받고 하지. 과거사위원회가 빨리 문을 열어서 그걸 밝혀줘야 되지. 발굴을 해야지. 진짜 뼈라도 찾지. 진짜 그것만 해줬으면. 아버지 묘도 없습니다. 그때 찾았으면 묘를 했지. 추모비도 올라가야지. 그런께 과거사위원회가 빨리 되야지. (정치인들이) 자기네들끼리 싸우느라고 이런 데는 정신이 없더라.

작은아버지 동영상 찍은 거는 조카한테 연락을 하면 된다. (연락처를 가르쳐 주셔서 연락을 함. 동영상은 메일로 받기로 함)

-네 감사합니다.

작은아버지 박문우씨께 받은 동영상 내용

-지금부터 고 박사근불 씨 보도연맹 연행과정에 대해서 녹화하겠습니다. 박사근불 씨와 관계가 어떻게 되십니까?
박사근불이는 제 형님입니다.

-성함이 어떻게 되십니까?
나는 박문우입니다.

-그날 과정을 상세하게 말씀 부탁드립니다.
그날 새벽에 세게 문을 두드려사서 문을 따니 두 사람이 권총을 들이대면서 당신이 박사근불이요? 나는 박사근불이가 아니요. 우리 형님입니다. 형님은 밤에 대한 청년회 근무하고 야근하시고 집에 와서 이제 막 주무시러 들어갔습니다.
그래서 그 사람들이 방에 가서 박사근불이 형님을 나오라고 해서 데리고 갔습니다. 그 후로는 면회도 안 되고 한 번도 만나보지도 못하고 그게 끝입니다.

-이상으로 녹화를 마치겠습니다.

희생자 백갑흡

증언자 백자야

○ 면담자: 박성경

○ 조사 장소: 진주시 명석면 도토리캠프

○ 조사 일시: 2019년 9월 28일

증언자 정보

· 이름: 백자야
· 생년월일: 1950년 10월 12일 (만 69세)
· 성별: 여
· 희생자와 관계: 희생자의 딸 /무남독녀 유복자
· 주소: 부산시 동래구 봉천1동
· 직업·경력: 캠프장(명석면 도토리캠프) 운영/남편을 따라 인도네시아 14년 거주

희생자 정보

· 이름: 백갑흠 *집에서 부르던 이름은 '백갑성'
· 생년월일: 1924(?)년 월 일 (당시 27세)
· 성별: 남
· 결혼여부: 기혼
· 직업: 농업
· 주소: 진주시 명석면 신기리 동전부락

무남독녀인 백자야 유족은 어머니가 열여덟 살에 시집와서 열아홉에 자신을 낳았는데, 자신이 어머니 뱃속에 있을 때 아버지가 희생됐다며 울음으로 이야기를 시작했다.

당시 아버지 나이는 27세였다고 한다. 아버지 이름은 백갑흠, 집에서 부르던 이름은 백갑성이다. 아버지가 집에서 나간 날짜는 정확하지 않지만 진주형무소에 수감되어 있다가 1950년 음력 6월 11일 명석면 삭평부락에서 희생되었다.

아버지가 '백갑성이 억울하다!'라고 고함을 치며 학살지로 잡혀 올라가는 모습을 본 주민이 백자야 씨 가족에게 사실을 알려 학살 당일 시신을 수습했다. 총에 너무 많이 맞아 얼굴을 알아볼 수는 없었지만 아버지가 매부(妹夫)의 허리띠를 하고 간 사실을 가족들이 알고 있어 시신을 찾을 수 있었다. 그 전에 백자야 유족의 할아버지는 아들이 형무소에 있다는 소식을 듣고 소를 팔아 목돈을 마련해 아들을 빼내기 위해 진주교도소를 찾았었다. 하지만 면회조차 이루어지지 못 했고 바로 그날 학살 소식을 들었다.

백자야 유족과 어머니는 할아버지 할머니의 보살핌 아래 살았다. 하지만 어머니는 울음으로 세월을 보내다 49세 이른 나이에 세상을 떠났고, 백자야 유족은 공부를 제대로 못 한 것을 한으로 안고 살았다. 작은아버지 역시 연좌제 때문에 매번 취업에 낙방해 평생 장사를 하며 살아야 했다.

예순이 넘어 만학도로 고등교육을 마친 백자야 유족은 현재 부산에 거주하고 있지만, 주말이면 고향에 와서 캠핑장을 운영한다. 아버지가 학살된 장소와 가까운 곳이라 가슴이 아프기도 하지만, 아버지와 어머니 산소가 가까이 있어 올 때마다 푸근한 느낌이 든다고 한다.

-형제가 있으신가요?

저 혼자뿐이에요. 우리 어머님이 열여덟에 시집을 와가지고 열아홉에 나를 낳고 아버지는 내가 뱃속에 있을 때…(돌아가셨어요).(울음)

-그래도 아버지 얼굴을 볼 수 있는 사진이 남아있네요.

(증명사진은 언제 찍었는지) 글쎄, 저도 잘 모르겠어요. (가족사진은) 아버지가 군대 갔다가 휴가 와 가지고 아버지 고모님이 찍었다고 그러시더라고요. (사진 속 인물들은 속속들이) 저도 잘은 모르겠는데 이분(아버지 오른쪽)이 저의 할머니고 이분(아버지 왼쪽)이 할아버지고. 여기(주변에) 다 고모님. (아버지가) 결혼하기 전 사진입니다. 사진 속에 안고 있는 아이들은 돌아가셨다 하더라고. 어릴 때 돌아가셨다 하고. 우리 삼촌은 막내가 계시는데 (사진 속 아이가) 그 위에 삼촌인가 잘 모르겠고. 막내 삼촌이 저하고 열한 살 차이거든요. 우리 작은아버지가 살아계시는데. 작은아버지가 이 사진을 보관하고 계시더라고요. 작은아버지도 지금 정신이 왔다갔다 하셔갖고. 81세인데 (사진 속 인물이 누구인지) 잘 모르겠다고 하시더라고.

-아버지 모습이 담긴 사진들은 누가 가지고 계셨던 건가요?

작은아버지. 그런데 이 군복을 입고 군인들이 쫙 서 있는 사진이 있는데. 내가 결혼해가지고 사진 꽂을 때 봤거든요. 그게 아무리 찾아도 없다 해. 저보고 가져갔다 하는데 저는 안 가져갔거든요. 그런데 이 사진(증명사진)이 잘못 나왔다. 아버지가 눈썹이 새까매가지고 잘생겼다 하던데. 잘 생겼다 하시던데 키도 크고 덩치도 좋고 이 면내에서도 인물이었다 하던데. 우리 큰고모님이 서울에 가니까 명동에 가도 남궁

백자야 유족.

원이가 아버지보다 더 못생겼더라 하더라고.

저는 하고 싶은 이야기는 지금 살다 보니까, 아버지 산소가 바로 집 뒤에 있었거든요. (동전부락) 요 뒤에 윗동네, 바로 집 뒤에 있었어. 왜 아버지 산소를 (거기에 뒀는지), 그때는 철이 없어서 몰랐는데 지금 생각하니까 할아버지가 얼마나 자식을 옆에 두고 싶었으면 뒷산에다 묻었겠노. 이 생각을 하거든요.

-그럼 아버지 시신을 수습하셨습니까?

예. 그거는 어떻게 됐냐하면 그때 여름인데 (1950년) 음력 6월 열하루에 아버지가 돌아가셨는데, 그래 이렇게 (몸이) 묶여가지고 가면서 네 사람 네 사람씩. 그 동네 사람 말로는 네 사람 네 사람씩 (묶여서 가더래요). 군인 트럭이 오더니 한 차를 내루더랍니다. (사람을) 내라갖고 묶여 올라가는데, 우리 아버지가 '백갑성이 억울하다!' 고함을 지르고 막 하면서 올라가더라고 (그걸 본 사람이 있어요). 백갑성(아버지를 집에서 부르던 이름)이 억울하다고 하는 걸 동네 사람이 듣고. 우리 아버지가 본인이 억울하다고 고함을 목이 터져라고 고함을 치면서 따라 올라가더래, 묶여갖고. 너무 억울하다고 고함을 지르면서 올라가는데 동네분이. 그 동네가 삭평부락. 거기서 (그 모습을 본 사람이) '백갑성이가 누구더라? 누구인지 알 것 같은데' (싶었대요). 5촌 아재가 그 윗동네 살았거든요. 바로 윗동네. (그래서 그분이) '아, 그 집 조카라 카더라' (생각이 났대요). 그래서 인제 아재한테 연락을 해갖고 아재가 뛰어 올라가서 할아버지한테 연락을 해서 할머니랑 할아버지가 버선발로 뛰어내려 와갖고 그 골짜기에 가니까. 삭평부락 그 골짜기에 피가 난자를 해가지고 골을 타고 냇물처럼 내려오더랍니다. 그래가 인자 찾을 길이 없으니까. 시체를 전부 눕혀가지고 이렇게 이렇게 (차례대로) 막 눕혀가지고 총을 (쐈는데). 아버지가 얼마나 발버둥을 쳤던지 총도 많이 맞았더래요. (얼굴을 확인한 것이 아니고) 가니까 피범벅이 돼가지고 찾을 길이 없는데 시체를 자꾸 디비니까 아버지는 우리 고모부 혁대를 빌려 찼답니다. 여동생 남편 허리띠를 빌려 차고 간거를 할머니가 아시는 기라. 그 허리띠가 좋다고 (아버지가 차고 다녔대요). 그 혁대를 보고 아버지를 찾았다 하더라고. 얼굴은 못 알아보고.

(그래도 아버지는 허리띠를 보고 시신을 찾았지만 못 찾으신 분들은) 더 가슴 아프지. 우리는 (학살) 소식을 듣고 바로 내려 가가지고, 20리 길이거든요? 뛰어 내려가서 바로 찾았는데도 얼굴을 모르겠더라는데 뭐. 피범벅이 돼 있더라고. 그리고 막 파리는 달라 들고. 허리띠

가 있어서. 그렇게 죽으라는 운명인가는 모르겠지만.

-당시 학살 장면을 직접 목격하신 분 이야기도 최근에 들을 수 있었다고요?

(여기 마을) 경로당에 갔더니 거기 93세 되는 할머니가 계세요. 아직 정신이 맑으셔요. 그래갖고 '아이고 그때 너거 아버지가 보도연맹 돌아가셨제?' 그러면서 자기 남편 되시는, 지금 할아버지가 되셨는데. 그 분이 그때 구루마를 끌고 진주 장에 간다고 내려갔더니 군인차가 입구에 대져 있고 총소리도 막 나서 뭔고 싶어서 올라갔더니. 숨어서 살살 겁이 나서 숨어서 봤대요. 장에도 못 가고, 겁이 나서 장에도 못 가겠더랍니다. 총소리가 막 나니까. 그래 올라갔더니 (군인들이) 총을. (사람을) 전부 다 눕혀놓고 죽여 놓고는 총부리를 가지고 머리를 한 번씩 툭툭툭 치면서 다니더랍니다. (죽었는지) 확인한다고. 그러면서, 아이고. 다시 또 확인을 하더니 또 뒤에다 대고. 엉덩이 쪽에다 대고 또 총을 막 쏘더랍니다. 죽었는지 다시 확인을 하고 머리를 총부리를 갖고 탁탁탁 때리고 다니다가 나중에는 엉덩이 쪽으로 막 그렇게 쏘더라고. '아이고 섬뜩시럽다' 하면서, '장에도 못 가고 내가 왔다' 하면서 그리 집으로 왔대요. 그러고 좀 있으니까 밑에 보충골이라는 동네가 있는데 거기 계시는 자기 조카 되는 사람이라 하던가, 시누라 카더라 참. 시누 되는 분이 시집을 갔는데 올라오더니 저녁에 '오빠…' 부르면서 자기 남편이 오늘 거기서 죽었다고 그리 하더랍니다. '오빠는 소식도 못 들었나?' 하더라고. 그래 (그 할머니 남편이) '나는 내려가면서 너무 내가 떨려서 장에도 못 가고 올라왔다 그게 웬일이고?' 하면서 '가(매부)도 거기 갔더나?' 했대요. 보도연맹 했는가 그거는 모르겠고.

-그 할머니 남편이 봤다는 장소가 백자야씨 아버지 시신을 찾은 그곳이 맞습니까?

예예. 삭평부락 거기 맞습니다. (아버지를 비롯해서 그곳에서 학살당하는 장면을) 예, 보셨답니다. 기가 막히는 일입니다, 진짜. 이 나라가 어찌 그리 됐을까. 그리고 여기 할아버지 한 분도 아버지 (시신을) 지고 올라가는 걸 보셨다는 분이 계신데, 그분은 지금 치매가 오셔가지고 절에 가서 계시더라고요. (어르신들이) '자네 아버지가 참 훌륭하고 그랬는데 참 아까운 사람이 죽었다' 그러시더라고. 그 밑에 동네인데도 아시더라고요.

-아버지가 학살되기 전에 집에서는 어떻게 나가셨습니까?

밭에 계시는데. 이야기를 들으니까 옆에 있는 사람이 (보니까) 누가 아버지를 보고 오라더라네. (그러니까 아버지가) 따라가더래요. (누군지는 모르는데) 면에서 오라 했다네. 무슨 일이 있다고 오라 했다던가. 이래갖고 따라갔는데 옆에 사람이 봤다 하더라고요. 우리 집 식구들은 모르고. 그래 아버지는 따라 갔는데 그길로 안돌아왔다 하더라고요. (그 날짜는 정확히 모르겠어요.) 그래 진주 형무소에 일주일인가 하여튼 계시는데, 할아버지가 소를 팔아가지고 돈을 주면 빼내주고 그런다는 이야기를 들었답니다, 그때. 그래 할아버지는 소를 한 마리 팔아가지고 돈을 장만해가지고 진주교도소 옆에 가서 둑에 앉아있으니까 군인 차가 딱 지나가는데, 그때 할아버지 생각에 아버지인 모양이더라고. (그런데 아버지가) 돌아앉아 버리더라 하더라고요. 그래 그분이 아버지였나 보다. 그래 그 차가 하필이면 여기 우리 고을에 왔던 거라. 그러니까 우리 고을에 왔기 때문에 고함을 질러도 우리 아버지를 아는 사람이 있었지. 아버지가 마을을 위하여 대내외적으로 활동을 좀 하셨던 모양이더라고, 이 고을을 위해가지고. 그래 아셨지. 그래 아버지 시체는 찾았어요. 그래 우리 집 뒤에 무덤이 있습니다.

-할아버지가 진주교도소 둑에 앉아서 아버지를 태운 트럭이 지나가는 걸 본 바로 그날에 학살을 당하신 건가요?

예. 그날에. 음력 6월 11일이 아버지 제사거든요. 제가 그 생각만 하면 이 고을을 지나오면 아이고 그 차가 이 길을 지나갔다 생각도 들고.(울음) 여기 올 때마다. 총을 앞에 사람이 맞았을 거 아입니까. 그걸 봤을 때 아버지 마음이 어땠을까 그런 생각이 들고. 엄마는 임신해서 배가 이렇게 불렀었는데 아버지 찾으러 와서 경찰이 와서 그랬다던가, 군인이 와서 그랬는지는 몰라도 엄마 가슴에 총부리를 대고 막…. 고모님이 그러는데 어머님이 마흔아홉 살에 돌아가셨거든요. (재가 안 하고) 혼자 살았어요. 내 하나 보고. 할머니, 할아버지, 삼촌, 숙모, 내 이렇게 살았었는데 할머니를 10년 동안 모셨습니다. 그래 지병도 있었고 트라우마인지 몰라도 한 번씩 어릴 때 엄마가 막 울고 하던 거는 기억이 나거든요. 하여튼 그랬었어. 그랬는데 고모님 말씀에 '너거 엄마가 빨리 죽은 것도 아버지 찾아내라고 총부리를 들고 막 밤에 와가지고 (그래서 그런 것 같다)'. (그게 언제였는지는 정확히 모르는데) 잡혀가기 전에. 아버지 찾아내라고 막 총부리를 겨누고. 군인인지 경찰인지는 모르고.

-아버지를 왜 잡아가려 했을까요?

보도연맹에 가입을…. 아버지는 안 했다 하더라고요. 안했는데, 우리

백자야 유족의 아버지 백갑흠 씨.

뒷집에 지금으로 치면 이장이라 하던가, 그런 분이 논이 우리 논이 여기 있고 그분 논이 여기 (붙어) 있는데 물을 안 대줘가지고 감정이 좀 있었다고 하대요. 서로. 우리 할아버지 하고 그 할아버지 하고 감정이 있었는데 말도 안하고 막 그랬었는갑대. 그래갖고 아버지를. 그분이 이장인가 그래갖고 (아버지) 도장이 필요하다 해가지고 줬는데, 그 도장을 찍어줬다. 그 도장을 이장이 (보도연맹 가입 서류에) 찍어줬다 하더라고요. 사람을 차출하고 했던 모양이라. (아버지가 직접 보도연맹 가입을 안 했는데 그 도장을 가져가서 몇 명 보도연맹 가입을 시켜야 하니까 그 서류에 도장을 찍었어줬답니다.) 그래서 아버지가 억울하다고 그렇게 소리를 질렀나봐. 그래갖고 그분들하고는 이웃해 살기도 그렇고 하니까 작은 아버지가 고향을 떠나버렸지. 그분도 보기도 싫고.

-실제 아버지는 보도연맹 가입도 안 하셨고, 활동도 안 하셨던 건가요?

(실제 가입하고 활동을 했는지) 모르지 그런 거는. 저는 모릅니더. 그 동네 뒤에 사는 분 (이장) 박씨라는 분인데. (어릴 때 집안 어른들이) 그 할아버지한테 인사도 하지마라 그래서 나는 왜 그러는지를 몰랐지요. 이장이니까 도장을 줬는가 보대요. (그 사람한테) 인사도 하지 마라 그래. 왜 그러는지 몰랐지 그때만 해도. 그래 마을에 큰 정자나무가 하나 있거든요. 우리 동네 수호신이었지. 마을에 아직 있는데, 거기에 가면 그 할아버지가 만날 계셔. 그러면 나는 밑으로 (다른 길로 가거나) 어려도 그냥 지나가버리고. 인사도 안 하고. 그랬고 우리 할아버지 하고도 말씀도 잘 안하시고 그러더라고. 우리 할머니는 그 집을 원수라고 생각하고 있었지. 원수 집안이라고. 그런데 내가 동창회에 갔는데 그 집 손잔가 아들인가 몰라도 내 옆에 앉게 됐어요. '집이 어딥니까' 하니까 같은 동네라 하대. '누구 집입니꺼?' 물으니까 박 아무개의 뭣이라 해서 그냥 (그 사람을 피해서) 뒤에 가서 앉아버렸다니까.

-아버지가 장남이십니까?

예. 장남. 고모님 네 분. 그러니까 누나 한 분 계시고 여동생 셋, 남동생 하나. 그러니까 집안이 어떻게 됐겠습니까? 그래 아버지 시체를 바지게 있다 아입니까. 거름지는 바지게가 있어요, 시골에. 거기다가 아버지를 싣고 어깨에 짊어지고 올라오셨는데, 우리 5촌 아재가. (학살당했다는) 연락받은 아재가 싣고 어깨에 지고 오셨는데. 옛날에는 밖에서 돌아가시면 방에 안 모시거든요. 그래서 마당에다가 모셔놨는데 고모가 막 기절을 하고, 그 시체를 보고. 집안은 막 쑥대밭이 되고. 하여튼 막... 그런데 저는 그래도 몰랐어예.

백자야 유족의 아버지와 가족사진.

-이후에 가족들 삶이 완전히 달라졌겠네요?

말이 아니었지예. 말이 아니었고. 사는 것도 막 아버지가 안계시니까 어땠겠습니까. 상상도 못 하고. 그래서 작은 아버지가 이것도 저것도 아니다 해가지고 팔아가지고 부산을 갔는데. 팔아갖고 조그만 집을 하나 샀어. 논 팔고 집 팔고 한 그 돈을 갖고 쌀장사를 시작하더라고, 부산에서. 그래가 장사로서 작은 아버지가 사셨지. 부산에 갈 때 할아버지는 돌아가시고 할머니는 살아계셨어요. 작은 아버지가 가족들을 잘 건사했어요. 숙모도 작은 아버지 하고 아들 셋을 낳았는데 같이 다 살았지요. 한 집에서. 그래 저는 스물 셋에 결혼하고 어머니는 부산에서 애들(작은 아버지 아이들), 숙모는 장사를 하니까 애들 돌보고 집안 살림 살고. 그래 사시다가 49세에 돌아가셨지.

(삼촌이나 고모들이 고향 마을에 살 때 빨갱이 낙인이) 힘드니까 팔

아 갖고 부산으로 가버렸겠지요. (구체적인 얘기는 안 했는데) 그때는 제가 어렸고. 우리 할머니가 좀 많이 힘들었나, 모르겠어. 우리 고모님이 좀 말을 꺼내려 하면 말도 꺼내지 마라하고 (했다고). 나는 어릴 때였으니까 왜 그런지도 잘 몰랐지. (아버지는 금기어였어요.) 전혀 말 안했지요.

-그래도 할머니가 남편 잡아먹었다고 어머니를 구박하거나 하진 않았나 보네요?

우리 할머니도예, 우리 어머니에 대해서 한 번씩 팔자 세다 하더라고. 왜 그 소리를 들었냐면 우리 어머니가 정월 생인데 잔나비 띠거든요. 정월 생 잔나비 띠 하고는 절대 결혼하면 안 된다 하고 팔자 세다 하고. 엄마가 한 번씩 들었지 그 소리를. 그때는 예사로 들었는데 엄마 보고 팔자 세다고 그러는 갑다, 아버지 잡아먹었다고. 그리해도 그저 내 며느리 내 며느리 (했어요). (도망가지 말고) 살라꼬. 나가지 말고 살라꼬. 제 생각을 해서. 그래도 끝까지 할머니 모시고. 그래도 어머니가 할머니 보다 먼저 돌아가셨어요.

그래 할머니가 달만 뜨면 우리 어머니 도망가는가 싶어가지고 지켰다 그러대요. 내가 '왜 엄마 가그로 놔놓지 할머니 왜 그랬어요?' 그러면 '야 이년아, 애비 죽고 엄마 살러 갔다 소리를 니가 들을까 싶어서…'. (울음) 진짜 왜 이렇게 눈물이 나는가 모르겠어. 아버지가 제 속에 들어와서 그렇게 우는 건지 모르겠어.

아버지가 그리 효자였답니다. 제가 어릴 때 기억인데 할머니가 아버지 제사 모실 때면 한없이 우는 거라. 그래 '엄마, 할머니는 왜 저리 울꼬' 했어요. 지금도 기억이 생생하다. 아버지 제사 모시면 밥도 안 잡숫고 딱 방에 들어앉아서 통곡을 하고 울고 계시더라고. 부모니까.(울음) 왜 그런고, 뭐가 뭔고 나도 모르겠다, (보도연맹) 그기.

-태어나기도 전에 아버지를 잃으셨는데, 본인 삶은 어땠나요?

(진주 명석면 동전부락에 살 때) 선명여중을 제1회 때 중학교 가려고 과외공부를 했는데 할아버지가 못 가게 하더라고. 저는 학교를 가고 싶은데. 선명여중이 첫 회, 1회 때였어요. 그래 그때는 고마 가면 됐어요. 시험 치고 이런 게 없었어. 그래 이래 다니고 있는데 마치고 2학년 올라갈 때쯤인가. 하여튼 그쯤에 내가 등록금, 회비를 받으러 왔는데 할아버지가 '니는 공부할 필요 없다' 이러시더라고. 그래 돈을 안 주시는 거라. 그래 그만두고 학교를 그만뒀지요. 그래서 제가 못 배운 게 한이 돼서 진주여중 앞에 상봉서동에 고모님이 사셔서 교복만 쳐다봤다니까.(울음) 그러다가 제가 이제 부산 가서... (부산에는) 열아홉인가 스물 살인가 하여튼 모르겠어요. 작은 아버지가 (전답을) 다 팔아가지고 이사를 갔어요. 이 동네 있기 싫다 해가지고. 아버지를 잊고 싶다 하더라고요. 그래 부산을 갔는데 제가 거기서도 어느 공민학교인가 모르겠는데 중학교에 넣어주더라고요. 그런데 어째갖고 그렇게 됐나 몰라도 거기서도 학교를 안다니게 됐어. 거기도 시험을 치고 입학한 주간학교가 아니고 야간이었지요. 저는 강의록도 보고 했는데 못 배웠어.

그래 결혼을 하고 남편을 따라 인도네시아에 갔다 와가지고. (결혼은) 스물네 살 때 했어요. 남편이 인도네시아에 먼저 갔다가 저는 뒤에 갔지예. 제가 그때 45세가 됐던가... 그래 거기서 십 몇 년 있다가 와서 육십이 넘어가지고 인제 만학도 학교가 있다 해가지고 예원여고라고 있어요, 부산에. 거기서 졸업을 하고. 예원여고를 졸업하고 경상대학을 1년을 다니다가 제가 이거(캠핑장)를 하는 바람에 (그만뒀어요.) 지금 (고향 마을 근처에서) 도토리 캠프를 한지 6년 정도 됐어요. 그래서 인자 학교는 고등학교 졸업은 했습니다. 제 원대로.

-아버지가 보도연맹 사건으로 학살을 당했다는 건 언제 알게 되셨습니까?

제가 제법 컸어예. 어릴 때는 몰랐고. 할머니가 무슨 말 끝에 그 말씀을 하시더라고. 보도연맹에 돌아가셨다고 아버지가. 시골에 있을 때는 말도 못 하게 하대요. 그래서 무슨 말을 하면 할머니가 뭐라 하고. 나는 그게 무슨 뜻인가도 몰랐고. 그런데 내가 자라서 그 소리를 들었기 때문에. (부산으로 이사 간 뒤) 한 스무 살 됐을 겁니다. (고향에서는) 그런 말을 안 하더라고요. (아버지 동네에서는) 말도 못 끄집어냈다 하더라고요. 빨갱이라고 손가락질 하고. 빨갱이 새끼라고 이 소리 안 듣게 할라고 그랬다 하더라고요. 우리 할머니께서.

아. 그러다가 우리 아저씨(남편)가. 내가 결혼을 스물세 살에 했는데, 외국에 (나가서 일하려고) 그때 현대에 시험을 쳤어요. 시험을 쳤는데 다 됐다 하는데 떨어져. 우리 아저씨는 지금도 몰라요. 외국을 못 나가는 거라. 다 됐다는데 왜 안 되지. 저거 아버지(남편)도 '무슨 일이고?' (이러더라고). 지금도 말 안 했는데 그것 때문에 못 갔다 하더라고. 외국에 못 갔다 하더라고. (그러니까 우리 아버지로 인한 연좌제 때문에) 그리고 우리 작은아버지도 진주 남중을 졸업해가지고 고등학교를 나왔다 하던가. 기업에 시험을 치면 안 되고. 이것도 안 되고 저것도 안 되고 해서 내내 장사를 했다 하니까. (제대로 취업도 못 하고.) 작은 아버지는 지금도 형 얘기하면 웁니다. (연세가) 81세인데 그때 열 한 살이었다던가.

-백자야 씨 고모님은 아버지에 대해서 어떤 이야기를 해주셨나요?

너무 원통 (하다고). 증조할아버지께서 독립운동가라고 들었습니다. 아버지도 활동적이고 마을일을 위해서도 많이 애쓰시고 정말로 독립군과도 마찬가지인 아버지였는데, 아버지가 그렇게 억울하게 되니까. 아버지가, 아버지가 너무 억울했다. 아버지는 정말로 좋은 분이었다. 뭐 보도연맹 빨갱이, 전혀 그런 사람은 절대로 아니라 하더라고요. 절대 아니었는데 그렇게 해놓으니까 아버지가 너무 억울하다고. (어머니한테서는 아버지 얘기를) 한 번도 안 들어봤어예. 한 번씩 울기만 우시고. 어머니는 아버지에 대해서도 전혀 말씀이 없었고 제 어릴 때 저를 안고 우는 거는 기억이 나요. (아버지에 대해 이야기를 안 한 이유는) 글쎄요, 모르겠어요. 한 번도 이야기 안 했어요. 어떻게 해서 이렇게 됐다, 어떻게 돼서 니 혼자 됐다, 그런 이야기를 전혀 안하시더라고.

-그럼 어머니는 아버지의 죽음에 관련해서 이야기를 해주신 게 전혀 없나요?

그렇지예. 우리 어머니가 예를 들어서 내가 이렇게 이렇게 했다는 걸 저한테 한 마디라도 해줬으면 저는 참 알건데 그런 말씀 한 마디도 없었어요. 어머니는. 그냥 가슴에 묻고 있는 거라. (진짜 돌아가실 때까지) 한마디도 없는 기라. 물어보지도 않았지. 내가 철이 없었던 거지. 내가 서른두 살 때 돌아가셨거든요. 어머니가. 그래 '어머니. 아버지는 어떻게 돌아가셨어?' 이래 물어보지도 못했어요. (주로 고모님이나 작은아버지한테 이야기를 들었는데) 작은아버지도 뭐 말하면 '마시끄럽다' 이라고. '이번 추석에 올라가다 아버지 산소(희생당한 곳)에 올라가서 소주나 한 잔 따라나래이~' 이렇게만 하고. '내가 어딘 줄 알고 따라나예?' 하면 '삭평부락(학살 장소)에 차가 들어간다' 하더라고. 안에까지. 그 소리는 한 번씩 하시고. 정신이 없으면서도 '이번 추석에 가서 술이나 따라나야 될낀데' 하더라고. 작은아버지가 고관절을 다쳐서 누워계시는데 정신도 지금 왔다 갔다 하신다 하네. 작은아버지가 저한테 참 잘 했어예. 부모처럼.

-또 아버지의 생전 모습에 대해서 말씀을 해주신 가족이 있나요?

예. 아버지가 우리 고모부랑 너무 친해가지고. 그러니까 둘째고모부. 둘째 고모가 아버지 밑에지. 그러니까 여동생의 남편. 그래 너무 잘 지내가지고. 아버지가 '니 혁대 좀 빌려도라, 니 혁대 좋네' 이래갖고 빌려가 차고 다니고. (돌아가실 때 하고 있던) 그 혁대예요. (아버지와) 너무 잘 지내가지고 고모부가 나한테 너무 잘했어요. 아버지 생각 나가지고. 그래 만나면 '너거 아버지가 노래도 잘 부르고 성격도 좋고' (그랬다고). 아버지가 고모부를 늘 데리고 다니고 맛있는 거 있으면 또 챙겨주고. 아버지가 잘 불렀던 노래가 황성옛터. '황성옛터에 밤이 되니 월색만 고요해...' 이걸 불렀다고.(울음) (그렇게 노래를 부르면서 같이 다녔다고.) '폐허에 서린 회포를 말하여 주노라 아~ 가엾다 이내 몸은...' 이 노래가 참. (아버지 생각이 나서) 나도 이 노래 한 번씩 부릅니다. 또 우리 사촌언니가 내보다 두 살 많거든요. 이 둘째 고모부의 딸. 아버지가 매제 좋다고 맨날 자기 집에 놀러 왔대요. 한 번은 오면서 조그만 고무신 하나를 사가지고 오면서. 고모가 얘기 하더라대요. '너거 외삼촌이 사가 와가지고 이거 행자(사촌언니) 줘라' 했다고. 그래 (우리 아버지가) 고무신도 사다주고 그랬다고. 얼마 전에 그 소리 들었어요. 조카가 예뻐 가지고 그리 좋아했다 하더라고. 김서방, 김서방 하면서 그렇게 잘 지냈다 하대요. 그 고모부도 아버지 이야기를 하면 눈물을 흘리고 그러더라고. 아버지가 정말로 잘생기고 미남이고 '니는 그 인물도 따라가지도 못 한다' 그래었고.

-조카를 그렇게 예뻐했는데 본인 딸이 태어난 걸 봤으면 얼마나 좋아했을까요?

그래, 그렇지. 보도 못하고. 아이고. 임신된 거는 알았을 거 아입니까. 배가... 아버지가 음력 6월에 돌아가시고 내가 음력 9월에 태어났으니까 (임신) 한 7개월 정도 됐겠네요. 그러니 어머니 배가 좀 불렀었겠지. 그러니까 임신 한 줄은 알았었겠지. 그러니까 억울하다고 고함을 지르고 올라갔겠지. 얼마나 억울했으면 억울하다고 통곡을 하고 올라갔겠노. 논에 농사짓던 사람이 그 소리를 듣고는 연락을 해주고. 그분 살아계시면 진짜 가서 얘기나 한 번 들어봤으면 좋겠다. 그런데 그때 그래가지고 어떤 분은 살살 기어 나와서 살았다는 사람도 있더라고요. 아버지는 보도연맹 가입도 안 했는데 옆에 사람이 찔러가지고. 감정을 가지고. 젊고 활동을 좀 할 수 있고 그 동네에서 좀 활동적인 사람 똑똑한 사람은 다 잡아갔다고 하더라고요. 참 우째서 그랬을까. 이승만 대통령 때지요? 하이고 참. 지금 지옥에 가서 뭐하고 있을꼬. 신이 있다면.

-스무 살 즈음 아버지 학살 이야기를 들었을 때 마음이 어땠습니까?

그때 철도 없었잖아예. '그건 왜 그렇지?' 그 정도만 생각했지 제가 뭐 전혀 (어떻게 해야겠다) 그런 것도 생각 못 했어요. (보도연맹이 뭔지도) 몰랐어예. 인제 제가 나이가 들고 (아버지가 끌려올라가면서) 억울하다는 그 말을 했다는 걸 들었을 때, 그때는 그 소리를 들은. 그것도 고모님한테 들었네. '아버지를 어떻게 찾게 됐노?' 하니까 고모가 '아버지가 억울하다 해가지고 고함을 지르고 따라올라 가면서 그 동네 사람이 찾아가지고 했다', 그 소리 들으니까 저도 아… 가슴이 막 무너지는 듯이.

아버지가 끌려가면서 백갑성이 억울하다, 억울하다, 목이 터지라고 고을을 들어가면서 억울하다 했다는 그 소리를 들을 때면 저는 정말로 머리가 거꾸로 서는 것 같고 너무 피눈물이 납니다. 그 생각만 하면 자다가도 눈물이 나고. 그 생각만 하면. 앞에 사람이 총 맞을 때 아버지는 그 마음이 어땠겠노 싶어서.(울음) 그 고함을 지를 때 그 심정이 어땠겠습니까.

(아버지도) 그때는 너무 무지하고…. 뭐 시골서 배우기나 했겠어요? 너무 무지하고. 예를 들어서 보도연맹 가입을 했다손 치더라도 그때 보리 주고 쌀 주면서 가입하라 했다데예. 묵고살기 힘드니까 가입을 했을 수도 있을 거고. (좌익 활동을 했는지 아닌지를 판가름을 하지 않고 무작위로 살상을 한 거니까 억울한 거죠.) 아버지가 뭐 잘못을 했으면 자기가 억울하다고 소리를 지르면서 올라갔겠습니까. (그 말이 가족들 가슴에 제일 남는 건데) 정말로. (아버지가 자신이 잘못을 하고 정당한 재판을 받았더라면 그렇게 억울하다 소리치진 않았을 겁니다.) 굉장히 효자였고 마을 사람들한테도 정말 예의바르게 잘했다 하던데.

-아버지가 살아계셨으면 제때 학교도 다니고 공부도 했을 텐데, 그런 한

도 있으시겠어요.

그렇지예. 예. 그런데 아버지도 안계시지, 작은아버지도 나이가 어리니까 별로 그런데 관심도 없었고. 할아버지는 일찍 돌아가셨고. 배움에 대해서 할아버지가 무식한 분도 아니고 한문도 많이 아셔가지고 할아버지가 나라를 위해서도 많이 애를 쓰고 좀 애국자였다 하던데, 할아버지도.

-할아버지가 아버지의 학살 이유에 대해 알아보려고 이후 보도연맹에 가입을 했다는데, 그 때문에 피해를 당하거나 하지 않으셨나요?

왜 피해를 안 당했겠습니까. 말씀을 못 하지. (할아버지에게 어떤 피해가 있었는지) 그건 제가 잘 몰라요. 들은 게 없어요. 고모님이 그 소리를 하시는 걸 이번에 내가 고모님이 부산에서 입원을 하셔가지고 병문안을 가니까 고모가 그 아버지에 대해서 이야기를 좀 해달라고 하니까 (그 이야기를 하더라고요). 아들 때문에 일부러 '내가 한번 저기가 무슨 곳인고 들어가 보겠다' 해서, 자발적으로 위원장 한 번 해보겠다고 그래 하셨다 하더라고. 그래갖고 이쪽 편을 살렸다 하더라고. 막 나가라 해서 살렸다 하더라고.

-아버지가 학살당한 장소를 알고 계신데, 혹시 직접 가보셨습니까?

장소가 여기 (지금 운영하고 있는 캠핑장 근처) 삭평부락인데. 작은아버지는 한 번씩 술 사가지고 거기 올라가시더라고. (그런데 나는) 안 가봤어요. 무서워서 못 가봤어요. 그쪽에 유해 발굴은 하다가 말았다는 것 같던데요. 하다가 재정적으로 어려웠는지는 모르겠고. 국가에서 해줘야 되는데 개인이 돈 들여 갖고는 못하잖아요. 진주시에서도 뭐 어쨌는지 요 너머에 가면 컨테이너박스에 (유해를 모셔놨어요). 거기는 제가 가봤거든요. 거기는 가봤는데, 아버지는 시체는 (산소에 모셔져) 있으니까 학살 장소는 안 갔어요. 그래 제가 (아버지 산소가 있는) 저 산에 올라갈라 해도 좀 높아가지고 올라가기가 힘들어. 아버지를 어떻게…. (딸인 나밖에 없고) 인자 아들이 없으니까 우리 집 양반(남편)도 지금 나이가 일흔이 넘었지, 저는 일흔이고. 그런데 산을 타고 언제 벌초하러 가겠습니까. 그래서 저렇게 산에 두는 것 보다는 어디에 편안하게 모셨으면 좋겠다. 그렇게 했으면 좋겠는데 아직 그렇게는 못 되고. 진주시에서 무슨 위령탑을 세우려고 (한다고 들었습니다).

-아버지가 잡혀가실 때 그 마을에서 같이 가신 분이 있나요?

있어요. 한 분. 우리 동네에서는 아버지 포함해서 두 사람. 요 밑에 동네에 또 한 사람 있는데 내가 유족 신청하라 하니까. '아, 몇 년 전에 하니까 돈도 나오지도 안 하고 안 할라요' 그러더라고. 일곱 명이 있었다 하더라고 이 고을에. 이 밑에 동네하고 위에 동네하고 합해갖고 일곱 명이 서류를 넣고 하다가 어찌 됐는고 잘 안 됐는가 봐요. 그래 그 사람은 막살 했는데, 제 선배라. 그래 '선배님, 같이 위령제도 가고 하입시더. 아버지 한이라도 좀 풀어드려야 안 되겠습니까' 했는데 술이 좀 됐는가. 마, 술로 세월을 보내는 갑더라고. 그때 하니까 '되도 안하고 안 할라요' 해서 내가 전화를 끊어버렸는데.

-동전마을에서 아버지와 같이 희생된 분도 같이 유족회 활동을 하십니까?

합니다. 제가 연락을 해가지고 '언니야 신청을 하자' (했어요). 그 앞에 남편 살아계실 때 했대요. 그런데 안 되니까 '마, 치아뿌라 그 뭐 할 거고?' 그래갖고 (한동안은 유족회 활동을 안 했다 합니다). 첫째는 아들이 공무원이니까 겁이 나서 안 했는가 보더라고. '관계없다 그거' 그랬더마는. (지금도 그게 두려운가 봐요.) 그러니까 (아들이) 학교 선생인 거 같더라고. 그래서 안 할라 했는가 보데요. 그런데 아들이 엄마, 하라고. 아들이 하라 해서. (유족 인정을 받으려면) 증인을 세워놓으라 하대요. 증인을 두 사람을 해갖고 (아버지 학살 관련 내용을) 공증을 해 놨거든요. 그래 그 언니도 같이 데리고 가갖고 했어요. (증인은) 이 동네, 같은 동네에 (살던 분인데) 그 분은 당시 열두 살이었는가, 열다섯 살이라 하던가. 그때 아버지(시신)를 모시고 와갖고 마당에다 놓고 고모가 기절을 하고 하는 걸 봤다 하더라고. 그 선배 언니 아버지도 (학살당해서) 저하고 같은 입장인데, 그 분은 나가가지고 시체도 못 찾았거든요. 저하고 지금 신청을 해놨는데.

-그럼 2006년 진실화해를 위한 과거사정리위원회에서 피해자 신청을 받을 때는 접수를 안 하셨던 거네요?

(그때는 국내에 없어서) 신청 기회를 놓쳤어요.

-진주유족회 참여는 언제부터 하셨습니까?

제가 인도네시아 갔다 와부터 지금 몇 해고? 제가 여기 캠프장 할 때부터니까 한 6-7년 됐나? 위령제도 가고 하는데 서울도 갔고 대전도 갔고 위령제 할 때마다 진주도 가고 창원도 가고. 뭐 합니다. (고모님이나 작은아버지는 연세가 많으시니 할 수가 없고) 저는 우리 양반하고 둘이 가고. 작은아버지는 저번에도 한 번 가입시더 하니까 연세가 많아서… (안 하시더라고)."

-백자야 씨 자녀들은 할아버지가 어떻게 돌아가셨는지 아십니까?

1남 1녀를 뒀는데, 지금 큰애는 압니다. 아들은. 제가 이제 '할아버지 위령제에 간다, (유족회) 모임 있어서 간다' (말하죠). 아들도 보도연맹에 대해서 확실히 알겠어요, 뭐를. '너거 할아버지가 이렇게 돌아가셨다' 하고 상세하게 얘기는 안했는데 보도연맹이라는 것 때문에 할아버지가 일찍 돌아가셨다 그 정도는 애들이 (알게 말했습니다). 억울하게 돌아가셨다. 남편은 내용을 다 알지요. 꼭 같이 갑니다. 위령제도. 내가 바쁘면 자기 혼자서도 갑니다. 그런데 취업할 때 우리 아버지 때문에 불이익 당한 거는 모릅니다. 지금도 제가 말 안했습니다. 현대에 그때 들어갔으면 기술이 있으니까, 기계과 나왔으니까, 그때만 됐어도 참 괜찮았는데. 몇 번 두 번이나 그래 안 되더만. 박정희 때거든요, 그때가. 그라고 또 전두환 땐가 연좌제가 해제가 됐는가, 그랬을 겁니다. 연좌제가 풀렸을 겁니다.

-그런데 어떻게 가족 모두가 괴로워서 떠났던 고향마을 근처에 캠핑장을 열 생각을 하셨나요? 싫지 않으셨나요?

저는 어머니 아버지가 여기 계신다고 생각하면 마음이 더 푸근하고 좋은데요? 산소가 여기니까 여기 계신다 (생각이 들어서). 고향 여기 (폐교된 초등학교 모교)도 어떻게 캠핑장을 하게 됐냐면, 우리 애들이 캠핑을 참 재미있게 잘 다니데요. 여름도 없고 겨울도 없이 얘들(아들 부부)은 아이들 데리고 다니더라고. 그래 한 번은 내가 외할아버지 외할머니 산소에 갔다 오자 해가지고 같이 왔어. 오다가 아들이 '어머니 이 학교 폐교가 돼 있는 갑네?' 해요. 그때 나도 외국(인도네시아)에 갔다 온 뒤니까 잘 모르잖아요. '그런 거 같네. 학생들이 없으니까 폐교가 됐겠지' 하고 그래 있는데. '여기다 캠핑장 해볼까?' 이라는 기라. '그래 해봐라.' 하니까 아들이 이거를 어떻게 해야 되는가를 알아보고 왔어. '학교 동창들 하고 교육청 가가지고 주민들한테 하고 동의를 받아가지고 어머니가 주선을 해주이소' 하더라고. 그래 내가 해줄게 하고 동창회에도 왔어요. 동창회를 다녔지 그때는. 다니니까 그때는 회장도 알고. 그래 내가 이리이리 하고 싶다 그러니까 '선배님 하이소' 하대요. 그래서 도장을 다 모아갖고 밥을 한 끼 하면서 저 위에 동네 저 밑에 동네 하고 도장을 받고. 그런데 이 학교는 주민이 아니면 안 되고 이 학교 동창이 아니면 안 되는 기라.

처음에는 아이들(아들부부)이랑 같이 하다가 부산에 사니까 주말에만 온다 아입니까. 애들이 하다가 3년 하다가 안하려고 해서 지금은 우리 부부가 소일거리로 (하고 있습니다).

-국가나 지자체에 유족으로서 바라는 것이 있다면요?

사실은 우리가 뭐겠습니까. 뭐 위령탑이나 위령 공원묘지를 해주면 더 좋고. 또 한편으로는 정말로 나라에서 우리한테 조금 보상을 해주면 어머니, 아버지 묘를 좀 잘 써드리고 싶다 나는 이 생각밖에 안 합니다. (어머니 묘가) 바로 아버지 옆에, 같은 묘는 아니고 같은 산인데 바로 이쪽 편 저쪽 편에 떨어져 있어요. (두 분을 모아서 묘를 잘 쓰고) 그러면 (마음이) 안 좀 낫겠습니까. 그리고 저는 또 뭐냐면 먼저 노무현 대통령 때 보상을 받은 분들이 직계 부인한테는 8천만 원인가 하고 자녀한테는 4천이라 하던가. 사실 제가 그때 한국에만 있었어도 (신청을 하고 보상을 받았을 텐데). 사실 돈, 그것도 중요한 거 아닙니까. 우리 살아가는데. 사실 제가 아버지 때문에 살아가는데 피해를 많이 보고 했으니까. 나라에 의해 피해를 본 거지. 아버지 때문에 아니고 나라에서 그렇게 한 거기 때문에. 나는 나라에서 보상을 받고 싶은 마음도 솔직하게 있습니다.

(아버지가) 억울하다 했던 그 소리만 해도 가슴이 찢어지는 것 같아서. (그래서 유족회 활동을 하는데) 사실은 뭐 안 그렇습니까. 그렇게 전부 다 유족회에 오고하는 것도 (보상이) 아무 것도 없으면 뭐 하러 이렇게 오고 모으고 하겠습니까. 시간 내서. 나라에서 뭔가를 우리한테 억울함 대신에 보상을 좀 해주면 좋겠다. 보상이 뭐냐 하면, 위령비라도 좋고. (우리 아버지가) 보도연맹에 진짜 들어서 활동을 했으면 왜 억울하다고 했겠으며. 그렇게 (좌익 활동을) 한 사람을 정말 뽑아서 벌을 줘야지 아무런 죄 없는 그냥 농부를 갖다가 왜 끌고 가가지고 일하는 사람을 끌고 가서 처형을 시키고. 그것도 우리 국군이. 나는 너무너무 진짜 (분합니다).

-혹시 아버지가 듣고 계시다면 하고 싶은 말씀이 있으신가요?

음…. 아버지 빈자리는 너무 컸지만. (울음) 삼촌 밑에서 그래도 잘 자랐습니다. 지금도 아버지 한을 풀어드리고 싶은데, 아버지가 너무 원통하다고 하면서 그 고을을 (올라 학살 장소로 가셨는데). 여기 들어가면 내가 죽는다 생각을 할 때 얼마나 가슴이 찢어졌으면 그리 원통하다고 고함을 지르고 갔겠습니까. 제가 한을 풀어드리겠습니다. 그런데 어떻게 풀어드려야 될지 그것조차도 저는 모르지만. 제가 조금이라도 아버지 영혼이라도 위로가 되면 위령탑이라도 하나 세우고 아버지 편히 모시고 싶다는 그 생각입니다. 국가에 바라는 것도 지금 어머니 산소도 한쪽으로 쭉 응달진 곳인데, 그 산소를 좀 편안한 곳으로 모셔드리고 싶고 그렇습니다. 그런데 사위(저의 남편)한테 어머니 산소를 모시라 소리는 못하겠고. 제 힘으로 했으면 좋겠어요.

희생자 이필택

증언자 이주택

○ 면담자: 김한규
○ 조사 장소: 이주택 유족 사무실
○ 조사 일시: 2019년 12월 1일

증언자 정보

· 이름: 이주택
· 생년월일: 1945년 5월 22일(만 74세)
· 성별: 남
· 희생자와 관계: 희생자의 동생
· 주소: 경남 창원시 마산회원구 양덕북 5길
· 직업·경력: 무직

희생자 정보

· 이름: 이필택
· 생년월일: 1925년 7월 15일(당시 25 세)
· 성별: 남
· 결혼여부: 기혼
· 직업: 농업
· 주소: 경남 하동군 옥종면 대곡리 동곡

유족인 이주택 씨가 5살이던 1950년 한국전쟁 당시, 큰형님인 이필택 씨가 국민보도연맹에 가입한 것을 이유로 끌려가 학살당했다. 희생자 이필택 씨가 보도연맹에 가입하게 된 경위는 정확하게 확인되지 않고 있다.

희생자는 학살이 있기 전에 하동군 북천면 화정리에서 옥종면으로 이사를 했다. 보도연맹에 가입한 정확한 연도는 알 수가 없다. 추측하자면 희생자인 이필택 씨가 형제 중에 여러 면에 나은 점이 있어 구장이나 이장이 가입을 권유했을 것이라는 생각이다. 이장이 옥종지서에서 잠시 물어볼 것이 있다며 불러서 간 것이 마지막이었다. 음력으로 7월 13일~14일에 끌려간 것으로 기억한다.

당시 마을에는 50~60호 정도가 살고 있었는데, 보도연맹 관련해서 끌려간 사람은 희생자 한 사람뿐이었다. 희생자 이필택 씨 슬하에 딸이 한 분 생존하고 있다.

-큰형님이 희생당하실 때 본인 나이는 어떻게 되셨나요?

저는 45년생이니까 만으로 다섯이었습니다.

-어린 나이여서 당시에는 큰형께서 희생당하신 것을 잘 모르셨겠군요.

그 당시에는 저는 어려서 몰랐지만, 주위의 어른이나, 동네 분들, 친척을 통해서 너희 큰형이 이러이러한 사유로 보도연맹에 가입돼서 돌아가셨다는 것을 알게 되었습니다. 과거사진상위원회의 확정을 받고 사망신고를 했거든예. 그동안 안 하고 있다가 언젠가는 좋은 때가 오면 명예회복을 할 기회가 있지 않겠느냐고 생각했습니다. 사실 글자 그대로 양민학살이거든예. 재판이 있습니까, 영장이 있습니까, 아무 것도 없이 순수한 양민학살인데, 그동안 저희들은 알다시피 반공을 제1국시로 한다는 것에서 시작해서 과거 무슨 정권이라고 이야기하고 싶지는 않지만, 당시에는 드러내놓고 보도연맹 유족들이 말할 수 있는 기회가 없었고, 말을 한다 하더라도 사람들이 숨기지 드러내놓고 이야기한 적이 없었고, 유족들의 자녀가 없거나 어린 나이기 때문에 세상을 모르지 않습니까. 집안 어른들로부터 전해 들은 이야기는 형님이 보도연맹으로 세상을 떠났다. 자라면서 느낀 것은 억울하다는 것이었죠. 법을 모를 때는 법이 그런가보다 했는데, 스스로 공부를 하고 법을 알고 나서는 세상에 이런 법이 어디 있느냐. 아무리 전시일지라도 영장은 없더라도 재판을 1심이라도 해야 되는데, 지금 와서 생각하면 시대의 비참함이지 누구의 잘못도 아니다. 6·25동란이 없었다면 결국 많은 희생자가 발생하지 않았을 것이다. 수많은 양민들이 알게 모르게 사살되거나 행방불명된 거는 사실이었고, 저희들도 그 중의 한 사람이니까 시대의 아픔이다, 이렇게 느낄 수밖에 없습니다.

-유족회에 참여하게 되신 때는 언제였나요?

60년대에는 정보를 몰랐고, 5~6년, 7~8년 전에 진주유족회가 발족하면서 우리는 하동 쪽인데, 과거사 진상위원회에 명예회복을 신청하는 언론보도를 보고 알아서 여기에 신청을 하게 되었지만, 사실 이 정보도 몰라서 신청을 못한 사람이 훨씬 많지 않습니까? 과거사 위원회에 신청하신 분들은 소수거든요. 하동에 국민학교 선후배 몇 명이 있는데, 제가 그 정보를 알아가지고 연락해서 4~5명이 같이 진주유족회에

이주택 유족.

일단 신청을 하게 되었습니다. 만일 그 당시에 진주유족회에서 안 받아줬다면 누군가 앞장서서 하동유족회를 만들었겠지요. 지금 하동유족회 발족은 돼 있습니다.

-보도연맹에 가입하게 된 시기나 경위를 알고 계십니까?

제가 알기로는 보도연맹에 가입한 거로 알고 있습니다. 시기는 모를 수밖에 없는 것이, 저희들 원적이 하동군 북천면 화정리에서 살다가 해방 이후에 조부님 고향이 옥종인데, 옛날에 고령토 광산을 하셨는데 연세도 많고 해서 북천에서 원 고향인 옥종으로 이사를 했습니다. 해방 이후인데, 몇 년인지는 정확하게 알 수 없습니다. 아마 정부 수립 이후가 아니었겠습니까. 신탁 반탁이다 해서 자기 정권에 거슬리는 사람들, 뒤에 흑막은 모르겠지만 좋은 의미로 하려 했는데, 사변이라는 변수가 터졌기 때문에 위에서부터 좌익사상이 농후하고 일부가 인민군들에게 협조하고 동조를 하니까, 이 사람들이 전체를 불순분자로 취급하고, 위험하다고 여겼지 않았겠느냐 하는 것이 개인적인 생각입니다.

-그러면 누가 가입을 권유했는지도 잘 모르시겠군요.

그것까지는 잘 모르겠지만, 우리가 1녀 4남인데 큰형님이 형제 중에서 생각하는 것이나 모든 면이 나은 게 많아서 스스로 가입하지는 않았을 것이고, 그 당시에 구장이나 이장 이런 분들이 (가입시킨 것) 아니었겠느냐 추측만 할 뿐입니다.

-형님께서 끌려가실 때 날짜나 장소 등을 기억하시는지요.

이장을 통해서 필택 씨 옥종지서에서 잠시 물어볼 게 있다고 참석해 달라. 이장이 그렇게 얘기를 하니까, 죄도 없으니까, 죄가 있으면 지서에서 부르니까 겁이 나서 못가지만 죄가 없으니까 보도연맹으로 엮여서 갈 것이라고는 꿈에도 생각 못한 거거든요. 그래서 옥종지서에 스스로 참석한 거지요. 1950년 음력으로 7월 13일에서 14일 사이에 끌려가셨고, 희생당하신 장소는 알 수가 없습니다. 모르는 것이, 재판이 있었다든지 유족에게 통지가 있었다든지 일체 없고 그냥 진주교도소나 진주경찰서에 잡혀가서, 자기들이 정한 장소에서 사살했지 않았을까 하고 추측할 뿐입니다.

-동네에서 형님과 같이 희생당하신 분이 계신가요?

저희 동네에서는 정연옥 씨라고 계셨는데, 그분은 지서에서 부르는데 안 갔어. 그날 날짜만 피했으면 어떻게 됐을지 모르지만, 같은 보도연맹에 가입은 되어 있었는데 형님은 가시고 정연옥 씨는 안 가시고…. 옆동네에서는 여러분 희생된 분이 있는데, 우리 동곡은 5~60호 되는데, 희생되신 분은 저희 큰형님 한 분뿐입니다.

-시신은 수습하셨는지요.

진주유족회나 여러 군데 해가지고 집단 사살되어서 매몰된 데를 찾은 데가 함안 여항, 진주 명석, 지리산 쪽 해서 일부 집단 학살된 유골을 수습은 했는데, DNA나 이런 거 가지고 유족을 찾았다는 얘기는 못 들었고예. 일부 수습된 유골들은 따로 안치되어 있는 것으로 알고 있습니다. 유족들이 나이도 어리고 해서 과거사정리위원회에 신청을 안 하셨기 때문에 유가족 DNA라든지 확인할 길도 없고, 한 분 있다는데 자녀가 초등학교 교사였다는데, 그분이 오히려 이걸 부끄러이 여겨, 정황상 그분일 것 같은데도 유족회에서 연락하면 '나는 모른다. 과거 지나간 걸 얘기는 꺼내지 마라. 가슴만 아플 따름이다. 지금 와서 어떻게 하겠냐' 해서 비협조적이랄까, 과거를 잊고 싶은 분이 개중에는 있는 것 같습니다.

-제사는 어떻게 하시는지요.

(희생자의) 딸이 이옥녀인데, 경기도 고양에 살고 있는데 딸이 자기 엄마도 같이 모시고 있습니다.

-제사 날짜는 언제인지요.

7월 13, 14일 나가셨으니까 7월 백중날로 정하고 있습니다.

-형님에 대한 기억은 있으신지요.

저는 막내고 아버님이 1900년생인데 큰 형님이 결혼하고 나서 저를 낳은 거 같아예. 집에 대청마루가 있는데 기억 하나 남는 것은, 형님께서 막내 동생이 귀여워서 자기 아들 뻘이나 마찬가지 아닙니까. '주택아'하고 이름을 불러준 기억은 있는데 그 외에는 없습니다.

-국가로부터 불이익을 당하거나 한 일이 있으신지요.

그 당시에는 신원조회라는 것이 안 있습니까. 고등학교를 졸업하고 공무원시험을 쳤는데. 그 당시에는 점수를 오픈하지 않을 때니까, 제가 공부를 좀 한다고 했는데 중졸 고졸은 붙는데 제가 안 붙는 거라. 그러자 제 삼촌이 '주택이 우찌 됐노.' '떨어졌습니다' '니 공부 잘 한다고 소문이 났는데 어찌 그리 됐노.' '그걸 제가 우찌 알겠습니까.' 그래서 그 이후에는 공직은 안 되는 거다 생각하고 개인사업 쪽으로 직업을 정했습니다. 그러나 근거는 지금 알 수 없으니 추측일 뿐입니다.

-큰형께서 젊으실 때 돌아가셨는데, 이후에 어려움이 많았겠습니다.

저희들이 고향에서 중농 정도 되어서 밥은 먹고 살았는데, 큰형님이 장손이라. 그때는 농경사회이기도 하면서 대가족 아닙니까. 큰형수가 아버지 형제가 7남매, 저희 형제가 5남매였거든요. 큰형수가 혼자서 딸 하나 데리고 층층시하 수발도 다하고, 농사짓고 그 뒷바라지를 큰형수가 다 했거든예. 어른들 모시고, 제사 다모시고, 뼈 빠지게 일만 하시다가 회한이 크지 않았겠습니까. 지금처럼 개가하거나 하던 시절이 아니고 일부종사한다고 고생을 많이 했고, 질녀가 저와 두 살 차이고 한집에 살지만, 저는 막내이지만 부모가 있잖아요. 그런데 질녀는 자기가 아버지라고 부를 사람이 없었고, 정확하게 얘기하면, 집안의 장손이 없으면 집안이 시끄럽습니다.

왜 그랬냐 하면, 큰형수가 아들만 하나 있더라도 대를 물려 줄 건데, 큰 형님이 아들이 없으니까 둘째 형님이 약간 주색잡기를 좀 하시고 집안이 많이 시끄러웠습니다. 서로 기둥이 없으니까, 만약에 옥녀가 아들이어서 장손이었다면 자기 몫을 타 나가니까 더 이상 안 바랄건데, 형수와 딸만 혼자였으니 고생이 아주 많았습니다.

저는 막내로서 지나고 보니까 어릴 때 가정환경, 인격형성기에 가정분위기 말 한 마디가 얼마나 컸는가 보면, 큰형수가 따뜻한 사랑을 못 받고 자랐고, 저는 남자고 큰형수는 여자이니까 아버지도 안 계시고 해서 큰 형수와 질녀가 마음고생이 얼마나 많았을까 하는 생각이 듭니다. 자주 찾아뵙고 하고 싶어도 큰 형수는 세상 버렸고, 질녀도 먹고사는 것은 괜찮은데, 언젠가 함께 앉아 오순도순 얘기했는데 질녀가 '삼촌, 우리가 벌써 70이 넘었는데 이제 와서 가슴만 아플 뿐이지 웬만하면 덮고 갑시다'고 해서 과거 얘기는 이제 서로 잘 안 하려고 합니다.

-'진실화해를 위한 과거사정리위원회에 피해자 진실규명' 신청은 하셨는지요.

예, 했습니다. 신청해서 명예회복은 했습니다. 진주유족회에서 단체로 변호사를 선임해가지고 배상도 적지만 법이 그것밖에 안 된다는데 일부 받았습니다. 지금 와서 생각해보면 제주 4·3사건이라든지 거창양민학살사건 이런 것은 국가에서 상당히 하는데, 유독 보도연맹 관계는 미흡합니다.

-미흡하다고 생각하시는 점이 있으신지요.

4·3이라든지 거창양민학살사건 이런 것은 국가에서 상당히 하는데, 유독 보도연맹 관계는 정치인들은 표 안 되면 얘기를 안 합니다. 솔직히 인부득 세부득이라고 최근 들어 느낀 바가, 유족들이 세가 세면 정부에서 보상도 낫게 해주고 세가 약하면 유족들이 숫자도 적고, 실제 숫자는 많겠지만 잘 나타나지도 않고 유족회에 등록되어 있는 유족은 숫자도 적고 자녀들이 많이 배우지도 못하고 해서 힘이 없다는 겁니다. 그것이 제일 아픔입니다.

-지금 남아있는 사진이나 문서 같은 것이 있습니까.

지금 현재는 제가 가지고 있지 않는데, 아마 없지 싶습니다. 그때는 먹고 살만 했고 그냥 밥먹고 살만한 중농은 됐는데 결혼사진 하나 안 찍었는지 그것도 미스터리입니다. 저희들이 오지에 살다 보니까 사진기, 사진사, 사진관 구경하기가 어렵다 아닙니까.

-유족회 활동에 대한 계획은 있으십니까.

저 나름대로는 내가 해야 될 일은 밝히고 알아보고 할려고 무척 애를 쓰는데 정보제한도 한계가 있고 제 능력도 한계가 있고, 서너 사람이라도 정보를 공유하면서 발자취를 찾아보고 싶은데 거개가 고인이 되고, 살아계신다 해도 내막을 상세히 아는 사람도 없고, 일가 쪽에서도 세상을 떠나시고 이제는 어디 가서 물어보고 하소연 할 데도 없는데, 저희들이 할 수 있는 것은 오로지 유족회와 힘을 합쳐서 유골 발굴을 하거나 충혼탑이라도 마련하는 일에 열심히 참여하고 있습니다.

-그렇게 적극적으로 해주셔서 고맙습니다.

아니 제가 당연히 해야 할 일이죠. 유족이 아니면 누가 제3자가 해줄 사람이 있습니까? 없지 않습니까. 이걸(증언채록) 하는 것도 그때 그 시대의 아픔을 그래도 글로도 남겨서 살아있는 유족들이 읽어보고, 그런 게 역사 아닙니까. 그때 그 시절에 억울하게 삶을 사신 분들이 너무 많구나. 나이 들어 생각해보니까 지금 와서 누구를 탓하고 정부를 탓하고 하는 것보다 스스로 제 마음을 삭여야 됩니다. 스스로 삭여야 제 마음이 편해진다는 겁니다. 지금 60, 70년이 지난 일을 불평불만 한다고 해봐야 하나의 메아리거든요. 저희 조카가 하는 얘기가, '맞다, 옛날 생각만 나고 가슴만 아플 따름이다.'

-남아 있는 일이나 시신을 수습하는 문제는요.

하고 있습니다. 어디서 학살됐는지 장소는 모르지만 유족회에서 함안 여항, 진주 명석면 서너 군데 발굴했는데 발굴한 유골들을 안치할 곳도 없어요. 컨테이너에 있어요. 위령탑을 세워서 거기다 안치를 해야 되는데, 그것마저도 유족회는 쉽지 않습니다. 지금 겨우 밥은 먹고 살지만 모금하는 것도 쉽지 않습니다.

-앞으로 국가나 지방자치단체에 바라는 점이 있으신가요.

유족들의 삶이 어렵다 보니 위령탑 세우는 게 쉽지 않습니다. 시장, 국회의원, 시의원들 만날 때는 말은 '예 예'하지만, 시장도 요즘 직선제니까 표 안 되는 것에는 말만 하지 말 듣고 나서는 나서지 않습니다. 시장에게도 이런 걸 해놓으면 후세를 위해서도 좋지 않으냐, 장소도 시 부지를 좀 달라, 위령탑 건립비도 좀 지원을 해 달라, 그러나 6~70

년 기다렸는데 내일 당장 해달라는 게 아니고 연차적으로 부지부터 먼저하고, 시에서 재정이 부족하면 우리 유족회에서도 모금을 해 보겠다고 얘기를 하는데, 사실 기초가 이루어져야 일이 진행이 되는데, 기초가 이루어지지 않으니까 진행이 어렵습니다.

희생자 이을석

증언자 이증식

○ 면담자: 백은숙

○ 조사 장소: 이증식 유족 자택

○ 조사 일시: 2019년 10월 3일

증언자 정보

· 이름: 이증식

· 생년월일: 1950년 11월 24 일(만 69세)

· 성별: 남

· 희생자와 관계: 희생자의 아들

· 주소: 진주시 지수면 청담길

· 직업·경력: 농업

희생자 정보

· 이름: 이을석

· 생년월일: 1924년 월 일(당시 26세)

· 성별: 남

· 결혼여부: 기혼

· 직업: 농업

· 주소: 진주시 지수면 청담길 16번길 2-3

현재 진주시 지수면 청담마을에 거주하고 있는 이중식 유족의 아버지는 보도연맹 학살사건으로 희생되셨다. 아버지 성함은 이을석. 당시 이중식 유족은 어머니 태중에 있었다.

아버지가 희생된 것은 1950년 6월 초순경이다. 유복자로 태어난 이중식 유족은 다른 형제간은 없다. 어머니는 중식이 네 살 때쯤 재가를 하고, 할머니 손에서 컸다. 이중식 유족은 지수면 청담마을을 떠나지 않고 계속 그 동네에서 거주해 왔으며, 중학교 졸업 후 큰아버지와 함께 농사를 지으며 살아왔다.

이중식 유족의 아버지가 집에서 나간 날짜는 6월 1일인데 정확하지는 않지만 주위 사람들의 증언에 의하면 함안 여항리에서 학살된 것으로 보인다. 증명할 수 있는 자료도 없고, 아직 유해가 어디 묻혔는지도 모른다. 발굴이 되었는지 안 되었는지 확인할 길은 없다.

아버지는 당시 농사를 짓고 있었으며, 들에 갔다 와서는 지서에서 찾는다는 말을 듣고 갔다가 돌아오지 않았다. 같은 동네에서 희생된 분은 열 분 정도 있다. 이중식 유족은 진주유족회 활동을 계속해오고 있으며 현재 유족회 사무국장을 맡고 있다.

-지금 진주유족회 사무국장님 맡고 계시지요?

아무것도 아는 게 없고 실제로 진주유족회 할 사람이 없어요. 뭐 배운 사람들도 거의 안 하려고 해요. 그래서 어쩔 수 없이 맡긴 맡았어요.

-희생되신 아버지 생년월일은?

그건 잘 모르겠어요. 지금 살아계셨다면 97세입니다. 그때 희생될 당시 나이는 26살이었습니다.

-그때 당시에 아버님도 농사지으셨고요?

그땐 거의 다 농사 지었죠."

-그럼 형제간은 어떻게 되세요?

없습니다.

-어머님은 계십니까?

어머님은…, 제가 4살 때 이후로 재가를 하셨어요.

이증식 유족.

-그러면 누구하고 같이 사신 건가요?

할머니가 저를 키우셨습니다.

-어머니는 4살 때 헤어지고 나서, 그 때 후로 연락은 하셨는지요?

예, 연락은 하고 지냈고, 지금은 돌아가셨습니다. 산소도 제가 관리하고 있습니다. 이거 이야기만 꺼내면 마음이 아픕니다.

-그럼 할머니는 선생님이 몇 살 때까지 같이 사셨습니까?

22살 때까지 할머니와 같이 살았습니다. 22살 때 돌아가셨습니다.

-그럼 계속 이 고향을 뜨시지는 않은 거죠?

네, 여기 있었습니다. 쭉.

-그럼 자라시면서 아버지에 대한 그 사실을 언제쯤 알게 되었는지요?

철이 좀 들고 나서 알았어요. 여섯 살이나 일곱 살 정도에요. 그전에는 몰랐죠. 아버지가 전부 없는 줄 알았어요. 부모가 없으니까 살아오는데도 힘이 많이 들었습니다.

-그때 그러면 뒤에 들어서 아셨을 테지만 아버지께서 무슨 사건으로 끌려가시고, 학살 되셨는지 들었으면 그걸 말씀해주시면 고맙겠습니다. 그날 상황이라든지.

그때 들에 일하러 가셨다고 하대요. 일하러 가셨는데, 때가 되어서 집에 오니까 지서에서 순경이 찾으러 왔더라는 말을 듣고는 무슨 일인가 내가 한번 가보고 와야 되겠다 하면서 집을 나선 이후로 연락이

안됐어요. 어디를 갔는지 찾으러 몇 번 갔는데 만나지도 못했고. 저는 뭐 그 이야기는 들어서 알고 있어요,

그전에는 6.25 때 전쟁 때 돌아가셨다고 하기에 군인으로 전쟁하다가 돌아가셨는가 그렇게 생각했지, 보도연맹 이런 거는 전혀 생각을 못했어요. 사람들이 이야기를 해서 알게 됐어요. 그때 보도연맹을 가입을 했는지 그건 정확히 잘 모르고, 마을에서는 아버지가 존경을 받을 위치에 있는 사람이라고 했어요. 주민들이 다 그렇게 이야기하고 아버지 말이라고 하면 콩을 팥이라고 해도 믿을 정도로 신망 있는 사람이었다고 해요. 얼굴도 잘 생겼고, 체격도 좋으시고, 뭐 배운 건 크게 없어도 그렇게 이야기를 하더라고. 결혼도 잘했어요. 우리 아버지가. 그 당시에 내로라하는 땅부잣집 의령 여자인 어머니랑 결혼을 했는데, 그만 저리 되어버린 거지요.

-그때 당시에 전해들은 말로만 아시는 거고, 기록이나 문서나 그런 걸 본 적은 없으신가요?

네 전혀 증명할 수 있는 자료는 없어요. 유해는 찾을 수도 없고, 추정되는 곳도 없고 언제 어디서 돌아가셨는지 전혀 확인할 길이 없어요. 단지 2002년도 태풍 때 함안 둔덕(현재 창원시 마산합포구 진전면 여양리)에서 사태골인가 거기서 유해가 발견되었다는 말을 듣고, 동부지역 몇 명 유족이 활동을 했는데, 그때 주위 사람들의 증언을 들어봤을 때, 진주에서 1950년 7월 16일인가에 군용차에다 사람들을 포승줄을 묶어 세 댄가 네 댄가 넘어갔다는 얘길 듣고 그 마을을 직접 찾아갔어요. 그 동네 사람들이 진주서 온 사람들이 틀림없다. 자기들이 직접 동원이 되어 그때 시신을 덮었다고 얘길 하더라고요.

그때 유해 발굴 과정을 지켜봤거든요. 처음에는 마을주민들이 유해를 소쿠리에 담고 그리 했는데, 조현기 씨(시민운동가)가 인권 활동도 하고, 우리하고 인연이 되어가지고 그리하면 안 된다, 누구 시신인지 모르지만은 함부로 이리 해선 안 된다고 해서, 경남대학교 이상길 교수님이 학생들하고 와서 유해 수습을 같이 해주었어요. 그 이후로 우리가 유족회 활동을 했습니다. 그전에는 부경유족회라고 활동을 했는데, 그때부터 진주유족회 활동이 본격화된 것 같아요.

실제로 살아온 그 과정은 우리가 말로서는 다 표현할 정도가 아니라, 글로 써도 책을 낼 정도로 어려웠어요. 배우지도 못했고, 먹고 살기도 어려웠고, 더군다나 연좌제에 걸려가지고 다른 걸 할 수도 없었어요. 우리 때문에 다른 집안 사람들도 피해를 봤어요.

-연좌제 때문에 피해 본 사례가 있습니까?

있었지. 사촌은 군에 가서도 피해를 많이 당했고, 회사 다니면서도 집안으로 연루돼 가지고 피해를 많이 보고 그랬어요. 이게 주변에 떳떳하게 말도 못하는 일이었지. 주위 사람들이 다 빨갱이라 하고…. 지금도 뭐 빨갱이라 하는데 뭐…. 국가에서 잘못을 인정하고 사과를 해야 하고 해야 하는데 아직도 이런 상태지요.

-함안(마산 진전면 여양리)에서 발굴한 유해는 지금 어디 있나요.

지금은 명석면에 있어요. 유해는 진주사람이지만, 발굴 지역은 마산시여서 그때 당시 황철곤 마산시장님을 만났어요. 이래선 안되겠고, 제대로 유해를 안치할 수 있도록 해달라고 했는데, 임시로 경남대학교 박물관에 십수 년간 보관했어요. 2014년인가 우리가 유해를 가지고 와야 되겠다 싶었고, 학교 사정도 있었고 옮겨달라는 얘길 듣고, 시에서 육칠백 만원 지원받고 명석면 유해 안치소를 마련해서 유족들이 직접 가서 유해를 모셔왔습니다.

-아버지 기일은 어떤 날로 지내고 있나요.

여기서 가신 날, 6월 1일날(음력)로 맞춰서 지내고 있어요. 정확히는 모르지요, 모르는데, 여기 지수 사람들은 음력 6월 13일인가에 진주형무소에서 함안 여항리로 가서 학살되었을 것이다. 이렇게 추측만 하는 거지요. 단지 주위 사람들 이야기를 들었을 때 그런 겁니다. 관내에도 유해가 매장된 곳이 이십여 곳 있어요. 그게 파출소나 경찰서에 남아있을 것도 같은데 물어보면 없다고 하더라고요. 우리 유족 중 한 분이 도청에 근무하던 분이 있었는데, 경찰서 경비과장으로 일하는 친구에게 부탁해서 보니 다 나와 있더라고 하더라구요. 그런데 우리가 물어보면 없다고 하더라구요.

-진짜 없어서 없다고 하는 것일까요?

아니요 있어요. 있으니까 우리가 연좌제에도 걸리고 하는 거잖아요. 보안상 안 보여주는 것이겠죠. 전북인가 어디 유족회에 가니까 명단이 있다고 하더라구요. 추정하자면 보도연맹 희생자가 약 30만 명으로 보는데, 명단으로 확실히 나와 있는 게 5만 명 정도라고 하더라구요, 정확한 숫자는 잘 모르죠.

청담마을에는 우리 아버지랑 같이 잡혀가셨던 분이 계신데, 가족들이 부산으로 이사를 가버렸어요. 지수면에는 모두 열 분 정도 희생된 분이 있는 걸로 알고 있습니다. 그날 같은 날 다 가신 거지요. 누가 가지 말라고 했으면 안 갔을 수도 있었을 텐데…. 죄 지은 게 없으니 그냥 간 거지요. 죄를 지었다면 도망을 갔지, 거기 갔겠습니까? 죄가 있었다면 억울하지는 않은데, 그리고 농사짓는 사람들이 무슨 죄를 지었겠습니까?

-그럼 지수에서 같이 희생된 분들 유족들도 같이 유족회 활동을 하고 계신가요?

몇분은 같이 다닙니다. 여기 지수에 있는 사람들은 너댓 분은 같이 참여하고 있습니다.

-어머님이 살아계실 때, 아버지에 대해 이야기를 하신 게 있다면 좀 해주십시오.

그뭐 참 정말 결혼한 지 1~2년 그 정도밖에 안됐으니까, 말할 수 없이 좋았겠지요. 아버지가 돌아오실 거라고 생각했대요. 할아버지는 아버지가 그리 되고 그해에 상처를 많이 받으시고, 돌아가셨어요.

-선생님이 살아오신 이야기를 좀 해주세요

학교는 초등학교는 졸업했고, 한 동네에 큰집이 있었어요. 큰아버지도 좋으신 분이고, 할머니가 참 인자하신 분이었어요. 할머니가 계셨기 때문에 하루에 몇 번씩 집에 문안인사를 올 정도로 효자였어요. 사촌 형님들도 몇 분 있고, 동생들도 있었어요. 초등학교 졸업하고 진주 중학교에 갔어요. 중학교까지는 잘 마쳤어요. 그 당시에 초등학교도 형편이 어려워서 못 마친 사람들이 있었으니까 그때까지는 그런대로 잘 지내왔어요. 여기서 아버지 없이 자란 친구들이 몇 분 있어요.

그분들은 보도연맹으로 돌아가신 게 아니고, 미군 폭격으로 돌아가신 분이 있어요. 한 7~8명 있어요. 처음에는 아버지가 다 없는 줄 알았고, 아버지가 태워보는 목마도 못타봤고, 중학교 이후부터는 농사를 지었죠. 큰아버지를 따라다니면서 농사짓고, 할머니랑 밥 해먹고 그랬지요. 객지에 나가보려고도 했는데. 할머니만 두고 못 나가서 포기했죠. 할머니는 뇌졸중이 와서 3~4년 정도 고생하시다가 돌아가셨어요. 제가 22살에 돌아가셨어요. 저는 그 이후로 결혼했어요.

-2006년에 진실과 화해를 위한 진실규명위원회 피해자 진실규명 신청은 하셨나요?

네. 그때 활동하던 사람들이 단체로 모아서 접수를 했어요. 그해 진주유족회가 공식적으로 발족을 했지요. 그때는 아무 자료도 없고, 예산도 없었고, 사비를 털어서 활동을 했고, 차도 없어서 걸어서 반성까지 다니고 그랬어요.

-유족회 활동 하시면서 힘은 좀 되십니까?

네 힘은 됩니다. 우리 유족들이 전부 80살 전후 되셨고, 활동하다가 많이 돌아가시기도 하고, 대부분이 배움도 제대로 없고 어렵게 살아온 분이 많습니다. 지금 유족회 연간회비가 10만 원인데, 그것도 못내는 어려운 분들이 있어요. 지금 진주유족회 회원이 약 300여 분이 넘는데, 신청한 인원이 156명인가 그래요. 국가에 대한 소송도 하고 그랬어요. 과연 죄가 있어서 학살이 되었냐, 아니예요. 진실을 밝히기 위해서 소송을 했어요. 그래서 위로금도 아니고, 보상금도 아닌 돈을 조금 받았어요. 그런데 유족회에 반 정도 되는 분들이 아직 신청을 못하신

이증식 유족.

분들입니다. 혹시라도 자식들에게 피해가 갈까 싶어서 알고도 신청을 안한 분들도 계시고, 모르고도 신청 못하신 분들도 있고 그렇습니다.

빨리 법안이 통과가 되어가지고, 유해도 발굴이 되고, 어디서 어떻게 희생이 되었다는 것도 좀 알게 되고, 하다못해 양지 바른 곳에 한데 개인별로는 못하더라도 모아서라도 위령 시설을 만들어준다면 좋겠는데, 그것만 되면 더 바랄 게 없지요. 그게 될지 안 될지 잘 모르겠습니다.

현재 시장님을 만나니까 시장님은 해준다고 하더라고요. 전에 시장한테는 몇 번 이야기를 했는데, 우리보고 국회 가서 법을 만들라고 하더라구요. 우리가 법을 만들 수만 있다면 뭐 하러 시장님을 만나고 그러겠습니까. 우리가 하지 말입니다. 우리가 나가고 나니까, 전부 빨갱이들이라고 했다고 하더라구요.

다음에라도 전쟁은 안 일어나야 되고, 전쟁이 일어나더라도 사람이 똑같은 생각을 가질 수가 있습니까? 문제가 있었는가 없었는가 이건 정확히 알 수는 없어요. 당시로서는 생활이 좀 나았다고 하더라고요. 보도연맹 이걸 알면서도 가입한 사람도 있었고, 모르고 가입한 사람도 있었고, 동네 구장들이 마을에서 말이라도 제대로 하는 사람을 명단을 넣어야 한다고 해서 명단에 들었지 싶습니다.

시장님도 만나 뵙고, 유해안치소 장소도 물색하고 있습니다. 전라도 화순에 시청 담당자가 인솔해서 다녀왔고, 도지사님도 면담을 한 번 했고, 국회의원도 몇 번 만났습니다. 정 안되면 특별자금을 해서라도 만들어준다고 하더군요. 근데 박대출 의원은 아예 생각이 없더라고요. 국가 치부라고 표현을 하더라고요. 조만간 유해안치소도 만들고, 유해도 발굴되고 해야 하는데, 알면서도 지금 못하고 있습니다.

-하시기 힘든 말씀일 수 있겠지만 돌아가신 아버지께 하시고 싶은 말씀이 있다면 해주십시오.

주위 사람들 말씀을 들었을 때는 저는 아버지 신 벗어 놓은 데도 못 따라갈 정도로 아버지는 정말 좋은 분이셨다고 들었습니다. 저도 지금 지역사회에서 봉사도 하고 나름대로 좋은 일을 하고 있는데, 아버지는 어려운 일 있으면 도맡아서 하시고, 이웃 어려운 거 나서서 돕고 그랬다고 합니다. 어쨌거나 아버지 억울함이 풀리고 진실이 규명되고 명예 회복을 할 수 있도록 저도 열심히 아버지 뜻을 따르겠다는 말씀 드리는 것밖에 더 있겠습니까?

희생자 장을석

증언자 장호수

○ 면담자: 한양하

○ 조사 장소: 장호수 유족 자택

○ 조사 일시: 2019년 9월 8일

증언자 정보

· 이름: 장호수
· 생년월일: 1945년 7월 10일(만 72세)
· 성별: 남
· 희생자와 관계: 희생자의 아들
· 주소: 경남 진주시 평거로
· 직업·경력: 현 퇴직, 전 우체국 집배원

희생자 정보

· 이름: 장을석
· 생년월일: 1906년 8월 14일(당시 44세)
· 성별: 남
· 결혼여부: 기혼
· 직업: 농업
· 주소: 경남 하동군 옥종면 대곡리 331번지

장호수 유족의 아버지 장을석(당시 44세)은 아침에 풀을 베러 간다고 낫을 갈아 지게를 지고 나가는데 다섯 명이 들어와 아버지를 잡아갔다고 한다. 장호수는 당시 다섯 살이라 잡혀간 시기와 연유를 정확하게 기억하지 못하고, 어머니께 들은 바가 없어 대법원 판결에서 보도연맹관련 유족 보상이 기각되고 말았다.

어머니가 하동경찰서로 잡혀간 아버지에게 옷을 가지고 찾아갔으나 이미 아버지는 어디로 갔는지 알 수 없었으며, 중학생이던 형님은 옳은 정신을 잃게 되고, 누나는 남의 집살이를 갔으며, 어머니는 풀빵 장사로 생계를 꾸려갔다. 작은형님은 부산으로 일하러 가고 장호수와 여동생은 초등학교는 졸업하였으나 학교 갔다 오면 남의 집 소를 먹이고 그 집에서 밥을 먹었다고 한다.

장호수는 초등학교 졸업 이후 작은형님이 계시는 부산에서 갖은 직업들을 전전하다가 우체국 집배원 일을 하게 되었고, 2006년 같은 마을에 살았던 장호조에 의해 진실과화해를위한과거사정리위원회(이하 진화위)에서 진상규명을 한다는 것을 알게 되었고 하동군에 유족으로 신청한 뒤 진주유족회 활동을 하였다.

인터뷰를 마치고 난 뒤 인터뷰 때 기억나지 않았던 부분을 전화로 알려주셨는데 아버지가 보도연맹으로 끌려가신 이유는 인민군들이 내려왔을 때 인민군을 재워주었다는 부역죄였다고, 그런 적도 없는데 억울한 일을 겪었다고 하신 어머니의 말씀이 있었다고 했다.

-선생님 성함은 장호수 님이고, 아버님 성함은 장자 을자 석자 님이시네요. 어렸을 때 아버지에 대한 기억 좀 이야기를 해주십시오.

어렸을 때 5살인데 그때 당시에 내가 아침에 일어나 가지고 낫을 갈아가지고 우리 뒤안에 가면 방공호가 있었어. 방공호 같은 게 그래가 5살 때 아부지 뒤에 앉아서 낫 가는 거 보고 있다가 지게를 짊어지고 가는데 아침에 그게 다섯 명이 들어왔어. 집에. 그래가 잡아갔는기라. 뭐 것도 우리는 뭣도 모르는기고.

-그 다섯 명은 경찰인가요?

경찰인가 잘 모르겠는데. 인민군인가 반란군인가 것도 모르것고, 순경이면 방망이나 권총을 차고 이랬을 거 아니가. 그러니까 그런 것도 아닌 것 같고 들어 왔는데. 그러고 가고 나서는 행방을 우리는 모르는기지. 그래 그 뒤에 인제 어머니가 이야기해 주는 기 뭐이냐하면, 그래 그 전에 보면 그 동네에 인민군에 대장이라고 있어.

-인민군 대장 성함은 아십니까?

음. 장 뭐이고. 이름은 생각이 안 난다. 근데 그 사람들 몇이 있는데. 그 사람들이 빨갱이 얘기를 했는가 우째 됐든가 그래 잡혀갔다고 그러는데. 하동경찰서에 갔어. 하동경찰서에 가가지고 그 뒤에 어머니가 얘기하는기라. 하동경찰서에 갔는데 그 뒤에 있으니께 연락이 와가지고. 그때 돈을 좀 가 갔으면 찾아나왔을끼다 이기라. 그래 뭐 집에 돈이 있나 뭐 있나 아무것도 없다아이가. 그래 며칠 있으니까 인제 저 옷 갖고 오라쿠더라카네. 옷하고 뭐 챙기고 오라캐서 가니까 이미 넘어가뿟는지. 뭐 그 때 어디로 갔는가 어델갔는고 그래가꼬 아무것도 모르는기라.

연락이 와서 형님하고 경찰서 갔는데 소식 부족에 떠나삐고 없다는기라. 돈만 챙겨갔으면 빠져 나왔을건데 그것도 못하고. 그러고 나서

장호수 유족.

는 끝인기라. 그래 인자 형님이 인자. 우리 행님. 내가 막냉이거든. 6남매 중에 내가 막내인데. 형은 장효언인데, 내가 5살이니까 형님이 중학교 2학년인가 그랬는데. 우리 형님이 머리가 엄청 좋았던 모양이라. 종중 집안에서, 돈이 없어가지고 집안에서 학교를 보냈는기라. 보내놨는데 형님은 그 소리 듣고 고마 학교도 중간에 쉬삐고, 머리도 이상하게 되삐고. 그래 학교도 끝을 내삐고, 자기도 고마 마 옳은 정신이 아인기지. 지도 다 살았다고.

-형님도 혹시 경찰서에 가서 뭐 좀 당하거나 주변 사람들에게 그런 일이 좀 있었습니까?

그거는 모르겠고, 형님도 그래가꼬 나갔는기라 집을. 학교도 끝내삣고. 작은형님도 있었는데 작은형님은 장호진이라고. 근데 중매로 결혼했는데 형님(처남)하고 이름이 같더라고. 우리 작은형님하고. 내보다 세 살 더하니까 8살이겠네. 형은 학교도 못 나왔어요. 학교도 못 나오고 남의 집 살고. 누나들도 다 그래가꼬 어머니 혼자서 다 먹여 살리지도 몬하는기고. 그 당시에 엄마가 뭘 했냐면 인자 학교 앞 가게에서 빵 장사를 했어. 풀빵 장사를. 그래가 묵고 살았는데.

누나 둘이 있고. 큰 누나가 우리 행님보다 나이가 3살, 전부 3살 터울이라 우리가. 효언 형님이 제일 크고, 그 다음이 3살 차이고, 작은누나가 올해 80이니까 큰누나가 83살 정도 됐겠네. 큰형님이 살아계셨으면 86이고. 그다음이 누나, 그다음이 작은형님. 또 작은 누나 하나 더 있다. 두 살 차이 나는. (옆에 있던 부인 '여동생도 있다 아이요.') 여동생 72살, 내보다 3살 작으니께네. 2살인가 묵고.

-아들 3에 딸 3에 6남매나 되셨네요.

그땐 다 그리 됐다 아입니꺼. 묵고 살 거는 없어도. 작은형님도 그래가지고 학교도 못 간기고, 누나도 못 가고 전부 다 학교도 못 갔어. 아무도 못 갔어. 우리 형님은 머리가 좋다보니까 집에서 보내 시켜준기고. 그래 막내인 내하고 막내 여동생하고는 둘이는 초등학교는 나왔어. 내도 학교를 다니면서도 학교를 다녔는가 말았는가, 아침 새벽 되면은 남의 집 가서 소먹이 주고 밥 얻어먹고 다니고 저녁에 학교 갔다 오면 또 남의 집 가서 또 소먹이 주고 밥 얻어먹고 집에 가서 자고 그래 살았지.

-아버지는 그 이전에 보도연맹 관련 어떤 일을 하셨나요?

우리 아버지는 무식자라 아무것도 몰라. 근데 끌려갔지. 그냥 농사만 짓고. 그다음에 아는 사람도 없었고. 인민군 대장은 먼 집안의 댁이지. 뭐 앞에 나서서 그런 것도 하는 것도 없고 아무것도 모르는기라. 뭐 넘 시키는 대로만 하고. 그 전에 모이는 그 뭐 그러는 것도 그도 가입도 안 한 거 같아. 얘기도 안 해주고 그러니까 뭐 알아야 하제. 자기 묵고 살 것도 모지란데. 아무것도 모르는 무식군이고. 그러고 또 우리 아버지도 독신이라. 형제간도 없고. 딸도 없고 딱 혼자라.

-어머니께서 경찰서에서 옷 가지고 오라고 해서 갔고, 이때가 어르신은 3월이라고 기억하신 거잖아요.

그러니께 풀 베러 갔으니까 3월인 줄 알았지. 3, 4월이 되면 못자리한다고 풀 베러 간다고 그래샀거든. 그런데 3, 4월이면 풀이 자라지 않아 베지 못해요. 그럼 7, 8월이 되어야 논두덕에 풀 베러 갔다는 여산이 나오데. 그렇게 계산이 틀렸더라고. 내가 45년생이라 했다 그지예. 45년 넣어줬는데 그 당시에 5살. 그런데 아버지 가는 날 내가 또 계산을 잘못한 게 51년을 만들어서. 50년으로 해야 맞는데. 그러니까 5살 캤는데 적기를 잘못 적은기라.

-어르신은 혹시 그때 전쟁에 대해서 기억나는 게 있어요?

아버지 끌려가시고 그런 거 말고도 전쟁 나는 그거는 많이 했어. 그거 저기 피난 가는 거. 내나 그 넘어가면은 강변이 있거든 강가가 있는데 강변에 그 가서 그 뭐 전날 그런 소리를 들었어. 검은 옷을 입고 가면은 폭탄을 때려가 죽는다. 몰라, 그건 무슨 소린가. 검은 거 우에서 비행기에서 내려다보는데 그건 하면 안 된다카데. 그리고 또 전쟁을 할 때 탄피 주으러도 많이 다녔고, 기관총 탄피. 내나 넘어가면 덕

천강가라고 있어. 피난도 거기로 많이 갔고. 산을 넘어가 고개를 넘어 가면 내나 강가가 있었어. 그러면 강가로 가서 피난한다고.

-그럼 형님은 나가버렸고, 작은 형님은 남의 집살이를 하면서 지냈고, 어머니께서 그 이후에 어떻게 생활을 하셨습니까?

생활하는 게 내나 그렇게 해가 풀칠해가 사는 거지. 형제간들은 뿔뿔이 흩어졌 고. 고마 다 넘의 집살이 가는기고. 그렇게밖에 안 되는 기지. 누나들도 뭐 그래 일찍 시집을 갔 어. 다른 집 누나도 다 남의 집에 식모 살고. 누나는 한 열 17살쯤 시집을 갔을 거야. 누나는 83살인께네 내하고 8살 차이 나나. 한 18살 돼서 갔을 거야.

집은 방 두 칸 오도마이 방 두 개밖에 없었어요. 인제 지금은 없어졌지. 싹 다 뿔뿔이 흩어져삐고 내가 초등학교 댕겼응께네, 없어진 지 뭐 한 40년 되었는갑다. 아이다 한 30년 됐나 우리 결혼할 때 그 집이 있었제. 아 우리가 결혼 4,50년 됐다. 우리가 결혼한 지 45년 됐는데 그때까지도 남이 살고 있었거든.

내도 초등학교 졸업하고는 그 해부터 내도 부산으로 가삐고 없었는데. 부산 가서 뭐 장사니, 구루마 끌고 다니는 것도 별걸 장사도 했어. 아이스께끼 장사도 하고, 리어카 장사도 하고. 옛날에 떡볶이 이런 거 싣고 장사한다 아이가. 그래도 제자리가 있어가지고 깡패들한테도 뚜드려 맞고 넘의 자리에 와서 앉았다고. 그래도 하고.

그래갖고 또 이것저것 하다가 안 돼서 식당 생활, 중국집에 가 있다가, 또 아이스께끼 장사 하다가, 그 공장에 가서 취직도 했다가. 장사도 하다가 공장에 갔다가 장사도 하다가 공장에 들어가 있다가. 그건 여름에 하지 겨울에는 또 안한다 아이가. 그러다 이발소에 또 들어갔다 아입니까. 이발소 들어갔다가. 그래 이발소에서 일을 하다가. 그래가 우체국 집배원으로, 그것도 수시, 임시직 그걸 쳐 그리하고 살다가 정식 된 때는 얼마 되도 안하구만. 정직으로 한 게 20년 된 거 같다. 군대 갔다가 우체국 들어갔거든.

-우체국 들어가실 때는 뭐 집안 관계 서류 때문에 어렵지 않으셨어요?

서류가 뭐 처음에는 그랬다니까. 그거는 뭐이냐면 고마 임직(임시직)으로 들어가기 위해서 서류도 필요없는 기라. 고마 가서 들어가면 그날 하루 하면 돈주고. 일당. 그날 안가면 돈도 안 주는기고. 정직(정규직)이 되는데 서류가 필요 없는기라. 우체국이 일반 개인 거 거든. 그걸 국가에 반납을 시키거든. 국가 우체국으로 발령이 난 기라. 그서 흡수해 가삐데. 자연적으로 따라가삔거라.

-그러면 자식들 다 뿔뿔이 흩어지고 어머니는 계속 옥종면에 계셨나요?

그래가 있다가 그 작은형이, 머슴살이한 작은형이 그래 돈 좀 머슴산께 어머니를 그에 가 모셨어. 작은형은 내나 그 동네에서 부락에서 이집 저집 다닌다카다가. 그래가 몇 년도에 부산에 내려왔네? 부산 가가꼬 무슨 회사를 취직을 해가꼬. 그래가 어머니는 거기 살다가 세상 베어. 형님도 공장생활하는 데 서류 같은 건 걸리지 않았어. 무슨 대가리 질을 했던 게 있어야지. 고마 아무것도 아닌건데 잽혀갔는데. 그거까지 있을까이. 서류 뭐 그런 것도 보도 안 했고. 어디 앞잽이를 하든 뭣이 있어야지.

-그러면 이제 유족회는 어떻게 가입하시게 되었습니까? 어머니가 먼저 하

시게 됐어요?

내가 그 저 뭐꼬, 노무현 대통령 할 때 그때 아닙니까. 그래 그게 나왔다 아입니까. 진실과 화해. 그래가꼬 그 옥종면에서 그게 오데. 그래서 하동 가서 그걸 했어. 진실과 화해 위원회에서 과거사 진상규명을 하니까 이때 신청을 하라고 이렇게 왔네요.

-옥종면에서는 아버지께서 어떻게 되었는지 알고 연락이 온 것 같아요?

그도 모르는기. 여하튼 하동군에 가서 받았어. 받으니까 같이 하는 사람이, 장호조라는 사람이 거도 맞기도 맞아. 하동에 사람이 몇이 안 되더라고. 그때 우리가 볼 때 한 2,30명 됐는가. 저도 내나 한동네 같이 살았는데. 지는 어디 살았냐면 지금 회장이 옥종에 하우스를 했다쿠데. 옥종에서 함서로 그래 이런 사람이 있으면 신고를 좀 하라 해서. 그래가 호조 저 엄마가 호조도 부산 사는데, 즈그 엄마가 거기 산께네 저 엄마가 그 소릴 듣고 호조한테 이야기 한거야. 이 어머니는 좀 젊었거든. 그니께 환하이 잘 아는데. 그래가 진주에다 지금 회장한테다 내도 고리 오라카데. 그래 진주 요다 가입이 되가 있는기라. 호조는 친척으로 팔촌간이지.

-그러면 유족회에 가입해서는 어떤 걸 하셨습니까? 유족회에 가입하셔 가지고 법원에 하신 내용 있잖아요.

처음에 법원에 해가지고. 우리가 서류 뭐 꾸미가 다 넣어주니까 결정이 나왔는데 처음에는 상소 해논께네, 돈이 가격이 좀 작았던 모양이지. 그래가 우리보고 묻데. 어떻게 묻느냐 하면은 이걸 갖다가 항소를 해야 한다. 보상 금액이 적다. 항소를 하자. 우리야 그런 걸 아나 모른다 아입니까. 하자쿠는 대로 해야지.

보상은 내가 요고하는데 천만 원 더 들었어. 내 돈이 들어간 기. 근께네 요고 하는데 처음에하는데 170만원 들었고, 그라제 변호사비 줘야 되지. 뒤에 또 한 거는 2백 얼마가 되더라고. 고등법원에 가는 거는. 대법원에는 470만 원인가 얼만가 들더라고. 그런께네 싹 다 보태고 나니까 돈이 천만 원이 날라가 버리더라고. 개인부담을 한 거지. 변호사비랑 진행해야 하는 법적인 절차도 있으니까. 그런께 두 개 다 이기도. 이기 중앙법원하고 두 개 다 이겼는데 대법원에 가서 졌뻿다고.

-2012년 한 거 보니까 유족회 위자료를 희생자 8000만원, 배우자 4000만원, 희생자의 부모 또는 자녀 800만원, 희생자의 형제 400만원으로 인정하였습니다. 이렇게 되어 있네요.

여기에 대해서 불만이어서. 대법원에 가서 그래, 그때 그걸 보고 그래가꼬 서류가 잘못돼서 근거를 할 수 없다. 그래가 판결이 최종판결이 나서.

-대법원 판결에서 난 걸 보니 '모든 걸 기각한다' 이렇게 나왔구요. 원고 장호수 등등은 원심은 장을석이 국민보도연맹에 가입한 적이 없는 데다가 경찰에 연행될 만한 이유를 알 수 없는 점, 장을석의 사망여부, 사망경위, 사망일시와 장소를 전혀 알 수 없는 점, 장을석에 대한 진실규명을 신청할 때 장을석의 행방불명 일시를 하동군 국민보도연맹 사건이 발생한 50년 7월이 아닌 51년 3,4월로 기재한 점 등과 같은 상황을 종합해서 보면 보도연맹 건으로 피고 소속 경찰에 연행돼서 살해되었다는 진실화해를 위한 과거사정리위원회의 진실규명은 논리와 경험칙상 수긍하기 곤란하고 진실규명

결정 및 그 결정의 근거가 된 자료들이나 원고 장갑순(누나) 등이 제출한 증거들 만으로는 장을석이 하동군 보도연맹으로 인해 희생되었음을 인정하기 어렵다고 보아 장갑순 등의 참고를 배척하였다 이렇게 대법원에 나오네요. 이때 법무부 장관이 황교안이었네요. 대법원에서 기각된 점을 보면 어떤 생각이 드십니까?

그니까 내가 그때 5살이었는데 그거 밖에 몬 들었는데 할 수도 없고. 이거는 우째서 그 사람들은 요 앞에는 와 그래 그런거 없다이가. 기각이 돼가지고 이제 끝나 다 쿠던데. 그러던데 이제 할 것도 없다쿠고. 그거 하기 전에 이상일 변호사가 내려왔더라고. 내려와 가지고 서류를 다시 꾸며 달라고 해서 꾸며줬는데 그것도. 그래가지고 공증을 받아야한다고 하데. 그래가 변호사 심사하고 공증을 받아가 그것도 올렸는데도. 고쳐가 보내줬거든 그래놓고 나서는 내가 돌아댕제. 유족회에 돈이 없다 사서 전부 우리 몇이서 모아가 빚을 내가지고. 그래가꼬 그 기금도 마련하고 난주 유족에 돈 탄 사람들 있으니께. 그래가 빚도 갚고 나도 갚기는 많이 해줬는데도.

-유족회 기금도 내기도 하고 유족회에서 어떤 일들 했던 게 기억에 남습니까?

위원회가 한 열 명이 조직이 되가 있었어. 내 그 안에 끼여 있었다가. 그래가 서로 협조를 해갖고 서울 갈 때도 가고. 참 그래도 했는데. 요 끝나고 나서 내가 참석을 안 하거든. 대법원 기각 되고 나서…. 뭐 자기들도 이거는 뭐 요새 무슨 법 요새 한국사람들 뭐요. 그 뭐 법이 바뀌어야 다시 지금도 안 하는 사람 많이 있다아이가. 다시 한번 신청을 해보자고. 그런께 지금 문재인 대통령이 들어와서 정부가 들어와서 이게 좀 커지고 있다아이가. 그기 바뀌면은 다시 할 거 처벌하고 하라꼬. 자꾸 나보고 나오라 그래 샀고. 그때도 만나기도 그때 몇 번 가서 만나기도 만났어.

유족회 사람들 만나면 부끄럽지. 그 사람도 본께네 요새 가본게네 또 돈 타묵은 사람 별 안남은거 같아 본게네. 해봐야 이로운 것도 없고 그냥 이거로 뭐 또 뭐 살고 영화를 보고 살아도 그때 그때 생각하면 그렇지도 않은께. 내야 뭐 것도 없다. 그거는 또 해준다매? 그것도 언제 될낀가? 묘지 그런 것도.

-그러면 하동에서 끌려간 사람들이 어디에 가서 매장되었는지 아세요?

거기 거기 다 나와있던데 본께네 저저 광양 진상에 다 묻혀있다고 쿠데. 하동경찰서에서 한 사람은 거 가서 묻혔다 해. 발굴은 뭐 아파트가 들어 섰디드만 아파트가 들어서면 발굴을 했을 긴데. 했어야 했는데 아직도 그렇겠죠. 추모 그거는 논에 어디 있는갑지. 그 자리 세워주는 게 아니고 발굴도 하고 우째 찾을낀데. 그거를 논길을 기다가 그거밖에 안 되는데. 발굴하다 뭘 누낀가 알 수 있나예. 만다 여서 청주에 가봐도 그렇고, 경남 마산도 가보고, 다 대 봤다아입니까. 다 갔다놔도 뼈마다 누낀가 찾는 거, 유전자 검사한다는 것도 그이 뭐 돈이 적게 들었다 그것도 한다, 그쳐 우찌 찾는고. 당시도 이래 요래 해놓은 거 아있습니까. (뼈를 담아놓는 모양을 하며) 이래해 놓으면 누낀지 우찌 압니까? 발굴한다해도 한 번에 쎄리 여가 총살로 다 직이뺏는데.

근께네 하동(유족회)은 찢어져삔는갑데. 하동을 여짝을 같이 해가꼬 사람이 많아져야 힘이 커진다고 회장이. 장호조 아버지는 경찰에 끌려갔던 걸로 알아 진주교도소 갔다캐. 근데 우리는 그건 모르겠다. 행님은 정신이 그래 돼버렸는데, 작은형님도 이 일을 할 때는 돌아가시고 없었어. 앞에서도 판결문 받아가지고 시작된 거 아입니꺼. 판결문을 받았거든. 여기서는 이깃는데 거기가서 진다. 와 이런 기 있는고 그리 생각하고.

여기 고친 게 있네. 그 뒤에 호조가 와서 다시 증언을 서고 했어. 앞에 호진이 증언을 잘못했어. 우리 재종이라. 그 양반도 세상을 베리삐고 없어.

-그러면 아버지 제사는 언제 모십니까?

날짜를 모르니 그냥 음력 9월 9일날 하고. 그 이듬해 몇 년 지냈을 기고마. 근데 이듬해에 지냈는가 나도 모르지. 고마 우리가 있는데 날짜도 없는데 그리 지냈는고 말하모 날짜 모르는 사람도 그래 지내라고. 지금은 조카가 있어. 작은 형님네.

아버지 무덤은 없고, 그래서 어머니 돌아가신 날 나무조각으로 만들어서 같이 합봉했지.

-아버지에 대해서 기억에 남는 점이 있습니까?

지금은 얼굴도 생각을 몬하것는데. 지게 지고 나가는 거 그것만 기억에 남아. 잡히가는거 고것만 기억나. 낫 갈아가꼬 지게 짊어지고 풀 베러 가는데 들어와서 잡아가뿌네. 그 때 뭐 야경한다 샀드나, 저녁마다 모이갖고 경비라쿠는기고 뭐꼬. 돌아가면서 그런 거를 한다는 소리는 그런 거 하는 건 들었어. 그런 거는 생각이 나는데. 아버지는 참가를 했는가 모르겠고, 그런 거는 동네에서 돌아가면서 했어. 인민군 그 어디 터져가꼬 내려왔다 소리는 들었어.

옥종에 거기는 많이 왔어. 많이 오고. 거 위태라고 있는데 밤새도록 터지더마. 새벽에 본께네 경찰 몇 사람 죽었다고. 저녁 내 싸우고. 사람들이 들어올까봐 불도 못 쓰고. 숨으로 들어올 수 있다아이가. 불빛 안 비치그로. 그러쌓지.

근께네 두 번이나 봤는데. 올라갔다 내려갔다 어디까지 갔다 뒤에 들으니, 싸우는 것도 직접보기는 봤어. 저녁에 총소리 나고.

-아버님이 끌려가고 나서 마을 분들은 좀 어떻게 해주셨어요?

그런 거는 없지. 집안이 뭐 형제가 있고 뭐가 없고 하니까. 거기서는 둘이서 잡혀 갔지. 호조 저그 아버지하고. 그 사람들이 어째 갔는지도 모르는 기라. 없어졌뻿으니. 사람이 없어졌으니 소문은 안 났것나. 그때 먹고 살기 힘든데 도와 줄 사람이 어디있네. 즈도 못 먹고 살아서 그리 사는데 무엇을 도와주거노. 그래 내나 뿔뿔이 넘의 집 살고 그뿐이 없지.

빨갱이 집안이라고 들은 적은 없어. 그런께 옆에 사람들. 그 저 그짝에 있는 사람이 그 호조 아버지도 아무것도 안했는데 그 사람은 진주경찰서로 잽히오고.

-지금 정부나 유족회에 당부하고 싶은 말씀은 없습니까?

그래 내가 뭐 당부할 것도 내 저번에 마지막 진주시청에서 마지막 할 때 조사해갔는데 그서 마지막으로 말하라카테. 마지막으로 뭐 말할 게 있습니까? 그렇게 했어. 그래캤어 처음에는 그 사람들 보상을 언제 다해주끼고. 뭔 돈이 있어서 보상을 할끼고. 그라면 안되겠습니까. 이러쿠고 마지막 그라면 끝난다 쿠데 그래. 이게 시작이 난게네 보상이 나오고 사람들 계획도 그런 것도 없고 그래서 그런가 모르겠지만. 확 뭐 그런 것도 없고.

-어르신 결혼은 언제 하셨어요?

아니 그 촌에 들어가서 이발소, 이발소에 있으면서 했어. 그 군대 갔다 와서 결혼했지. 이발소 그 촌에 와가꼬 곤명이라고 있어. 그래하고 그래가꼬 군대 갔다와서 좀 하다가 그래 결혼하고 이발소 했어.

-지금이라도 해결이 돼야 속이 시원할 텐데요.

해결이 되고, 해결이 되야 뭐 속이 시원하지만도 정부가 법이 바뀌기 전에는 안 된다카니께 어쩔 수 있나.

-예. 알겠습니다. 그러면 여기까지 해서 마무리하도록 할게요. 수고하셨습니다.

○ 녹취 후 전화 통화 내용(9월 11일)

저번에 대장하던 사람. 그 동네 그런 사람이 살았거든. 장남기 씨라고. 그 사람이 면장까지 하다가 그기 걸려 갖고 떨어지고 그랬어. 그런 사람들은 그 당시 대장이것지. 지금 살았으면 백 살도 넘었어. 그래 갖고 그기 보니 엄마가 만날 이야기해 쌓던 게 왜 잡혀갔는지 생각해 보니 동네 인민군들이 내려와서 잠을 잤는 기라. 아랫집에, 그 집을 처들어갔다쿠네. 우리 같은 동네. 거기 갔다가 다른 집에 왔는데. 만날 그 사람 욕을 하던 게. 그 사람이 우리 집에 인민군을 재워줬다 그랬거든. 우리 집에 잘 데도 없는데.

재워주지도 않았는데 그 옆에 사람이 아버지가 무식한 사람이 되어 논께네 그 영감을 어머니가 자꾸 욕을 해 쌓더라고. 재워주지도 않았는데 재워줬다고 했다고. 그 동네 자기는 잤는데 만만하니 그리 이야기했더라고.

인민군으로 왔던 사람이 도의원으로 나오기도 했는데, 그 뒤에 보면 그 아들들도 공무원 다 해묵던데. 경찰한테 몇 번 잡혔다가 탈출도 하고. 면장 하다가 그걸 알아가지고 면장을 못 채우고 나왔어. 아들들은 선생도 하고, 시청도 댕기고. 그 집은 같은 마을인데 다른 골이라. 골이 한 리라도 여러 골이라요. 등너머 마을에 살았어요.

아버지와 그 사람이 연배가 비슷하고, 밀고한 사람도 아버지하고 같고, 그 사람은 장원형이라고. 그 전부 한 장 씨들만 살았어. 우리는 독신이라 아무도 없어. 엄마는 만날 그 사람 욕을 해쌓대. 그런 구시렁거리는 걸 들은 기억에 있어. 어머니도 너무 그래 놓은 게 남한테 이야기도 못하고. 싸우지도 못하고.

학살된 사람들 남겨진 사람들 —장호수 유족—

희생자 장두석

증언자 장호조

○ 면담자: 김한규

○ 조사 장소: 부산시 동구 수정동 커피숍

○ 조사 일시: 2019년 12월 2일

증언자 정보

· 이름: 장호조

· 생년월일: 1945년 12월 20일(만 74세)

· 성별: 남

· 희생자와 관계: 희생자의 아들

· 주소: 부산시 동구 수정공원로

· 직업·경력: 현재 통근버스 기사

희생자 정보

· 이름: 장두석

· 생년월일: 1918년 월 일(당시 33세)

· 성별: 남

· 결혼여부: 기혼

· 직업: 농업

· 주소: 경남 하동군 옥종면 대곡리 추동 341

장호조 유족이 5살이던 1950년 한국전쟁 당시 7월에 아버지 장두석 씨가 보도연맹에 가입했다는 이유로 끌려가 학살당했다. 유족의 기억에 의하면, 희생자 장두석 씨는 하동경찰서에서 고문을 당하고 집에 돌아와 후유증을 치료했다고 한다. 그러나 하동경찰서에서 2차 출두 명령이 떨어져 진주형무소에 수감되었다.

희생자의 친구인 황인섭 씨가 트럭에 실려 가고 있는 장두석 씨를 만났는데, 소 두 마리 값을 내면 풀려날 수 있다는 말을 듣고 급히 마을로 돌아와 돈을 마련해 갔으나 이미 트럭은 떠난 뒤였다. 그 후에 희생자의 유족은 진주형무소에 수감된 장두석 씨와 면회를 원했지만 받아들여지지 않았다.

결국 장두석 씨는 학살되었고, 유골 수습은커녕 학살된 장소도 알 수 없었다. 희생자 장두석 씨는 당시에 평범한 농민이었으며, 보도연맹과 관련된 활동이라는 것이 없었다는 것이 유족의 기억이다. 희생자의 유족으로는 장호조 씨와 동생이 있고, 어머니는 2018년에 돌아가셨다고 한다.

-아버님께서 희생당하셨을 때 본인은 몇 살이셨는지요.

만 5세였습니다. 보통 나이로 여섯 살.

-그러면 아버님께서 돌아가신 사실은 언제 알게 되셨는지요.

언제 돌아가셨는지 그거는 아무도 모르고, 아버지가 고문을 당하고 오셨는데 할머니가 대를 하나 가져오더니 변소를 저었어. 체를 담궈 놓고 아버지가 오니까 무조건 체를 눌러놓고 똥물을 빨아먹으라고 그

장호조 유족.

게 지금도 생생히 생각납니다. 할머니가 똥물을 마시라 하니까 두말 안 하고 그냥 엎드려서 똥물을 빨아 먹더라고. 많이 맞았다는 소리를 들었어. 하동 가서 맞고 옥종서도 맞고 소문으로 듣기는 많이 맞았다고 골병들었다고, 옛날에 촌에서는 골병들고 하면 똥물을 많이 걸러 먹었거든요. 그거는 기억나고 그러고 나서는 아버지를 본 기억이 안 나요.

-그러면 아버지께서 돌아가셨다는 사실을 정확하게 아신 때는 언제인지요.

그러고 나서 2차로 또 하동경찰서에 오라고 해서 갔는데, 하동경찰서에서 모진 고문을 하고 진주형무소로 넘겼는데, 넘어갔다는 소리를 들어도 면회를 안 시켜주는 거라. 촌에서 면회 갈 만한 그런 것도 안되고 해서 있다가 아버지를 마지막으로 본 사람이, 황인섭 씨라는 아버

장호조 유족의 선친 장두석 씨.

지 친구가 살고 계시는데, 황인섭 씨가 소를 진주 시장에서 팔고 오는데 진주 너우니라고 있어요. 너우니 오니까 트럭들을 세워놨는데 사람들이 타고 있는 거 보이고 하는데 '인섭이, 인섭이'하고 부르더래요.

그래서 보니까 아버지라는 겁니다. '자네 돈 가지고 있는 거 알마고?' 묻더래요. 소 한 마리 판 거 있다고 하니까 옆에 경찰이 총을 들고 지켜서면서 '지금 서너 시간 시간이 좀 있는데 그런데 소 두 마리 값만 주면 보내준다' 카더래요. 그 소리 듣고 소 한 마리 값은 아무리 사정해도 안 되더라 이기라. 아버지가 그분에게 우리 집에 가서 조카들하고 엄마한테 얘기해서 돈을 좀 뭉쳐가지고 좀 오라 했어. 이 양반이 걸어서 우리 집에 와서 할머니, 큰집 형님하고 온 동네에서 돈을 모아가지고 걸어서 너우니 가니까 그때는 이미 차도 흔적도 없고, 그때가 아버지 친구분이 아버지를 마지막 본 거라. 그러니 그때 차를 끌고 어디 가서 죽였는지 아무도 모르는기라.

-친구분이 아버지를 마지막으로 본 그때는 언제였는지요.

그때가 7~8월 정도 되었어요.

-유족회에는 언제부터 참여하게 되셨습니까.

노무현 정부 때 과거사정리위원회가 발족되면서 지금 회장 하는 사람이 우리 마을에 딸기를 하러 와서 '혹시 보도연맹에 돌아가신 분이 이 동네에 있냐' 하니까 '이 동네에 몇이 있다' 하니까 이 양반이 엄마를 만나고 해서 진주에 참여하게 된 것입니다.

-보도연맹에 누가 가입을 시켰는지, 가입 후의 활동에 대해서 알고 계시는지요.

너무 어려서 잘 몰랐고, 내가 지금 하는 얘기도 어른들 이야기를 들어서 아는 거지 저는 모르지요. 아버지는 활동이랄 것은 아무것도 한 것이 없고, 순수하게 농사만 짓고 면에 볼 일 있으면 면에나 다니고 하는 사람이지 보도연맹 가입했다고 활동하고 다닌 거 그런 거는 없었어.

-어디서 희생당하신 것도 모르시겠군요.

전혀 모르지. 지금 유골 발굴하는 거 보면 진주지역 쪽에서 한두 곳에 나오는 게 아니고, 동네 어른들이 여기 트럭이 와서 죽였다 하면 거기 가서 파보면 나오고…. 그런데 나이 많은 사람들이 거의 다 돌아가시고 없어요. 그분들이 얘기해서 발굴해보면 나오고 해서 유골들이 컨테이너 두 군데 있습니다. 유족들이 죽고 없고, 관심이 없어서 가입을 안 한 사람도 많고, 공무원 쪽에는 피해 올까 싶어서 가입을 안 했다고. 신고를 안 한 사람들이 많아예. 지금은 세상이 바뀌어서 하려니까 문재인 정부에서 다 해준다 해도 입도 벙긋 안 하고 앉았지. 그러니 컨테이너 유골 DNA도 한 개 두 개도 아니고 돈이 일이백만 들어가야지 그 돈이 어디서 다 나옵니까. 진주형무소 사건으로 죽은 사람이 천 몇 백 명 되는데, 지금 우리 유족회에 가입한 사람은 2~3백 명밖에 안 되는데 뭐.

-제삿날은 언제로 정하셨습니까.

집에서 나간 날로 정했으니까 음력 6월 초열흘. 집에서 두 번째 잡혀간 날이 6월 초열흘 아닙니까.

-돌아가신 아버님 슬하에 형제분은 어떻게 되시는지요.

저하고 동생하고 둘이지. 당시에 아버지 33세, 어머니 24세, 내가 보통 나이로 6세, 동생이 3살, 그 당시에는 촌에서 사실은 고아나 다름없었지. 때를 세 끼를 먹는 입장도 아니었고.

-아버님은 생전에 어떤 분이셨는지 기억하시는 것이 있는지요.

학교도 안 나오고 배운 것이 없었지만 글씨 하나는 엄청 명필이라. 한문을 했으니까. 나도 서당에서 글씨를 좀 배웠는데 아버지가 써 놓은 거 보면 글씨가 보통 글씨가 아니라. 아버지는 그런 사람이었는데.

-아버님 때문에 불이익을 당하신 것이 있습니까.

그거는 있지. 군대 가서 운전 교육을 마치고 속초 포대에서 근무했는데, 함께 교육 받은 전라도 출신 동기는 삼촌 빽으로 방첩대에 간 거라. 한 일 년쯤 지나니까 친구가 방첩대 차가 자꾸 고장이 나니까 운전도 잘 하고 차도 기가 차게 잘 고치는 사람이 있다 하니까 방첩대에 파견을 가게 됐는 거라. 그런데 신원조회를 하니까 아버지가 딱 걸렸는기라. 처음에는 안 된다 하더라고. 나는 친구가 있으니까 안 되면 말지 하고 있는데 한 일주일 지나니 도로 오라 하더라고. 그래서 방첩대에 가서 근무를 했고. 내 동생은 삼성에 들어가서 외국에 나갈라 하니까 아버지가 또 걸렸는거라. 그래서 처음에는 못 나갔어. 옛날에는 공무원도 안 되는 거라. 사실 아무것도 아닌데, 이승만이가 한 마디로 말하면 죽이라 하니까 죽인 거지, 완전히 정부에서 죄명이 있어서 죽인 것도 아니고, 형무소에서 사형을 시키려면 죄명 몇 조에 위배되서 사형을 시켜야 되는데 그기 없어요. 그냥 빨갱이에 협조할까 싶어서 그냥 다 죽인거라.

-가족이 겪은 어려움이 많았겠습니다.

엄마가 그때 스물네 살인데, 농사도 네다섯 마지기 됐는데 삼촌 있제, 식구가 많아 가지고 남의 농사를 안 지으면 밥을 못 먹는 거라. 동네 어른들이 나를 학교 보내지 말고 남의 집에 보내라고, 남의 집에 보내면 입 하나 덜고 하는데 왜 안 보내느냐고 집안 어른들이 엄마한테 그런 식으로 했는데, 어머니는 초등학교도 안 나왔는데 어떻게 생각했는지 굶어도 같이 굶었지 남의 집에 안 보냈어요.

어머니가 똥장군도 지고 거름 내는 것, 남자들 하는 일은 다했다고. 점심은 거의 밥이라고는 없었고 감자 날 땐 감자만 먹고 고구마 날 때 고구마 먹고. 어머님은 재작년에 돌아가셨어. 그래서 내가 그랬어. 일 많이 한다고 일찍 죽는 거는 아니라고, 엄마가 남자 성질이라서 이길 사람이 없었어. 혼자 그리 있으니까 동네 어른들이 엄마가 고함을 질러도 못 본 척 하고 놔둔 거라. 그러니 엄마 성질대로 사니까 오래 산 거 같애.

-피해자 진실규명 신청은 하셨는지요.

신청 다해서 결정도 다 받고 쥐꼬리만 하지만 보상도 받고 했어. 우리가 보상받은 거는 유족들 위로금이라. 죽은 사람들 보상은 하나도 못 받은 거지. 그 당시에 우리는 몰라서 형제간은 안 넣었는데 형제간 서류 넣은 사람들은 형제 위로금 얼마. 그랬지. 보상받은 기 아니라, 위로금이라는 표현이 맞을 것 같네요.

-국가나 지방자치단체에 바라는 점이 있으신지요.

자식으로서 내가 죽기 전에 아버님 명예를 회복시켜놓고 가야 된다는 거지. 왜냐하면 정부에서 죽였으면 죄명이 뭐다, 사형을 어디서 시켰는지 시체를 유족에게 내줘야 되는 기 정상이라. 이거는 죄명도 없고 죽여갖고 시체도 안 주고, 빨갱이 총에 죽은 것도 아니고 군인하고 경찰 총에 맞아 죽은 건데, 정부에서 죽였으면 민간인에 대한 완전히 학살이라. 우리는 정부에서 책임져라 이겁니다. 정부 자체에서 위령탑을 만들어야 된다. 해마다 일 년에 한 번씩이라도 정부에서 돈을 내서 위령제를 지낼 수 있게끔 운영될 수 있는 여건을 만들어라 하는 거지.

-지금 아버님에 대한 원망 같은 것은 있는지요.

나도 죽을 때가 다 됐고, 우리 동네에도 거의 50~60대에 다 돌아가셨는데, 지금 나이가 75세인데, 지금 죽어도 옛날에 비하면 엄청 오래 산 거예요. 내가 죽기 전에 자식으로서 아버지 명예라도 회복시켜야 저승 가서 아버지 볼 면목이라도 있지. 살아생전에 명예회복도 못 시켜놓으면 아버지에게 무슨 면목이 있겠어요. 유족들이 바라는 건 그

것이죠. 지금 우리가 할 일은, 묻혀 있는 유골이 엄청 많거든요. 그것을 다 발굴해서 떳떳하게 안장하고 안택이 될 수 있게끔 우리가 바라는 게 그겁니다. 그리고 언제라도 아버지가 생각날 때 찾아가서 소주라도 한 잔 부어놓고 울 수 있는 위령탑이 하루빨리 세워질 수 있도록 정부, 경남도청, 진주시청 관계자분들에게 거듭 부탁드립니다.

희생자 정수정

증언자 정병표

○ 면담자: 박성경

○ 조사 장소: 진주시 호탄동 커피점

○ 조사 일시: 2019년 9월 21일

증언자 정보

· 이름: 정병표

· 생년월일: 1948년 1월 5일 (만 72세)

· 성별: 남

· 희생자와 관계: 희생자의 아들/3남2녀 중 넷째

· 주소: 진주시 대평면 한들길

· 직업·경력: 현재 은퇴/과거 직장생활(부산 대선소주),
이후 건축업

희생자 정보

· 이름: 정수정

· 생년월일: 1918년 6월 21일 (당시 33세)

· 성별: 남

· 결혼여부: 기혼

· 직업: 상업(양조장 운영)
기타(당시 마을 이장을 맡고 있었음)

· 주소: 진주시 진양군 내동면 내평리 510번지

오남매의 넷째인 정병표 유족은 아버지가 희생되던 당시 세 살이었다. 3대 독자였던 아버지는 양조장을 운영했고 진양군 내동면 내평리 마을 이장을 맡고 있었다.

학살이 있기 전부터 밤이면 아버지를 찾아 누구인가 집으로 들이닥치곤 해 어머니의 공포가 컸다고 한다. 아버지가 집을 나간 날은 1950년 음력 6월 1일. 그날도 아버지는 바깥일을 끝내고 저녁이 돼서야 집에 돌아왔는데, 마을 사람 10명이 이미 잡혀갔다는 소식을 듣게 된다.

이장이었던 아버지는 내막을 알아본 뒤 마을사람들을 데리고 오겠다며 집을 나갔고, 그것이 마지막 모습이었다.

이 이후 할머니는 아버지가 마산 진전면 여양리에서 학살됐다는 소문을 듣고 괴나리봇짐을 싸들고 사흘에 걸쳐 걸어서 학살지에 도착했다. 하지만 시체더미 속에서 아들 시신은 찾을 수가 없었고, 충격에 빠진 할머니는 먹지도 자지도 않은 채 이틀을 학살지에서 보냈다. 아버지를 포함해 마을에서 총 11명이 집을 나갔는데 한 명은 살아돌아오고 10명은 학살되었다. 그러니 매년 음력 6월 1일이면 마을의 10집이 다 같이 제사를 지내는 기가 막힌 상황이 벌어지곤 했다.

3대 독자 아들을 잃고 말문을 닫아버린 할머니, 자식들의 앞길만을 생각하느라 아버지의 죽음을 단 한 번도 입에 올리지 않았던 어머니를 생각하면 아직도 한이 많다. 그래도 강직한 어머니 덕분에 오남매가 잘 클 수 있었다.

연좌제 때문에 공직에는 몸담을 수 없었지만 개인 회사에서 열심히 일하며 가정을 일궜다. 정병표 유족은 지금이라도 진정한 아버지의 명예회복을 원한다. 학살 이유에 대한 명확한 답, 그리고 국가의 사과, 전체 유족에 대한 보상, 영령을 편히 모실 추모 공간, 이런 것들이 모두 이뤄졌을 때 진정한 아버지의 명예회복이 될 것이라 정병표 유족은 생각한다.

-형제가 어떻게 되세요?

우리가 5남매인데, 3남 2녀라. 나는 넷째. 막내가 51년생인데 유복자라. 1951년 1월 중순인가 태어났을 거라. 첫째인 누님이 1940년생. 제일 위에 두 분은 누님 되시고 나 바로 위에 형이 있고 다음이 나고 밑에 동생이 유복자고.

-아버지는 언제, 어떤 이유로 집을 나가셨나요?

그 당시에 아버지가 양조장 했다는 얘기를 우리가 들었거든요. 양조장하고 동네 이장을 하고 있었다고. (당시 열한 살이던) 큰 누님께서 하는 이야기가, 그때 아버님은 밖에서 일을 보고 계시다가 집에 들어오니까 동네 사람들이 10명이나 경찰서에서 오라 그래서 지금 나갔다. 나갔는데…. 나갔다고 아버지한테 말씀을 드리니까 '그럼 내가 가봐야지, 내가 가서 알아보고 데리고 와야 되겠다' (말씀을 하고 나가셨대요). 이장의 위치에서 데려와야 된다고. 그래서 이제 그길로 나갔는데 그기 고마 끝이었습니다. 끝이고. 그러니까 이제 총 아버지 포함해서 (마을에서) 11명이 경찰서에서 오라고 해서 갔는데 한 명은 어찌됐는지 살아나오고, 빠져 나오고 10명이 이제 완전 당했지. 그 날이 1950년 음력 6월 1일입니다. 그래서 전체 동네에서 나간 날짜를 해가지고 음력 6월 1일자로 제를 지내고 있다, (누님이 말씀을 해주셨어요). 한

동네에서 열 분의 제삿날이 같은 겁니다. 그때는 동네에서 전부 제사가 다 같이 이루어지는 거라.

그것도 뭐 아주 뒤에야 알았지. 그런 것도 상세히 이야기를 안 해주고 그냥 옛날에는 제사를 지내면 지내는갑다, 하고 그랬지. (살아 돌아온) 그 한 분은 우리하고 가깝게 지냈던 분인데 어떻게 해가지고 빠져나왔다는 건 상세하게 이야기를 못 들었습니다. 훗날 들은 얘기로는 학살현장에서 죽은 체 하고 먼저 쓰러져 있다가 살아나왔다네요.

-아버지는 어떤 경로로 어떻게 학살지로 가셨는지는 알고 계십니까?

나는 경찰서로 간 줄 알거든? 이야기 들으니까 이제 경찰서고 형무소고 사람을 워낙 많이 잡아다가 사람을 그(수용) 할 데가 없으니까 고마 트럭에다 싣고 가서 이제 골짜기에다 놓고 총살로 했는데 그게 이제 오래되고 뭐. 태풍이 오고 비가 많이 내려오고 이라니까 그 유해가 이제 밖으로 나오면서 발굴을 하고 이랬지. (아버지가 마산 진전 여양리라는 데로 갔다는 건) 그 뒤에 소문이 있었대요. 우리 할머니까 거기까지 직접 가셨다니까. (아버지가) 여기서 계시다가 여양이라는 산골짜기로 가서 그런 일을 당했다는 살아나온 사람 이야기를 듣고 우리 할머니가 아들이 얼마나 (찾고 싶고) 그랬는지 그 지역까지 걸어서 가셨대요. (그 먼 거리를?) 그 당시 그 정도면 걸어 다녔다.

-그럼 할머니가 아버지 시신을 찾으러 가셨던 거네요?

우리 할머니가 3대 독자 아들을 잃고 수소문을 하니까, 마산 진전면으로 데리고 가서 다 총살을 했다. 그 이야기를 듣고 괴나리봇짐을 하나 싸들고 먹을 거 그 당시에 미숫가루 같은 거. 피난 다니던 시절이 돼놓으니까 그런 걸 좀 준비를 해가지고 물어서 물어서 걸어서 3일 동안을 갔답니다. 마산 진전면으로. 3일 동안을 가가지고 (학살당한) 그 자리를 찾았다 그래. 찾아가지고 거기 가서도 할머니 마음이 제정신이 아니라서 그 자리에서 이틀 밤을 새웠다 해요. 못 오고. 그래서 보니까 완전 시체 모아놓은 데는 울렁울렁하이 이리 (보지도 못 하게) 돼가지고. 완전히 요즘 같으면 할머니가 치매현상 같은 걸 보이면서 배고픈 줄도 모르고 사람이 잠도 안자고 쓰러질 정도가 됐는데. 그래서 이제 양식도 떨어지고 하니까 얻어 묵고 해가지고 아주 오랜 시간이 지나 집에 돌아오셨다 해, 할머니가. 충격을 받아서. 집에 돌아오셔 가지고도 한 며칠을 못 깨어나고 그 이후로 정상적인 생활을 못 했는기라. 그래서 그기 제일 몸에 응어리가 돼가지고 그 이후로는 입을 닫아 버렸는기라. 특별한 이야기가 아니면 (말을 안 해). 그렇게 계시다가 돌아가셨는데 참 이루 말할 수가 없지. 이웃에 다 수소문을 해가지고 그러니까 (학살 장소를) 알고 집에서 나갔는데, 며칠 동안이나 길을 물어서 물어서 어떻게 찾았는지 (걸어서 갔대요). 마을에서 한 사람이, 돌아온 사람이 증언을 하고 이랬는데. 그 소리를 듣고 속옷 바람으로 옷을 몇 가지 챙겨가지고 밤에 나가셨다해. 할머니가. 밤에 들자마자 나가서 걸어서 걸어서 얻어먹어가면서. 집에서 조금 음식 먹을 수 있는 거 챙겨갖고 그래가지고 그 소리 듣고 밤에 바로 나가서가지고 3일 만엔가 도착했다해. 거기. 도저히 사람 구분도 못하겠고 고마 그 당시만 해도. 그런데 거기서 이틀 밤을 새웠다고 하니 어찌 그··· 보통 사람은 고개를 돌려버리고 할 건데 아들 사랑이라 쿠는 게 그게 얼마나 참 (큰지) 말도 못 합니다.

정병표 유족.

-정병표씨는 아버지가 그렇게 학살로 돌아가셨다는 걸 언제 아셨습니까?

아버지가 돌아가셨을 때는 세 살 됐을 때지. 그 당시에는 이것저것 아무것도 모르고 자랐고. 우리가 초등학교 다닐 때까지도 저희 어머님이 이 부분에 대해서는 말씀을 안 해줬어요. 그런데 이야기를 들어보면 너무 그 당시 고통이 심해가지고 (아버지가 나가서 학살되기 이전에) 밤이면 누군가 나타나서 사람을 찾고 하니까 숨는 게 습관처럼 되어버리고, 아버지가. 그래서 (그걸 봐왔던 어머니는) 그 부분에 대해서는 너무 충격이 커 놓으니까 어머니 혼자서만 감추어 놓고 있고 이야기를 안 해주는 거라. (밤이면 누군가 아버지를 찾으러 온 기억 때문에 어머니가 충격이 커서.)

그래 이제 엄마보고 '아버지는 도대체 어떻게 돌아가셨습니까?' 한 번 내가 딱 물어봤어. '좀 있으면 알게 될 거다' 이 말이 끝이었어요. 워낙 그 부분에 대해서 (빨갱이다 하면서) 이야기가 많고 하니까 다 가르쳐 줄 수는 없고 입을 딱 닫아 버렸는기라. 그래 이제 우리 할머니가 그때 살아계실 때 할머니가 이제 독자인 아들을 잃고 얼마나 슬펐는지, 제가 한번 들은 기억이 나요. (마산) 진전 여양이라는 동네가 있는데, 거기서 총살을 당했다는 이야기를 할머니가 듣고 그까지 걸어서 찾아가셨다고. 찾아갔는데 목격을 했어. (그 현장을) 차마 비참해서 볼 수가 없고 그래서 다시 돌아왔는데 그 이야기도 자세히 안 해줘요. 그 얼마나 슬펐는지. 엄마는 실제로 돌아가실 때까지도 그 얘기를 안했습니다, 우리한테. 단, 아버지 없이 크면서 사회에 나가나 어디 가나 남한테 손가락질 안 받고 잘 커라 하는 그것만 계속 강조를 하셨지. 다른 얘기는 일체. 아버지 돌아가신데 대해서는 이야기를 안 했어요. 결국 돌아가실 때까지도 상세한 얘기는 안 해주고 어머니가 돌아가셨어.

-어머니가 아버지가 안 계신 것도 그런데 좌익몰이까지 당했으니까 자식들한테 더 말씀을 안 하셨을 수도 있겠네요?

엄청 말로 안 해. (그래도 한 가지) 어머니가 이야기한 걸 들어보면 밤이 두렵대. 밤이 되면 사람 찾아서 손등을 들고 동네마다 다 다녔대, (경찰인지 누군지는 모르고). 그래서 여자 몸으로서 말이지 불빛만 이렇게 보여도 간이 덜렁덜렁 내려앉는 거라. 참 충격을 얼마나 받았는지. 이거를 내가 자식들한테 이야기를 해가지고 자식들 마음도 안 편할 건데 말할 필요가 있겠냐 해서 입을 딱 닫아버린 거야. (아버지를 비롯해서 동네 사람들을 밤마다 왜 그렇게 찾아다녔는지) 그것까지는 모르겠어요. 누가 와서 낮인가 밤인가 어떤 식으로 말이지 동네에 (그렇게 찾아다닌 사람이) 몇인가, 물어볼 사람도 없고. 그냥 동네에 (불려간 사람들을 찾아) 같이 나가서 그 뒤로 행방불명이 됐다, (아버지는) 그리 됐어. 우리 족보에도 그리 돼 있어. 그냥 행방불명으로 돼 있는 거라. 그 인제. 사람이 잡혀나간 거는 아는데 언제 죽었는지는 모르니까.

-그래도 당시 큰 누나는 나이가 열한 살이었으니까 그 당시 기억이 있겠네요?

있지. 있는데…. 그렇게 세밀하게 이야기를 안 들려줘요. 어떤 이야기가 나올 적에 한 번씩 가끔. 뭐 할 이야기가 없지. 아버지가 그 당시에 고생을 그렇게 (하고 돌아가셨다). 그 당시 잡혀간 사람들은 심지어 점심 해놓고 잠깐 나갔다 온다 하고 불러서 나간 사람이 그길로 당한 사람도 있고. 그런데 이제 경찰서에서 무슨 농사짓는데 혜택을 준다고 보상 비슷한 혜택을 준다고 불러가지고 그 자리에서 바로 잡아간 사람도 있고. 이야기 들어보니까 여러 가지인데, 직접적으로 우리가 뭐 (아버지는 어떠했는지 몰라요.)

-아버지가 어떤 분이었다 하는 건, 들은 것이 있으십니까?

어머니는 아버지에 대한 얘기를 아예 안 해주고. 우리 큰누님한테 얘기를 들었는데, 여하간 그 당시에는 우리 아버지가 동네에서는 상당한 인물이었어. 그때 보통 양조장을 한다는 게 쉽지도 않았고. 그래 동네 일도 보고 그랬는데 그때에 우리 한 열 살 차이나는 형들한테 이야기를 들어보면 너거 어른은 참 훌륭했다, 정말 감으로 치면 상당히 큰일을 할 분이었다, 이런 이야기를 들었지예. 제가 뭐 아버지 얼굴도 한 번도 못 본 상태고 그런 상태가 돼 놓으니까.

제가 이제 보면 그때 어렸을 적에 그랬는데, 왜 다른 사람들은 아버지가 있는데 나는 아버지가 없나 이런 생각만 가졌는 기라. 그래서 물어보면 상세히 이야기를 안 해주더라고.

그래 쭉 있어왔는데, 유족회 임원이 발족이 되고 보상 신청이 되고 이 무렵에 내가 상세하게 자꾸 파고들어 물어보니까 그분들도 사실 모르는 거예요. 어떻게 해가지고 어떻게 되고 했는가 나도 제일 궁금한 게 그 당시에 무엇 때문에 사람을 잡아다가 그리 학살을 해가지고 사람을 죽였느냐 내가 지금도 그게 이상해. 이거는 사실 우리가 사고도 아니고. 교통사고를 당한 것도 아니고 비행기가 떨어져서 죽은 것도 아니고 배가 뒤집혀서 죽은 것도 아니고 경찰에서 나와가지고 사람을 잡아다가. 이야기를 들어보니까 경찰서에 집결을 시켜놓고 사람이 워낙 많아서 사람을 뭐 할 데가 없으니까 트럭에다 싣고 저기 가서 그냥 골짜기에다 널어놓고 총살을 했다쿠는데, 그건 확실히 맞아요. 내가 사진도 다 봤거든. 그 당시의 사진도 다 봤고 했는데, 그런데 이게 뭣 때문에 그렇게 해가지고 사람을 죽였느냐 이 말이지. 나는 그게 참 이상해.

-아버지가 보도연맹에 가입한 것은 맞습니까?

(그것도 들은 바가 없으니 알 수가 없지요.) 이게 사실 앞에 아무것도 모르고 할 때에는 아버지가 어디에 어떻게 (가입을 했는지) 당해가지고 어디서 어떻게 돌아가셨는지 그것도 모르고 그냥 이야기만 듣고. 사실 유족회 자녀들이 보면 좀 똑똑히 사는 사람들이 없어요. 아

버지 잃고 보통 고생을 많이 하고. 그래서 내가 유족회원이라고 만나면 마음부터 찡해요. 마음부터 찡한기, '니도 나만큼 고생했구나, 아버지 없이 자라면서' 이 생각부터 먼저 나는 거라. 그래도 그중에서 열심히 해서 잘 사는 사람도 있지만 어떤 정치계에 좀 배워서 뛰어든 (권력 있는) 이런 사람이라든지 뭐 조금 좀 표 나게 일할 위치에 있는 사람들이 없어요. 그래서 아버지 없이 어렵게 서럽게 해가지고. 그리고 그 당시 한 가지는 완전히 지금 쉽게 생각하면 좌파몰이를 해가지고 자녀들까지 취직을, 공직 같은 거는 못하게 했어요.

-정병표 씨도 직장에 들어갈 때 연좌제로 인한 불이익을 당했나요?

나는 개인 회사였기 때문에. 공직에는 그 당시에는 취직을 못했었어요. 형도 진주고등학교 나와 가지고 시험을 몇 번 봤는데, 완전 그때는 보면 줄이 딱 그어있어요. 신원조회에서 걸리고. 그래서 나는 아예 (공직에 갈 생각도 안 했어요.) 나는 부산에 대선소주에, 제대하고 나서 이력서 넣어가지고 거기에 그래도 합격이 돼서. 참 열심히 하는 길밖에 없다 그래서 열심히 했습니다. 밤 12시까지. 그래 인정을 받고. 한 달에 한 번도 안 놀았어요. (거기는) 신원조회 그런 거 없었어요. 그때는. 추천해준 사람이 또 점수도 많이 주고. 그때까지도 사실 (연좌제라는 것에 대해) 우리가 잘 몰랐어요. 몰랐는데 이게 어떤, 조금 생활이 지나니까 공직에 있는 사람들이 '아, 저거 누구 자식 아이가?' 이런 식으로 보는 게 이제 딱 와 닿더라고. 그래서 이게 무엇을 아버지가 잘못을 한 건가. 우리가 취직할 그 무렵에 (생각이 들더라고). 아무 것도 모르고 그랬었는데 어째서 이런 낙인이 찍혔는가. 형이 그때 어딘가 시험을 보고 취직을 하려고 했는데 신원조회에서 한 번 걸렸다 하는 얘길 들었어요. 그런데 이게 (보도연맹 사건 때) 내가 듣기로는 동네에서 조금 똑똑하고 말깨나 하는 사람들은 다 잡아갔다 하더라고, 쉽게 이야기해서. 시키는 대로 잘 안하고 (이런 것 때문도 아니고). 뭐 시키는 대로 안 할 것도 없고 뭐 그런데 그런 식으로 해가지고 다 잡아갔다, 이정도만 알고 있는데. 사실 지금 생각해보면 그 당시에 아무리 조금 좀 똑똑하다고 (해도 그렇지). 그때는 참…. 지금처럼 나서는 그런 사람도 없었고 그런데 (어째서 학살을 하고 그랬는지) 좀 이상하더라고. 이해가 안 되더라고.

-형님도 공직에는 못 가시고, 결국 어떤 직업을 선택하셨나요?

형님은 45년생이니까 지금 칠십 다섯인데. 정년퇴직하기 전에는 개인 회사에 있었어요. 개인 회사는 뭐 신원조회 그런 거는 없고 능력만 보고 뽑으니까. 남동생은 그 당시에 전신전화국. 공직이었죠. 거기 있다가 정년퇴직을 했고. 남동생은 연좌제에 안 걸렸어요. 그때는 조금 좀 시기가 늦어서 그런지 피해가더라고. 그때는 세월이 좀 흘러놓으니까. (남동생과 똑같은 유복자 중에) 연좌제에 걸린 사람도 있었을 거예요. 그 당시 신원조회가 활발했거든. 그런데 이제 보면 주로 장남 쪽으로 많이 제재를 받았고 그 밑으로는 조금 좀 느슨해졌고. 세월이 가면서 더. 그랬습니다. 그래서 살아온 것이 우찌 생각하면…. 이게 정말 아버지가 잘못한 일로 해가지고 이런 일을 당했느냐. 그렇지 않으면 순수한 사람들을 자기네들끼리 이래가지고 잡아다가 말이지 이런 행동을 해가지고 자녀들이 이렇게 고생을 해가지고 살아야 됐나. 여러 가지로 생각을 하면 한이 없는데, 이게 지금 생각을 해서 될 일도 아니고. 제일 문제는 유해 안장시키는 이거나 따나. (지금 바라시는 건 그것밖에 없다고 할 수 있는데) 그런데 참 한 가지 한 가지 생각을 하면 당시 정부가 나서서 우리 후손들을 완전 망쳐놓은 상태, 실정입니다. 망쳐놓은 상태고.

-만약 아버지가 학살당하는 그런 일이 없었다면 어땠을까요?

만약에 그런 일이 없었더라면 우리도 조금 좀 제대로 배워서 제대로 사회에 진출을 할 수 있지 않았겠느냐 바람을 갖고 있는데. 살아오면서 참, 배우려고 애를 많이 쓰고 독학으로 공부를 많이 하고 또 이렇게 해서 한 계단 올라가고 또 한 계단 올라가고 사회에 나가서 여러 사람들하고 같이 부대껴도 보고 (그렇게 살았어요). 계속 뭐인가 배워야 한다는 거를 (품고 살았죠). 모르면 이건 낙오자밖에 안 된다. 그래서 그 집념 하나는 지금도 참 큽니다. 시간이 있으니까 지금도 배우는 게 있어요. 지금도 이건 내 취미지만 서예 활동을 좀 하고 있거든요. 벌써 5년째 되어 가는데. 젊었을 때는 정말 취직하기 위해서 배워야 되고. 또 다음 단계를 위해서 배워야 되고 또 끝까지 공부를 해야 그 다음 진로를 찾을 수 있기 때문에 또 배워야 되고.

-보도연맹 사건으로 하루아침에 가족들의 생활이, 삶이 바뀐 것 아닙니까?

두 말 할 것도 없지. 바로. 그 자체가 고마 참 죽느냐 사느냐 쿠는 기로에 놓였지. 그길로 고마 완전. 가서 총살을 당했다 하는 그걸로 고마. 어떤 일이 있어 돌아가셔도, (산소에 제대로) 모셔 놓아도 억울한데 그리 되니까 이거는 뭐. 심지어 우리 어머니 같은 경우는 심장병도 걸리고 나중에는 음식도 제대로 잘 못 먹고 소화도 잘 안되고. 그래가지고 좀 오래 사실 것을 70에 돌아가셨는데, 좀 일찍 돌아가셨어요. 고생은 고생대로 하고. 뭐 이루 말할 수가 없지요 뭐. (아버지가 그렇게 간 이후에 자식들 먹여 살린다고) 어머님이 머슴을 데리고 그 당시 전답이 한 몇 천 평 됐어요. 됐는데, 그때는 지금하고 농사짓는 방법이 지금하고 완전 다르기 때문에 전부 지게를 지고 강을 건너서 그래 갖고 소하고 쟁기로 이렇게 논을 갈아가지고 하니까 농사는 크게 많지는 않아도 농사일이 엄청 힘이 드는 기라. 그러니까 여자 혼자 몸으로서 머슴을 데리고 농사를 지으면 머슴도 여자 혼자니까 말도 안 듣는 그런 것도 있고 고생을 많이 했어. 그래서 짬짬이 어머니를 많이 도와야 되겠다 해서 내가 도왔죠.

-아버지와 함께 살던 내동면 내평리에서는 언제까지 사셨습니까?

이 동네에서. 여기에 남강댐이 건설되면서 수몰지구가 돼서 우리가 밖으로 나왔는 기라. 60년도 그 당시에 우리는 아버지가 재산이 일궈 놓은 게 좀 있어가지고 전답이 상당히 많았어요. 많아가지고. 엄마 혼자서 머슴 데리고 오랫동안 살았거든. (어머니가) 생활력이 엄청 강하고 그때도 그 나이에 그래도 글을, 한글도 다 알고. 동네 부녀회장도 하고 활동도 왕성하게 했는데. 그래서 참 (어머니가) 너무 사람이 깔끔하고 정의롭고 뭐 여하간 사람이 해서는 안 될 일을 했다 하면 불이 나는 기라. 우리도 다 클 때까지 맞았습니다. 그래서 교육을 정말 단단하게. 어떤 배우고 못 배우고를 떠나서 사람이 본대는 있어야 된다고. (아버지가 없으니까 더 심하게 하셨던 것 같은데) 그래서 지금 와서 생각해보면 그런 엄한 엄마 밑에서 교육을 받아 놓으니까 살아나가는데 그래도 좀 도움이 안 됐었나 싶어요.

-그래도 어머니가 강한 마음을 먹고 자식들을 공부시키며 사셨네요?

예. 그러니까 형제간들이 참 우애가 좋았어요. 우에 누님도 고생고생 해가면서 어머니 돕고. 우리도 또 어머니를 돕고. 학교 갔다 오면 무슨 일이든지 거들어주고 그랬는데. 다 평범하게 잘 살지는 못했어도 다 괜찮게 살았는데 이거는 뭐 우리 가족관계 이야기지만 이 보상 문제 나오고 나서 (2016년에 판결금을 받고) 조금 좀 돈이… 하하.

-형제들은 보상금액이 똑같지 않나요? 뭐가 문제 될 일이 있었습니까?

그래주면(금액이 똑같았으면) 아무 이상이 없지. 그런데 그 당시 법을 적용해가지고 아버지 보상은 장남에게만 해당이 되었어요.

-혹시 정병표 씨 자제분들은 할아버지가 보도연맹 사건으로 돌아가신 것을 알고 있습니까?

그거는 이번에 보상받고 나서. 보상받고 나서 우리 애들(딸 둘)한테 이야기를 했어요. 그런데 그 외에는 모르지. 할아버지가 어떻게 돌아가셨는지. 아까도 얘기했지만 이런 보상이 나오고 나면 장남이 식구들을 다 불러가지고 앉혀놔 놓고 그래서 너거 할아버지가 이렇게 해가지고 억울하게 돌아가셨다 (알려야 된다고.) 할아버지가 알고 보면 억울하게 돌아가셨는데 70년이 다 돼서 육십 몇 년 만에 국가상대로 소송을 해가지고 대법원까지 판결을 해가지고 유족회에서 이겼는데 그래서 이만한 보상이 나왔다. 그래서 이제는 정부가 말이지 판결이 이겼으니까 보상까지 해줬으니까 정부에서 잘못한 것 아니가. 그렇게라도 자식들한테 이야기를 해주고 할아버지에 대해 이야기를 해줘야 옳지 않느냐 (그렇게 생각합니다).

-따님들은 이야기를 듣고 뭐라고 하던가요?

예전에는 전혀 물어보거나 (자세히 알려고) 그러지는 않았죠. 이제 상세히 이야기를 해주면 안타까운 그런 마음이 들 텐데, 그런 이야기를 안 해주니까. 그런데 이제는 제가 자주 합니다. '할아버지가 이렇게 억울하게 돌아가셨고 너거 할머니가 혼자서 살림을 이렇게 일구어 나오면서 너거 아빠 형제간들을 이렇게 키우느라고 엄청 고생이 많으셨다' 그런 얘기를 하고. 그러면 묵묵히 듣고. 그리도 또 우리 애들이 워낙 착해서 오면 선산부터 갑니다. 선산은 남해에다가. 원래 인제 아버지 고향이 남해인기라. 이렇게 평장을 써서 (선조들) 무덤을 싹 모아놨어요. 착착 써내려오고 있어요. 그런데 지금 우리 아버지 어머니 묘는 나동 공원묘지에 있어요. 어머니 묘를 나동 공원묘지 모시면서 아버지 묘도 같이 했어요. (시신을 못 찾았으니까) 속에는 아무 것도 없이 봉분만 해놨는데 (안타깝죠).

-유족회 참여는 언제부터 하셨습니까?

저는 유족회 활동을 그래도 활발하게 한 지는 얼마 안 됐습니다. 사실은 위에 형이 (장남이니까 대표로) 유족회에 가입이 되어 있고. 그런데 이제 제가 가까이 진주에 살다 보니까 관심을 가지다 보니까 (관심을 가지게 됐죠). 약 한 5년 전부터 관심을 가지고 하는 일에 좀 참여를 하고 위령제 올릴 때도 한 번씩 참여를 하고 했어요.

그런데 할머니도 우리집에서 같이 살다가 돌아가셨어요. 할머니를 모실 때는 이 집에서 내가 그래도 집안에 뭔 일이라도 있으면 내라도 나서서 해야 되겠다 싶어서. 돌아가시는 그날까지 임종까지 내가 하고. 할머니가 참 어질게 사셨거든. 아버지도 할머니 아들인데 말이지 너무도 사람이 참 어질고 그랬는데, 왜 사람을 잡아다가 그렇게 총살을 해서 죽였느냐 이거야. 죽여 놔 놓고 지금까지 70년이야 70년. 어떤 말이 있습니까? 아무 이야기도 없고 유해가 저렇게 발견돼 나와도 그 현장까지 그렇게 사진을 찍어서 보도를 하고 이래도. 아이 그것마저도 지금… 아쉽지만 돌아가신 분들 혼이라도 달래줄 그런 (위령시설도 안 돼 있고).

-학살의 이유조차 명확하지 않은 것이 유족을 가장 힘들게 하는 것 같아요.

우리 유족회 임원들도 그걸 몰라예. 이게 정확하게 누가 어떻게 지시를 해가지고 사람을 죽였나. 왜 죽였나. 그걸 아는 사람이 있느냐 말이지. 모른다 이거야. 그래서 이제 자손 된 도리로서 유골이 나오니까 발굴을 해서 진주 명석면에 보관을 해놓고 있다 아입니까. 컨테이너에다가 보관을 해놓고 있는데. 나도 거기 몇 번을 가봤어요. 가봤는데 참말 이건 (이래서는 안 될 일입니다). 그런데 문제는 이러나저러나 정부에서 한 일이다, 이 말입니다. 국가에서 한 일인데 여기에 대해서 해명하는 사람도 없고 어떤 사과하는 사람도 없고. 그런 것은 없더라고 해도 지금까지 내가 물어보니까 시장이나 서장이나 국회의원 중에는 이 유해 모셔놓은 곳에 한 번도 나와 본 사람이 없어. 그런데 무슨 사업을 한다 하면서 얼마를 준비를 해갖고 국비를 가져왔니 도비를 가져왔니 이렇게 이야기를 하는데 우선 급한 것은 저거 예요, 사실. 유해를 제대로 수습해서 위령시설을 갖추는 겁니다. 지금 발굴도 못하고 그냥 덮어놓은 곳도 많은데. 일단 내가 볼 적에는 시장도 참… 몇 번 시장이 바뀌어도 아예 관심이 없어요. 관심이 없는데, 우리 유족회 회장 이하 임원들이 엄청 고생을 합니다. 시에 들어가서 공무원들 잡고 이야기를 하고 시장 한 번 만나려고 그렇게 애를 써도 관심이 없으니까 일이 안 되는 거라. 다른 데는 추모비 건립이 다 되고 뭐 참 잘 해놔서 내가 몇 군데는 가보고 사진도 보고 했는데, 우리는 아직까지 부지선정도 안 되고 있어요. 다른 것이 뭣이 급한가는 모르지만 나는 제일 급한 게 이거라. 추모할 곳을 만들고 유골을 모시고 이런 거. 그래서 우리가 가서 한 번이라도 가서 절이라도 할 수 있게끔 만들어 달라. 가가지고 컨테이너, 하… 그 앞에 가면 조금 이렇게 여유가 있는데 거기 뭐 절도 할 수가 없고. (아버지께) 면목이 없는 거라 사실.

-유해 발굴을 할 때도 관심을 갖고 참여를 하셨습니까?

명석면 용산리에 할 적에는 내가 알아가지고 같이 가서 발굴하는 걸 봤고. 다른 데서 하는 거는 내가 몰라갖고 못가고. 아버지가 돌아가신 여양리도 못 가봤어요. 거기는 아주 내가 모를 적에 했는데. 이건 뭐 보면 이렇게… 머리를 이런 식으로 (한쪽으로) 이리 눕히고 (반대쪽으로) 이리 눕히고 쫙 해서, 고마 못 봅니다. 그래서 내가 한국전쟁이라 하는 책자를 하나 구했거든요. 거길 보면 그 당시에 사진을 전부 찍어서 사진에 대한 설명을 전부 책 한 권에다가 다 해놨더라고.

실제 발굴 장소에 가보면…, 나는 한 번 딱 가봤는데, 그게 딱 맞춰서 가야 되거든. 그냥 무덤덤하더라고 실제. 아, 이게 딱 사람이 누워 있다고 생각이 안 들고. 발굴 단장이 이렇게 이렇게 해서 쭉 설명을 해주고 각 언론에서 기자들이 와서 사진을 터뜨리고 찍고. 그렇게 해도 관계 기관에서는 사람들 안 나옵니다. 그러니까 그만큼 (관심이 없다는 얘기죠). 우리가 안 알렸으면 모르겠는데 그만큼 알리고 했으면 담당자라도 나와서 사진을 찍어서 (지자체장에게) 보고라도 하고. 장이 바쁘니까 못 나올 수도 있고 한데, 그런 성의라도 보여주면 좋은데 그런 게 너무 서운하죠.

-발굴 모습도 직접 가서 보고 하셨으니까 유해를 컨테이너 박스에 둬야 하는 상황이 더 서운하고 납득이 안 되시겠어요.

내가 여기 메모를 해왔는데 여양리에 (유해가) 164구가 나왔어요. 그 다음 명석 용산에서 80구가 나오고. 덕산 시천이 10구. 그래서 총 현재 명석에 있는 게 253구. 이 유해들이 컨테이너에 보관돼 있어요. 그런데 이걸 언제까지 이렇게 해놓고 있을 거냐. 그래서 내가 유족회 회장보고 과감하게 제시를 했어요. 시장을 만나서 이 부분에 대해서 빨리 정리를 안 해주면 더 이상 협상을 하지마라. 아니, 시에서 가지고 있는 부지도 많은데 할 수 있는 협조를 해줄 마음이 있다면 당연히 빨리 해줘야 돼요. 그래서 내가 더 이상 시간만 끌고 추모비 관계 이걸 안 해주고 그대로 유해를 방치를 해놓고 있을라 그러면 더 이상 협상을 하지 말고 우리가 유해를 싣고 들어가자. 들어가서 시청에 갖다가 저거가 어떻게 하든지 관리를 하라고 (하자). 그 방법 밖에 더 있나. 내가 그런 이야기까지 했어요. 나도 적극적으로 도울 테니까.

-지금 가장 바라는 것이 추모 공간을 만들어서 유골을 제대로 모시는 건가요?

네. 이게 지금 우리가 할 수 있는 일은 이것밖에 없는기라 사실. 이것도 못하고 있으니까. 우리 정연조 회장이 딸기 농사가 많습니다. 눈 뜨면 6시 되면 하우스 가서 일해야 되는 사람이 이것 때문에 엄청 고생을 하고 있어예. 내가 보면. 전국적으로 다니면서 물로 시청 공무원을 데리고 갈 때도 있고. 다른데 해놓은 걸 보고 참고도 하고 사진도 가져오고 이러면서. 그렇게 지금 일을 버리고 고생을 하고 있다고. 안타까운기라.

사실. 우리 유족회에서 아무리 하려고 해도 시에서 사실 안 받들어 주면 일이 안 되는 겁니다. 시에서 이거 부지부터 선정을 해놓고 도에 가서 사업비를 가져오든지. 국회의원 보고 이거 조금 해줘야 되겠다 하는 이런 마음가짐이 있다면 벌써 됐어예. 됐는데, 전혀 뭐. 그렇다고 우리가 개인적으로 어떤 사람을 만나서 이런 거 요청할 수 있습니까. 안됩니다. 시에서 좀 사업성을 만들어가지고 이건 꼭 해야 할 사업이니까 시에서 부지를 이만큼 제공을 하니까 건립비는 얼마 들어가고 어떤 용역을 만들어가지고 우리가 돈이 없으니까 도에서 좀 주십시오, 아니면 국회에서 좀 주십시오, 이래가지고 해야 될 일을. 이래 방치한다고 될 일이 아니거든. 난 그리 싶어. 우리가 할 수 있는 거는 이거라도 마지막으로 마무리를 지어야 한이라도 좀 풀리겠는데. 이미 돌아가신 분을 어찌 살릴 수는 없지만 이거는 분명히 해야 할 일이거든.

그런데 이게 큰돈도 아닙니다. 정부에서 이렇게 해놔 놓고 책임지는 사람도 없고 사과하는 사람도 없고. (유해를) 방치를 해놓고 언제까지 이러고 있을 겁니까.

-지방자치단체든 국회의원이든 추모시설 짓는데 의지가 없다는 말씀이시죠?

그래 이제 말이지. 이 작업을 하려면 시에서 부지부터 선정을 먼저 해주라 해라. 부지가 없으면 어떻게 할 수가 있느냐 이 말이야. 부지부터 선정을 해줘야 사업비가 나올 거 아니냐. 전국에서 보면 추모비가 건립이 많이 됐더라고. 됐는데 지금 진주지역은 빠져가지고 있는데. 지금 이게 제일 시급한 일인데 다 외면하고 있거든 사실. 내가 여기 진주 왔다가 대평에 갈 때면 지나가는 길목에 바로 거기 컨테이너가 놓여있어예. (지나가면서도) 거기로 고개를 못 돌리겠어예. 내가 이래가지고 아버지 아들이라고 얘기할 수 있냐 말이지. 최소한이라도 어디다 모셔도 모셔야 될 거 아니냐. 그런데 저기 보면 DNA 감정하면 아직도 (감별이 가능할 정도로 DNA가) 나온답니다. 정 안되면 그 작업이라도 해가지고 말이지 개인별로 자식들한테 모시라고 그러면 우리가 유골을 찾아갈 거 아니냐 말이지. 그것도 안 해주고 지금 컨테이너 속에 이백 몇 십 구나 방치를 해놨다는 건 정말 말이 안 되는 소립니다. 그래서 이게 지금 지나간 일은 돌이킬 수가 없는데 이거는 우리가 시급히 해야 될 일입니다.

-여양리에서 발굴한 유골들의 유전자 검사를 해서 아버지 유해를 찾을 수 있다면 정말 좋을 텐데요?

내가 워낙 답답하니까. 아까도 말했지만 지금 어머니 묘하고 아버지 묘하고 쌍묘를 써놨어요. 아버지 묘는 아무 것도 없어요. 정부에서 여기 신경을 안 쓰려면 DNA 감정을 하고 그렇게라도 해서 (유골을 가족에게) 돌려주라 이거지. 이것도 아니고 저것도 아니고 사람을 죽여 놔 놓고 저렇게 방치를 해놓고. 그것도 말이지 골짜기에다 파묻어가지고 파묻은 것도 아니고. 무슨 이런 나라가 있느냐 이 말이야. 거창하게 안 해도 되는데. 이 유해를 좀 모실 수 있는 공간이라도 좀 만들어 달라 이거지.

-그런데 아버지 말고도 친척 중에 보도연맹으로 희생을 당한 분이 계시다고요?

거기(보도연맹 희생자 명단) 보면 정태현 씨라고 나옵니다. 이분이 우리 5촌 당숙입니다. 이분은 유해 발굴 중에 유류품이 나와 가지고 경남대학교 박물관에 보관 중이라 그러거든요. 도장하고 또 뭐하고 두 가지인가 세 가지인가 나와 가지고 경남대학교 박물관에 지금 보관 중에 있는데. 그분 유류품이 아마 여양리(에서 나왔을 겁니다). 여양리에서 발굴했는데 이거를 내보고 가지러 가라더라고. 그래서 '거기서 더 잘 보관하는데 내가 보관하면 오히려 안 좋지' 했어요. 그리고 또 그 희생된 당숙의 형제간들이 살고 있어 서울에 (그 사람들도 안 챙겨 가는데 내가 챙겨올 수는 없지요). 희생된 당숙 그분이 자녀들이 없기 때문에, 총각 때 그랬거든. 이분은 아까 주소지 (우리 살던) 내동 내평리 부근에 조금 떨어진 데 살았지. (아버지를 비롯해 동네에서 10명이 잡혀 갔을 때 같이 나갔어요.) 그런데 제사를 그때 모시는가, 아닌가는 모르는데 (자식이 없으니까). 그래서 정태현 씨 동생이 서울서 살고 있거든, 정○○ 씨라고. 그래서 내가 그걸 이야기를 했는데, 지난번에 소송에 참여를 했으면 무조건 증명이 돼서 바로 될 수 있었는데. 지난번에 사진도 나오고 여러 가지 증명도 있어요. 그런데 안하더라고. 안 해서 자꾸 내가 뭐 (더 권유를 할 수가 없었어요).

-자식은 없고 유족이 형제들뿐이라 희생된 분에 대한 관심이 조금 덜 했나 보네요?

그것도 내용은 지난번에 제가 연락은 한 번 이야기를 했어요. 그라고 (이후에도 다시 연락을 해서) 소송을 해가지고 우리 집안에는 보상

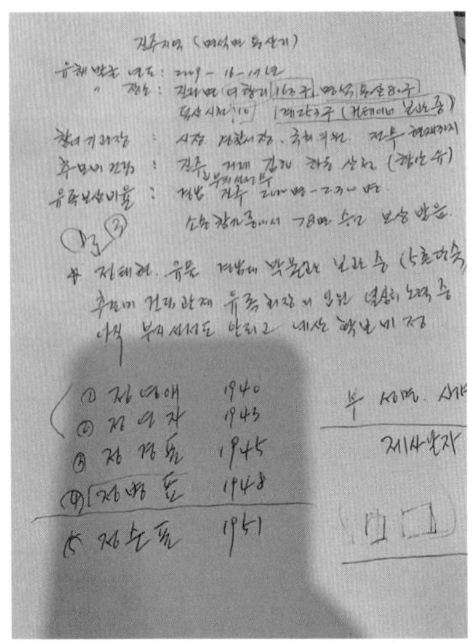

정병표 유족이 형제들의 인적사항과 희생사건 개요를 미리 적어온 내용.

을 조금이라도 탔습니다. 그러니까 그때서야 (반응을 하더라고). 처음에 소송을 같이 하입시다, 몇 번 이야기를 했는데. 그때는 내가 이야기를 한 게 아니고 위에 형이 이야기를 했어요. 그래 이야기를 듣고 그냥 실행을 안 하더라고. 안 했는데 몇 년 후에 소송으로 보상을 탔습니다, 이러니까 그때서야 내보고 힘 좀 써가지고 해봐라 이라는데. 지금은 법이 제정이 돼가지고 안 되니까. 지금 (특별법이) 끝이 나버렸다 말입니다. 안되니까 이제 새로 어떤 법이 나와 가지고 되면 모를까 현재로서는 안 되는 기라.

-그 경우에는 알고서도 소송을 안 한 것이지만, 아예 피해자 접수를 했다는 사실을 몰라 못 하신 분들도 많더라고요.

많아예. 이제 늦게 알아갖고. 그걸 어찌할 수도 없고. 그래서 내가 생각하기로는 이 소송이 뭐가 잘못됐다 이거라. 왜 잘못됐냐 하면은, 유족을 전부 파악을 해가지고 정당하게 이건 정부에서 잘못했다 하면 소송을 하나 안 하나 전체적으로 보상을 줬어야 된다 이거야. 그런데 소송을 해갖고 이기는 사람만 (보상을) 주는데. 소송을 하면 세 군데(3심)를 거쳐야 되는데 누가 소송비 대고 인지대 대고 먹고 살기 바쁜데. 지금 천 원 대면 나중에 백만 원 나올지라도, 아 만 원 나올지라도 (소송하기가 힘들어요). 확실하게 안 믿어주고 하니까 할 사람이 있느냐 이 말이야. 그래서 내가 유족회 회장보고 물으니까. '우리가 소송해가지고 보상 탄 비율이 얼마나 되노?' 물으니까 '전체적으로 하면 20% 안 될 겁니다' 이러더라고. 그러면 80%가 못 받고 일부 20%가 보상을 받았다는 소리를 들으니까 얼마나 안 좋냐 이 말이야. 그러니까 왜 꼭 소송한 사람한테만 (보상을 주냐.)

-미신청자들 또한 보상을 받을 수 있는 법안이 행정안전위원회 소위를 통과해서 상임위에 올라가 있다고 들었는데요?

그러니까 법 개정이 지금 계류 중에 있다하는데 내가 보기에는 안 됩니다. 참 보면 불공정한 게 너무 많은 기라. (기간 내에 소송을 못해서 보상, 인정을 못 받는) 그런 일이 있어갖고 되겠느냐 이 말이지.

그러니까 어떤 방법으로 어떻게 해야 되느냐. 이게 (유족이) 확실하다 싶으면 가려가지고 일률적으로. 금액이 적어도 괜찮으니까 일률적으로 보상을 주면 아 그게 돈도 보상이지만 명예회복이 되는 거야. 그래서 이게 정부에서 세월이 흘렀지만 인정하고 보상을 주는구나. 이리 돼야 되는데 조금 움직이는 사람은 소송을 해가지고 대법원까지 올라가서 몇 년을 기다려갖고 이겨갖고 (겨우 보상 받고). 그게 뭐 변호사비 떼고 뭐 떼고 할 것이 아이라. 국가를 상대로 소송을 한다하는 것도 좋은 일은 아이야. 안 그렇습니까. 그러니까 (유족으로) 인정이 되면 소송을 해갖고 1억 줄 것 몇 천만 원이라도 똑같이 주고 그리해야 되지. 또 아니면 나머지 한 80%를 지금이라도 소송하면 받아줘라. 전례가 확실히 있으니까 소송하면 무조건 이긴다 이 말이야. 그런데 이만큼 해주고 딱 끊어버리면 다른 유족들이 얼마나 갈등이 심하겠어요. 그리 안 해도 지금 사람 잃고 살아나오면서 그런데 보상관계도 이렇게 해가지고 말이지. 지금은 법이 끝이 나버려서 안 되는 기라.

자식들이 우선 내가 당해보니까 우선 명예회복인 중요한 거라. 정부에서 인정을 해준다는 것 자체가 다문 보상 몇 푼이라도. 예를 들어서 한 가정에 1억 5천 주는 걸 삼분의 1씩이라도 좀 나눠주면. 그러면 왜냐. 소송 안 한 사람들이 더 살기 힘들다 이 말이야. 그 사람들 소송비 준비를 할라 그러고 또 어떻게 소송을 해야 되는지 먹고 살기 바빠서 내용도 모르고 앉아있는데 말이지. 그 부분에 대해서는 너무 잘못하는 거라. 그러면 힘 있고 좀 그거 한(발 빠른) 사람들은 뭐 소송해갖고 돈 다 받고. 아, 마음은 있는데 실질적으로 할 수 있는 여건이 안 돼가지고 못하고 있는 사람은 이것도 아니고 저것도 아니고 억울하기는 더 하지.

-대법원에서 승소도 했는데 명예회복이 됐다고 보십니까?

그거는… 명예회복이 어느 정도는 조금은… (됐다고 말할 수가 없네요). 법에 근거해서 생각할 수 있겠지만 명예회복이 아예 안 됐다고 봅니다. 왜냐하면 이 (학살 이유) 부분에 대해서 정확하게 답을 알려주는 사람도 없고 사과하는 사람도 없고 무엇 때문에 이런 일이 일어났나, 많은 사람을 죽였나 가르쳐주는 사람도 없고. 단 뭐, 소송에서 이겨가지고 돈 조금 탔다고 이게 명예회복 된 거는 절대 아니라고 봅니다. 그래서 언젠가는 누가 어느 시점에 가갖고 이 부분에 대해서 확실하게 이야기 해줄까, 의심스러운거라. 그 날이 올런지도. 실제입니다. 그렇게 말 한마디라도 하고 시원하게 얘기해주고 잘못됐다고 사과 한마디 있어도 우리가 명예회복을 바랄 수가 있습니다, 실제.

-그러니까 왜 그런 일이 생겼고, 국가가 왜 그런 잘못을 했고, 그래서 국가의 잘못이니까 사죄를 한다, 이런 것까지가 명확하게 돼야 명예회복이 된다는 말씀이시죠?

그렇죠. 그래서 이건 잘못된 일이다. 지금이라도 사과한다, 그렇게 이야기하고 보상 못 받은 사람들에 대해서 또 조금 말이지 고생하고 어렵게 살았으니까 아버지 잃고 자손들 하고 이제서나마 참 보탬이 됐으면 좋겠다고 돌봐주면. 그게 선의의 명예회복이지 법으로 이겼다 해가지고 명예회복 아입니다. 그건 우리가 법으로 안 했더라면 지금도 내나 그대로 있다고. 안 그렇습니까? 그 법에 소송을 안 한 사람의 입장에서 서서 보면 명예회복이 됐겠습니까. 안되지. 전혀 안되지.

희생자 정화

증언자 정연조

○ 면담자: 박성경
○ 조사 장소: 진주시 대평면 하우스
○ 조사 일시: 2019년 9월 7일

증언자 정보

· 이름: 정연조
· 생년월일: 실제-1950년 11월 28일 (만68세)/음력
  호적-1951년 7월 16일
· 성별: 남
· 희생자와 관계: 희생자의 아들/2남 중 차남
· 주소: 진주시 대평면 한들길
· 직업·경력: 농업 (딸기 하우스)

희생자 정보

· 이름: 정 화 *집에서 부르던 이름은 '정종화'
· 생년월일: 1922(?)년 월 일 (당시 28세)
· 성별: 남
· 결혼여부: 기혼
· 직업: 농업(*결혼 전 동아일보 진주지국에서 잠시
  근무 한 적 있음)
· 주소: 진주시 진양군 대평면 대평리 801번지

2남 중 차남인 정연조 유족은 보도연맹 사건으로 아버지를 잃었다. 아버지의 이름은 정 화, 집에서 부르던 이름은 정종화였다. 아버지는 1950년 음력 6월 2일, 집으로 찾아온 재당숙(7촌아재)을 따라 나선 뒤 돌아오지 않았다. 당시 아버지의 나이는 스물여덟이었고 형은 두 살, 둘째 아들인 정연조 씨는 어머니 뱃속에 있을 때였다. 아버지는 대평지서를 거쳐 진주교도소에 갇혀 있다가 1950년 음력 6월 9일 진주시 명석면 관지리에서 학살당한 것으로 추정된다. 형무소에서 아버지와 함께 방을 쓰다 살아 돌아온 윤수복 씨의 증언으로 알게 된 내용이다.

아버지는 1949년 보도연맹에 가입했다고 하는데, 그 이유나 활동 내용은 전혀 알 수 없다. 정연조 유족의 할머니는 그가 어릴 때 매일같이 정화수를 떠놓고 아버지가 돌아오기를 빌었다고 한다. 아버지가 살아 돌아올 수 있으니 절대 이사를 가면 안 된다고 했던 할머니의 말씀을 듣느라 그는 1997년 남강댐 숭상 공사로 집이 물이 잠기게 돼서야 주소지를 옮겼다.

정연조 유족이 세 살 때 할머니의 구박을 못 이긴 어머니가 집을 나갔고 형제는 할머니 밑에서 어렵게 자랐다. 빨갱이 자식이라고 놀리는 아이들과 싸우며 컸다. 그는 군대에서, 공무원시험에서, 사우디아라비아로 일을 하러 떠날 때, 모두 신원조회에 걸려 불이익을 당했다.

생활이 안정되면서 아버지의 억울한 죽음에 관심을 가지게 된 그는 형님과 함께 보도연맹 학살사건을 파고들었다. 유해 발굴부터 진주유족회 설립에도 앞장선 그는 줄곧 유족회 사무국장으로 활동하다 2년 전부터 회장직을 맡고 있다. 유족의 한 사람으로서 그의 바람은 국가의 공식적인 사과, 아버지의 명예회복, 제대로 된 추모시설이다.

-유복자이신데, 아버지가 희생될 당시 살던 곳 주소를 아시나요?

진양군 대평면 대평리 801번지. 그 주소를 계속 가지고 있다가 1997년 남강댐 숭상 공사 중에 이주단지로 오면서 바꿨습니다. 할머니가 너희 아버지 살아올 수 있으니까 절대 이사 가지 말라고 그랬습니다. 일고여덟 살 먹었을 때부터 그랬어요. 내가 세 살 먹었을 때 어머니가 할머니 등살에 못이겨 가출을 했습니다. 따라다니며 보니까 자꾸 할머니가 우리 어머니 욕을 하고, 저 년이 들어서 망했다고 나쁜 년이라 그러고. 그러면서 꼭 매일 아침 강에 가서 정화수 떠나놓고 (빌었어요). 그 당시에는 강물을 먹었거든요. 할머니가 매일 부엌에다가 쌀 한 줌 놓고 정화수 떠놓고 기도를 하고 그래요. 그래서 '할머니 뭐 하는 건데?' 하니까 '혹시 너거 아버지 살아 돌아올지 모르니까 이사를 가지 마라.' 그래서 어쩔 수 없이 주소를 안 바꾸고 있다가 집도 초가집을 (인근에서) 제일 마지막에 지붕개량을 했는데, 그때도 어쩔 수 없이 초가집이 물이 들어서 안 고치면 안 되니까. 이사는 끝까지 안가고 거기 살았어요.

-할머니께서 아버지의 죽음에 대해 말씀을 해주셨습니까?

대평지서에 불려간 날이 1950년 음력 6월 2일이라더군요. 그길로 가서 안 오더라 하는 거라.

-집을 나가신 날을 정확히 아시네요?

왜 그러냐 그러면 어느 정도 우리 가정이 안정이 되고 나니까 우리 아버지 제사를 모시게 되는 거라. 그래서 할머니가 6월 초이튿날 모셔라 그러더라고. '왜?' 그러니까 아버지는 초이튿날 집을 나갔으니까 행방불명 된 사람은 산 날에 제사를 지내야 되니까 나간 날에 지내는 것

정연조 유족.

이 맞다 (할머니가 말씀하시더라고요).

-1950년 음력 6월 2일 아버지가 가실 때 마을에서 같이 가신 분이 또 있습니까?

있지, 있지. 정이화라는 분이 있고 노명수, 정우영 씨, 정자영 씨. 우리 동네가 38가구가 살았는데 정 씨 집성촌이었어요. 타성은 몇 집 살았어도 우리 집 머슴 살았던 사람들 집이 몇 집 살았고. 그런데 보자. 정우영 씨, 우리 아버지, 정자영 씨, 또 정이화 씨, 또 노명수 씨. 다섯 명. 그렇게 다섯 명이 갔는데, 두 사람은 살아왔어요. 정우영 씨하고 노명수 씨는 살아왔는데, 보도연맹 학살하려고 사람들을 차에 싣는데 도망을 가니까 형사가 잡지는 않더랍니다. 그런데 가면 죽을 줄도 모르고, '내 가 뭐 죄를 지었나?', '왜 차를 안 탈 거고?' 하고 차를 탄 사람 사람들만 있었대요.

-그러면 아버지가 보도연맹에 가입을 하셨던 건가요?

1949년도에 가입하셨다는 얘길 들었어요. 그건 할머니한테서. 그런데 보도연맹 가입한 경위는 할머니도 모르고 할아버지도 모르고. 저희 삼촌은 또 한 분이 진주 농대를 졸업했거든요. 우리 집은 좀 부자였어요. 삼촌이 농대를 다니다가 아버지가 돌아가시고 나니까 농대를 중퇴를, 퇴학을 하고 말았거든. 그러니까 보도연맹 가입하게 된 계기는 저도 몰라요. 그 삼촌도 그런 얘기는 안 해줬고. 할머니도 그런 얘기는 안 해줬고.

-아버지는 집에서 나가신 후 어디를 거쳐 어떻게 학살을 당하신 겁니까?

보도연맹 유형이 보면, 두 가지 유형이 있거든요. 음력 6월 초이튿날 잡혀간 사람들은 지서를 거쳐 형무소에 갔다가 학살을 당했고. 그리고 이제 그 뒤에 음력 6월 9일에 잡혀간 사람들이 있어요. 6월 9일부터 6월 11일까지 잡혀간 사람은 학살 현장지로 지서에서 바로 간 거예요. 아버지는 6월 초이튿날 지서로 갔는데. 지서에서 하룻밤 잤는지 아닌지 그건 몰라요. 그리고 6월 9일에 형무소에서 나갔다, 그게 살아나온 사람들 얘기라.

-아버지가 진주형무소로 간 뒤 6월 9일 학살됐다는 것을 증언한 생존자가 있습니까?

그 방에서 살아나온 사람이 윤수복이라고 대평 사람이 살아나왔는데, 우리 아버지와 한 방에 있었대요. 형무소에서. 그래 그 분이 '너희 아버지는 6월 9일 명석 관지리로 가는 차를 탔다' 그래요. 그래서 명석 관지리에 가면 희생자가 세 곳에서 한 150명 정도 희생된 곳이 있어요. 그래서 거기 가는 차를 탔는데, '아마 너거 아버지는 거기 관지리로 갔을 거다' 하더라고요. 경상도 사람들은 관지리를 '간지미, 간지미' 하거든요. '간지미 가서 죽었을 거다' 해요. 그래서 저희가 관지리를 조사하니까 세 군데 학살지를 찾았어요. 그래가지고 '어르신은 우째 살아나왔노?' 하니까 '그때 도망가는 사람은, 간 크게 도망가는 사람은 간수들이 안 잡았니라' (하더라고). 그리고 또 어떤 사람들은, 아는 사람들은 간수가 쫓아 보내버리더랍니다. 차를 타려고 하니까 차를 못 타게 위에서 군화발로 차버리더랍니다. 아, 그러니 내 가라는 건가 보다 하고 눈치 빠른 사람들은 (도망갔대요). 그 차만 안타면 무조건 살아나요. 그 차만 안타면.

이 이야기는 윤수복이라는 사람한테 제가 들은 게 아니고 저희 고모가 윤수복 씨를 한 번 찾아갔더래요. 그래 '우리 오빠는 어디서 세상 버렸냐, 어디로 갔냐' 하니까 '관지리 가는 차를 타는 걸 봤다' 했대요. '당신은 우찌 살아왔소?' 했더니 '나는 도망 왔는데 도망가는 걸 잡지는 않더라' 하면서 '너거 오빠하고 내하고 한 방에 형무소에 사흘을 있었다. 한방에 있었는데 관지리 가는 차를 탔으니까 너거 오빠는 관지리로 갔을 거다' 하더랍니다. 지금 고모가 뇌출혈이 와서 의식이 없어요. 작년까지만 해도 '너거 아버지는 간지미 갔다 쿠더라, 간지미 갔다 쿠더라' 했었어요.

-형무소에 가뒀다면 죄가 있다고 판단한 것일 텐데, 죄명은 뭐였나요?

죄명은 없어요. 그러니까 보도연맹. 그런데 보도연맹 희생자가 이 주위에 산청, 옥종 일부도 이 용산리로 왔거든요. 그런데 6월 초이튿날 잡혀간 사람들은 거의 다 형무소로 갔어요. 6월 초이튿날 지서로 간 사람들은 거의 다 형무소로 갔고. 그런데 1949년도에 보도연맹을 만들었다 아입니까. 만들었는데, 이런 말은 있어요. 한국전쟁이 발발하니까 경기도 북부 일부지역 보도연맹이 인민군에 합류를 했다고. 그러니까 합류를 한 건지, 아니면 총칼 앞에서 끌려간 건지는 모르죠. 그러니까 내무부 장관이 이승만 대통령한테 '빨리 보도연맹 학살을 해야 됩니다' 하고 보고를 하니까 이승만 대통령이 서울서 대전으로 피난을 오면서 '보도연맹 30만 명 학살을 하고 나한테 보고를 해라' 지시를 했다더라고요. 그렇게 학살을 한기 보도연맹이라. 애당초 보도연맹은 순수한 반공단체로 지금 같으면 오히려 새마을 단체보다 더 좋은 단체거든요. 그런데 그랬다는 이야기가 있어요. 전쟁이 발발하고 경기 북부가 제일 먼저 점령을 당할 거 아입니까. 경기북부 지역에서 일부가 (인민군에 가담했는데) 그래가지고 보도연맹을 학살하게 된 계기가 됐다. 그런 이야기가 있어요.

-아버지가 집을 나가신 6월 2일에 제사를 모시기 시작한 건 언제부터였나요?

저는 제가 제사를 받기 전에 우리 숙모님이 제사를 모셨더라고요. 우리 할머니가, 할머니 지시에 의해서 계속 그날에 제사를 모시게 됐지요. 처음에는 할머니도 살아 돌아올 거라 믿었는데 전부 다 안 돌아올거다, 보도연맹 학살됐다 그러니까 그런 소문을 듣고 했나 봐요. 그때는 나는 유복자니까 몇 살부터 6월 2일에 지냈는지 그건 확실히 몰라요. 그런데 우리 숙모한테 물어도 '너거 할머니가 지내라니까 지내지 낸들 뭐를 아나' 그래요.

-할머니도 아들 며느리 없이 손주들까지 키우느라 고생 많으셨겠죠?

그렇죠. 우리 고모님이, 나보다 두 살 많은 우리 형님하고 한동갑이 있는데 그 고모님이 굉장히 불쌍하게 컸어요. 지금도 안타깝게 생각하는 게 손자 둘이 있지, 할머니가 딸은 사람 취급을 안 하는 거라. 손자 둘 한테 빠져가지고. 그래 지금도 '고모 미안합니다, 우리 때문에 할머니한테 설움만 당하고' 라고 말씀을 드립니다. 이해는 못 하더라도. 아버지가 장남이었고 삼촌 한 분이 계셨고 또 그 밑에 삼촌이 농고 졸업하고 농대(현 경상대학교)를 다녔는데 아버지가 세상 버리는 바람에 중퇴를 해버렸지요. 우리 아버지는 삼형제예요. 여자가 또 삼형제. 그러니까 육남매지요. 3남 3녀. 그런데 해방 직후에 우리 증조할아버지가 참 잘 살았어요. 우리 증조할아버지가 한 몇천 석 지기 됐대요. 그러니까 우리 할아버지한테 재산을 참 많이 줬답니다. 그런데 우리 아버지 세상 버리고 나니까 (소용없었죠). 우리 아버지 있을 때 머슴이 셋씩, 넷씩 있었다고 그러거든요. 그런데 아버지 세상 버리고 나니까 고마. 제가 국민학교 다닐 때도 머슴이 둘씩 있었어요. 온머슴, 반머슴이라고 있었어요. 온머슴은 연중 근무하는 게 온머슴이고 반머슴은 격일제로 근무하는 게 반머슴이예요. 그런 머슴이 둘이 있고 그랬었어요. 아버지를 잃으니까 모든 게 수포로 돌아간 거죠. 그래갖고 우리 삼촌은 군대에 가서 장교로. 광주 보병학교로 가서 교육을 받고 장교생활을 하러 갔는데, 연좌제 때문에 진급이 안 되는 거예요. 그래가지고 삼촌은 육군 중위로 제대를 하고 말았거든요.

-혹시 아버지가 학살당했을 것이라는 소식을 듣고 가족들이 시신을 찾으

러 가셨나요?

육군 중위로 제대한 그 삼촌은 지금 돌아가셨는데, 그 삼촌이 아버지 시체 찾으러 우리 엄마하고 갔었답니다. (그때는 아버지가 관지리로 갔다는 증언을 못 들었을 때라) 용산리 고개를 갔었대요. 학살한 뒤에 시체 찾으러 가도 된다는 소문을 듣고 가니까. 그때가 음력 6월 한 초 열흘쯤 됐을 거랍니다. 용산리 학살한 현장에 시체를 찾으러 가도 된다는 소문을 듣고 가니까, 조그만 둔덕에 시체가 쫙 드러누웠는데 못 찾겠더라 하대요. 총을 맞아가지고 (음력) 6월이다 보니까 부패가 돼가지고 얼굴 형태도 모르겠고, 그냥 뭐 허리끈이나 옷이나 보고 아는 거지 모르겠더랍니다. 그렇게 몇 구 뒤지고 나니까 군인인가 경찰인가 지나가면서 공포탄을 쏘더랍니다. 하지 말라고요. (당시 두 살이던) 우리 형님은 할머니한테 맡겨놓고, 나는 엄마 뱃속에 들었고. 그래 냄새가 나니까 쑥을 뜯어가지고 코를 막고 찾았대요. 그렇게 찾으러 갔는데 도저히 못 찾겠어서 이래가지고 안 되는 거다, 삼촌이 '형수님 갑시다. 이래 안 되는 기고 산 사람은 살아야지 갑시다' 했대요. 한 번 딱 찾으러 갔었답니다. 유족회에 보면 김판구 씨라는 분도 찾으러 갔는데, 자기 형님을 찾으러 갔대요. 갔는데 거기는 약간 구덩이를 팠더라 하대요. 팠는데, 피가 구덩이를 넘어가지고 잔디밭에 쫙 흘러 넘어왔더랍니다. 가니까 파리는 끓고 냄새는 나고. 흙을 덮어야 되는데 급하니까 흙은 못 덮고 소나무 가지만 척척 덮어놓고 갔는데 도저히 못 찾겠고.

-당시 인근에 학살에 대한 소문이 자자했다면 목격하신 분도 있겠네요?

우리 아버지하고 고종사촌 되는 분이 우리 아버지 보다 나이 많은 분이 있었어요. 그 분이 한 번 또 이야기를 하대요. 이리 '와봐라 조카야' 해서 '와예?' 하니까 '용산리 보도연맹 학살한 거를 내가 좀 아는데 이야기를 하께' 그래, '해보이소' 했어요. 그러니까 자기는 그때 진주에서 진양군 대평까지 구루마(소달구지)를 끌고 물건 싣고 왔다 갔다 했는데, 진주서 나올 때는 그 당시 화장실 퍼다 거름하려고 (실어왔대요). 진주에서 화장실을 돈을 주고 퍼가 오고 이런 일을 했대요. 그럼 여기 갖다 놓으면 삭혀가지고 밭에 거름을 하고 그랬는데. 6월 초 아흐레 날인가, 날짜는 확실히 자기도 모르더라고요. 구루마를 딱 끌고 오니까 용산리 그 밑에서 군인들하고 경찰이 구루마고 차고 사람이고 일체 통행을 못 하게 세우더랍니다. 세우더니 군인 트럭이 사람을 싣고 올라가더라 하네요. 그러더니 한참 있으니까 깨 볶는 소리가 나더랍니다. 총 쏘는 소리가. 그러고 나서는 있다가 구루마하고 사람 싹 보내고(통행시키고). 그 당시에는 진주까지 걸어 다니거나, 리어카도 없었고 지게를 지고 다니는 사람이 많았거든요. 여기서도 진주까지 그 당시에 지게 지고 나무 팔러 가는 사람들이 있었거든요. 그런 사람도 내일 아침에 나무 팔려고 하면 오늘 저녁부터 나가는 겁니다. 그렇게 했는데, (그런 사람들 통행을 막고) 학살하고 또 차가 올라가고 나면 통행을 막고 학살하고. 그렇게 이틀인가 하더랍니다.

그거를 들은 지가 내 군대 가기 전에 들었어요. 군대 가기 전에 같이 모를 심고 있는데 '니는 아버지 죽은 거 안 궁금하나?' 이래요. '와예?' 이러니까 '내 너거 아버지가 거기서 죽었는지는 확실히 모르겠는데 보도연맹 가입한 걸로 죽었다 하니까 내가 얘기 해주께' 하면서 그래 해줬어요. 그라고 나서는 산으로 절대 사람 못 올라가게 하고. 그래 자기가 그거를 두 번을 당했다, 진주에 갔다 오면서. 그러니까 여기서는 진주에 가려고 하면 새벽같이 쌀이나 무나 배추를 싣고 갔다가. 그 당시는 여름이니까 보리쌀이나 이런 거겠죠. (농작물 팔러) 갔다가 오면서 보니까 그걸 두 번 이틀로 그렇게 하더라, 하시더라고요.

-아버지의 죽음이 보도연맹 때문이라는 것은 언제 처음 알게 되셨나요?

그게 보도연맹이란 걸 알게 된 거는 군대에 (갈 즈음입니다). 나는 어머니도 가버리고 할머니 밑에서 계속 컸어요. 내가 결혼할 때까지 할머니와 같이 생활했으니까. 한 열 살 되어서는 우리 큰 숙모님이 시집을 와서 나를 좀 키우고 해서 그렇게 컸는데. 보도연맹이란 걸 몰랐어요. 어느 정도 크고 군대 갈 나이가 다 되어가고 하니까 (궁금하더라고).

어릴 때 그 당시 시골에는 아침으로 소 먹이러 많이 다녔어요. 나가면 아이들이 '에이 애비 없는 호로자식' 이러면서 엄청 놀리는 거라. 그렇게 놀리면 엄청 싸웠어요. 지가 안 맞으면 내가 맞고 하면서 싸웠는데. 그리 싸우다가 할머니한테 '아버지는 왜 없는데?' 하니까 '묻지 마라' 하고, '아버지는 어디 갔는데?' 하니까 '대동아 전쟁 때 안 죽었나' 이러는 거라. 대동아 전쟁이 2차 세계대전이랍니다. 그러니까 나를 속인 것이지. 그래도 이상한 거라. 6.25 전쟁 때 세상을 버렸으면 유공자가 돼갖고 어떤 혜택을 받는데 그런 것도 없는 거예요. 그래서 이상하다 생각하고 군대를 갔어요. 군대에 갔는데 전반기 교육을 받고 후반기 교육을 다 받고 나니까 거기에 교관이, 아주 저를 잘 아는 사람이 있었어요. 그 사람이 인사기록카드를 가지고 나를 찾아오더라고. 그래 나를 찾더니만 후반기 교육을 가서 훈련을 안 시키고 계속 행정반에 (보내서 사무 일을 시켰어요). 그 당시에는 타이핑 이런 게 없으니까 연필로 복사를 하는 거예요. 문서를 주면서 이대로 다 옮겨 쓰라고. 그래서 거기서 한 달간 교육을 받고 나니까 한번 와보라 그러더라고. 가니까 '내가 너를 사단 행정반으로, 연대 행정반으로 빼주려고 했는데 도저히 안 되겠고 고마 소총소대 가서 3년만 조용히 근무하다 가라' 그래요. 그래도 (보도연맹 사건으로 희생된 아버지 때문인지) 몰랐어요. 자기는 알았어요. 신원조회가 걸리는 거라. 그런데 나한테 말하지는 않은 거라. 하여튼 '조용히 살아라. 조용히 군대생활 해라. 어떻게 뭐를 하려고 하지 말고.' 그렇게 주의를 주더라고. 그래 강원도 가가지고 소총병으로 군대 3년을 마쳤어요. 군대 가서 그렇게 불이익을 받고 그래 또 살다가.

-제대 이후에도 연좌제로 인한 불이익이 계속됐습니까?

네. 내가 군대를 나오니까 숙모가 '너 할머니 할아버지하고 나가 살아라' (하더라고요). 그래서 조부모님과 살았어요. 그러다가 제가 77년도에 결혼을 하고 (생활이 힘들어서) 이래는 못 살겠다 싶어서 공무원 시험을 쳐봤어요. 공무원을 진양군에서 모집을 하더라고요. 5명을 모집하는데 15명이 갔어요. 부산 양정동 공무원교육원에서 시험을 쳤어요. 그런데 내가 공무원시험 문제집을 사봤는데 거기 시험 치러 가니까 (시험문제) 이게 복사본이야. 그래서 좀 있으니까 발표를 하는데, 진양군 게시판에 (합격자) 발표를 했더라고요. 가니까 아이고, 다섯 명 뽑는데 내가 3등으로 합격이 된 겁니다. 엄청 좋았죠. 그런데 또 걸린다 아닙니까. 걸리는 게 연좌제로 걸리는 거라. 그래서 내가 이런 저런 이야기를 했더니만. 그때 저희 당숙이 진양군 산림조합장을 했어요. 그 분한테 이야기를 하니까 내가 한 번 알아볼게 그러더만 '도 치수과장이 연좌제를 했네(걸었네)' 해요. 그러면서 당숙이 '너는 공무원이 될 수 없는 사람이니까 농사나 지어라.' 하더라고. 그때 나는 연좌제가 뭔 줄 몰랐어요.

-연좌제 때문에 공무원이 되는 것을 포기하고 농사를 짓게 되셨네요?

1977년 말에 결혼을 하고 마누라와 할머니, 할아버지하고 네 식구 사는데 땅이라고 가지고 있는 게 논 700평 밭 500평 이것 밖에 없어. 그래가지고 집을 초가집 개조했던 걸 허물고 블록 집을 지었어요. 슬레이트집을 지었어. 아버지가 희생되기 전 살던 곳 번지는 안 떠나고. 할머니가 살아계셨기 때문에. 할머니가 주소지를 떠나면 안 된다 했으니까. 그래 블록 집을 짓고 결혼을 하고 나니까 빚이 상당히 많은 거예요. 그 당시 77년도에 은행 이자 쓰기는 굉장히 힘이 들었고 개인 이자가 7부까지 했거든요. 만원을 쓰면 내년 이때 만 칠천 원을 갚아야 되는 거라. 그 정도로 고금리인데, 170만원의 빚을 안고 1년 농사를 지어보니까 도저히 이자가 안 되는 거라. 그래서 할 수 없이 사우디를 갈려고 사우디를 가는 방법을 (알아봤는데), 그 당시에 한창 해외 인력 송출이 많이 됐어요. 현대, 동아, 대림 이런 건설 회사들이 엄청 갔거든요. 그래 거기 갈려고 하니까 기술자 자격증이 있어야 된다 그래요. 기술자 자격증을 (취득)하려고 하니까 지금 현재 진주검찰청 자리에 농촌직업훈련소가 있었어요. 거기서 3개월 교육을 받았는데 건축 자격증 교육을 3개월 받고 나니까 국가에서 2급 건축사 자격증을 줬어요. 그걸 가지고 현대건설에 시험을 치니까 그 자격을 인정해주더라고요. 그래서 시험을 쳐서 실기와 필기 다 합격이 되었어요. 인력송출이 돼놓으니까 필기는 거의 없고 소양교육만 받으면 되고 실기가 좀 심했어요. 거기서 시험을 치고 합격하고 나니까 현대건설에서 15일간 실제 교육을 받으라 하더라고요, 현장에서. 그래서 마치고 현대건설에서 합격 통지가 왔어요. 그래 합격을 하고 (사우디아라비아에) 가려면 여권을 내야 되는데 신원조회를 해야 된다, 그래야 여권이 나온다 하더라고. 그런데 여권신청을 했는데 신원조회가 계속 허가가 안 떨어지는 거예요. 우리 동네에서 세 사람이 갔는데, 두 사람은 사우디로 출국 명령이 떨어졌는데 나는 신원 조회도 안 떨어지는 겁니다. 그래 내가 경찰서에 아는 사람이 있어가지고. '형, 경찰서 정보과에 내 신원조회가 어떻게 돼 있는지 한번 봐줘' 부탁을 했어요. 그러니까 '왜 그러냐?' 그래. '내가 사우디에 가려는데 신원조회가 안 떨어져. 형님이 좀 봐 주소' 그러니까 딱 갔다 오더니 '너 신원조회 걸렸네' 이래. 그래 '뭡니까?' 하니까 '그건 모르겠고 신원조회 걸려가지고 힘들겠다' 해요. '그럼 어쩌면 돼요? 사실 할머니 할아버지하고 마누라 하고 먹고 살아야 되는데 도저히 이래갖고는 이자도 안 나오니까 사우디 가서 좀 벌어야 되는데 어찌해야 됩니까?' 이러니까 '가만히 있어봐라 내 좀 갔다 올게' 이러더니 갔다 오더니만 비용을 좀 가져오라 그래요. 돈을 가져오래. '얼마면 되겠어요, 형?' 이러니까 '10만 원 해야 안 되겠나' 해요. 10만원을 가져오라 그래요. 그 당시에 10만 원이면 우리가 건축공사 잡일을 하면서 2천5백 원을 받았거든요. 하루 일당이 2천5백 원. 그때가 79년도였는데, 그래갖고 40일 일을 해야 되는 거죠. 그걸 갖다 주고 신원조회를 통과시켜서 사우디를 갔다 왔어요. 가서 3년을 있다가 왔어요.

-아버지로 인해서 신원조회 통과가 안 된다는 것을 사우디에 갈 때는 아

셨습니까?

그렇지. 알고 갔지. 사우디에 가려고 할 때 걸리고 딱 보니까 군대 갈 때 걸렸지, 공무원 시험에 붙었지, 사우디 붙었지, 그때 알아보니까 연좌제가 있는 거라. 그걸 주위에서 '너거 아버지 보도연맹이라서 안 된다', '니가 와 신원조회 안 되는 줄 아나? 너거 아부지가 보도연맹, 빨갱이라서 안 되는 거라' 딱 이렇게 말을 하는 거예요. 그때 '너거 아버지가 빨갱이라서 안된다' 그래서 '우리 아버지가 어째서 빨갱인데요?' 이라니까 '보도연맹 그거 전부 빨갱이 아이가' 이러더라고. (보도연맹이 뭔지) 그때도 알아보지는 못했고. 어쨌든 사우디에 가서 3년 있다가 왔어요.

-어쨌든 10만 원을 들여 신원조회를 통과하고 3년 동안 사우디에서 일하신 거네요?

처음에 1년 갔다가 왔어요. 1년 갔다 오니까 할머니가 '내가 (죽어서 하늘로) 갈라 그러니까 아이고 저 놈이 내 죽는 거 안 볼라고 사우디 가네' 하면서 울면서 못가그로 하더라고. 그래 한 번 갔다 오니까 할아버지가 세상 버린 거라. 처음 1년 갔다 와가지고 또 갔거든요? 1년 갔다 오니까 할아버지 세상 버리고 없고, 두 번째 가서는 '또 사우디 또 오겠나. 이 뜨거운 사우디에 도저히 사람 살 곳이 못 되고 이번에는 고생이 되더라도 마지막으로 (길게 일하고) 사우디 생활을 접자, 그리고 내 가족하고 살아야지' 생각을 하고 두 번째 가가지고는 한 2년 있었어요. 그렇게 2년을 갔다 오니까 할머니 세상 버리고 없는 거라. 처음에는 할아버지 세상 버리고 두 번째는 할머니 세상 버리고. 처음 갈 때 딸을 둘 낳아놓고 갔어요. 1977년에 결혼하고 1980년에 갔으니까 딸이 둘 있었는데, 둘째 딸이 삼칠일에 내가 사우디에 갔어요. 그래가지고 두 번째 갔다 오니까 남자애를 덜컥 낳았더라고. (중간에 들어왔을 때 아이가 생겼는데) 한 4개월 있었거든. 7월에 들어 와가지고 12월에 나갔으니까 5개월 있었네. 그래가지고 막내 남자 아이가 (생겨서 지금 2녀 1남을 두고 있습니다).

-세 살 때 집을 나간 어머니는 언제 다시 만나셨나요?

군대에 있을 때 어머니가 어디에 있다고 하는 연락을 (받았어요). 그래 연락을 받고. 형님을 통해서 연락이 오더라고요. (아버지가 돌아가셨을) 그 당시 우리 집이 부자였대요. 머슴을 셋 데리고 살았는데 형님은 이후에 진주중학교 진주고등학교를 졸업하고 서울 외국어대학교를 갔어요. 그런데 외국어대학교는 등록금이 없어가지고 입학을 못 하고 말았고, 저는 초등학교도 근근이 나왔어요. 그런데 (군대에 있을 때) 형님한테서 연락이 와가지고 엄마 소재를 찾을 것 같다, 그래서 '가봅시다' 해서 휴가를 받아 가보니까 (재가를 해서) 살고 있더라고. 자녀가 둘이 있고. 재가를 했는데, 다행이도 어머니가 우리 호적에서 호적을 가져가지는 않은 거라. 호적은 그대로 놔두고 재가를 하면서도 그쪽 집으로 애들을 호적에 달고 했지 우리 집으로는 호적상에 피해를 주지 않고 살았더라고요. 그래 참 고마워서. 그때 보니까 십 한 칠팔 년 만에 보니까 엄마 같지도 않고 이웃집 정다운 아줌마 같지도 않고 똑 남 같은 그런 느낌이었어요. 그래 아이가 둘 있는데, 순간적으로 증오감이 생기더라고. 이놈들이 내 엄마를 뺏어간 게 아닌가, 증오감이 생기더라고. 그래서 아이를 딱 때리니까, (엄마가) '그 아가 그리 미워샀나?' 하더라고요. 그러고 나서 헤어졌어요. 그리고 군대를 갔다 와서 결혼을 하는데 엄마가 진주까지 왔었어요. 그 당시 나는 구식 결혼을 했거든. (엄마가) 왔는데, 할머니가 못 들어오게 하는 거라. 자식 둘이 버리고 간 거, 우리 집에 못 온다고 그렇게 암시를 했던 모양이라. 그래서 진주까지 와서도 (내 결혼식에) 못 오고 갔는데.

-유복자라 아버지에 대한 기억은 전혀 없으실 텐데 주변에서 아버지에 대한 이야기를 많이 해주셨나요, 아니면 아버지에 대한 이야기는 금기였나요?

많이 들었어요. 들었는데. '너거 아버지는 참 영리하다. 그 당시 서당에 가서 천자문을 배우는데 하루 저녁에 천자를 읽어버리더라. 그리고 너거 아버지는 살려고 엄청 노력한 사람이다. 이 컵에 쌀을 (담으면) 쌀 한 컵으로 몇 사람이 먹을 수 있는가 계량을 해가지고 계산을 했던 사람이고, 돈을 벌려고 장사를 하려고 노력한 사람이다' 그러면서 이런 이야기를 하대요. 보도연맹 가입한 게 어떤 연유인지는 모르겠지만 학살당한 이유는 아버지가 결혼하기 전에 동아일보 진주지국에 좀 근무를 했대요. (동아일보에서 일한 것 때문이 아니겠나, 하시더라고요.) 그때 우리 고모할아버지 소개로 들어갔다는데 그때는 거기 기자도 없었을 땐데 동아일보 진주 지국에서 무슨 일을 했는지는 잘 몰라요. 거기 근무를 하는데 우리 할머니가 겨울에 가서 보니까 아무 것도 없는 데 담요 하나 깔고 땅바닥에 자는 걸 못 보겠더랍니다. 그래서 얘기를 해가지고 '안 된다, 집에 가서 농사짓고 살자. 머슴 데리고 농사짓고 살면 될낀데 니가 와 이 고생을 하느냐.' 그래가 데리고 나와 가지고 결혼을 시키고 했답니다. 그러니까 결혼을 하고 나서 보도연맹에 가입을 한 거거든요. 그러니까 49년도 보도연맹에 가입을 했으니까 형님이 48년도 났으니까 그지요? 결혼하고 우리 형님 하나 낳고 보도연맹에 가입을 한 거라. 그러니까 그 당시에는 보도연맹이라는 반공단체, 순수한 반공의 사상단체이기 때문에 의심을 안 하고든 거죠. 그리고 거기에 오면 어떤 혜택을 준다, 이렇게 하니까 가입을 한 걸로 그렇게 알고 있어요. 그래서 주위 어른들은 '너거 아버지 참 똑똑했는데 아깝다. 너거 아버지 보려면 너거 형님을 봐라. 너거 형님이 꼭 너거 아부지를 닮았다' 하시더라고요. 사진이, 우리 형님하고 우리 엄마하고 찍은 우리 아버지 사진이 하나 있었어요. 그런데 그게 물에 들어가 버리고 없다 아입니까. 나 하고 찍은 사진은 없고, 있을 수도 없고. 우리 집에는 어떤 가족사진도 전혀 없는 게 87년 태풍 셀마 때 저희 집에 물이 들어가지고 하여튼 방안에 이(목)까지 물이 들었어요. 그래 장롱이고 뭐고 다 소실되고 없어져가지고. 그 당시에 저희도 취미가 좀 있어가지고 고서 이런 걸 상당히 모아놨었거든요. 싹 다 물에 잠겨버렸어요. 그래가지고 심지어 내 결혼사진까지도 싹 다 잠겨버려서 아무것도 없는 거예요. 그때가 87년도니까. 아, 87년도에 한 번 들고 내가 사우디에 가 있을 때도 물이 한 번 들었어예. 그때 마누라 엄청 고생했거든. 그러니까 83년도나 2년도나 됐겠네. 그때도 물이 한 번 들어가지고. 그 때는 할머니 계시고 할아버지도 계실 때 물이 들었는기라. 그래놓으니까 집사람 진짜 고생 많이 했지예. 고생 했는데 잘 해주지도 못하고. 그러고 살아예.

-세 살 때 집을 나간 어머니는 다시 만났을 때 아버지에 대해서 어떤 이야기를 해주셨나요?

그래 인자 늦게나마 어머니를 만나니까 어머니가 여기(팔뚝)에 문신을 두 개 탁탁 새겼더라고. 팔에 문신을 새겼어. 어머니가 '나는 너거 아버지 찾을 수 있다. 살아오면 찾는다' 하더라고. 아버지와 문신을 같이 했대요. '너거 아버지도 여기 하고 나도 여기 하고 문신이 똑같다. 혹시 내가 죽고 없더라도 너거 아버지 살아오거든 이놈(문신) 보고 찾아라' 하셨어요.(눈물)

제가 집사람하고 어머니는 몇 번 만났거든요. 결혼하고 만났는데. 그때 그런 이야기(아버지와 같은 문신을 했다는 이야기)를 한두 번 하시대요. 그래서 저도 좀 억울한 거는 내가 왜 공무원 (시험 합격을 했는데) 연좌제에 걸려야 되나. 나도 연좌제만 아니었으면 공무원 했을 수도 있었다. 농사 안 짓고 그럴 수도 있었고. 그런데 또 그게 어찌 보면 공무원 하면 정년퇴직이 있지만 농사를 하니까 정년퇴직이 없어서 좋다. 이거는 내 자찬이 아니라 위롭니다. 내 자신을 위로하기 위해서 자꾸 그렇게 생각하는 것이고. 또 이렇게 사는 것도 사주팔자다, 운명이다, 자신을 위로하기 위해 그러는 것이지요. 자꾸 원망을 하니까 내가 괴로워 못 살겠더라고요. 그래 그렇게 살아가고 있어요.

-아버지의 죽음에 관심을 갖고 이유를 찾기 위한 노력은 언제부터 하게 되셨나요?

(사우디에 다녀온 뒤) 그때는 내 생활이 좀 안정됐어요. 농촌에서 농가 보물 1호라는 경운기도 한 대 사고, 땅도 조금 사고, 과수원도 좀 사고 이래가지고 그런대로 안정이 좀 되기에, 그때 다시 되돌려서 내가 군대에서 사우디에 가기까지 왜 그랬는가를 생각하게 된 거예요. 그러니까 이게 (억울한 학살이) 맞는 거라. 형님은 그 당시에 형님은 외국어대 영어영문학과에 합격이 됐는데 못 가고 자기가 고학을 해

가지고 성균관대학교 사서교육학과를 나왔어요. 그래 사서교육학과 나와 가지고 이 형님이 그 보도연맹에 대해서 공부를 하기 시작한 거라. 그래가지고 형님이 '아버지가 보도연맹이라고 하는데, 독립운동을 했을 가능성도 있다. 그 당시 보도연맹은 먹고살 만한 집이었고, 글을 아는 사람이었고, 이런 사람이 했었는데 아버지도 그런 상황에서 개입된 건지 모르겠다' 하더라고요. 이후에 형님하고 같이 연구를 한 거예요.

제 형님이 사서 쪽에는 상당히 권위가 있습니다. 이름이 정연대예요. 지금 파주출판단지에 있다가 인천으로 이사와 있는데. 그 양반이 보도연맹에 대한 자료, 독립운동에 대한 자료, 우리가 분단되고 난 이후에 김구 선생과 김일성 등에 대해 엄청 연구를 많이 한 분이거든요. 형님도 올해 처음으로 보도연맹에 관해서는 책을 만들어서 (출판을 했어요).

-유족회 활동에 관심을 갖게 된 것도 보도연맹에 대한 공부를 하면서부터였네요?

내가 이 (유족회) 일을 하게 된 것은 연좌제 딱 세 번 당하고 나니까 이제 아버지도 억울하게 죽었구나, 알게 된 겁니다. 그래서 언젠가 나한테 기회가 주어진다면 내가 앞장서서 일을 하고 싶다, 그래서 1985년 정도부터 (관련 활동을 하고 싶다는 생각을 하게 됐습니다). 그러니까 생활이 안정이 되고 나니까 그런 생각이 들더라고요. (그러고 세월이 지나 2002년에) 창원시 진전면 여양리에서 유해발굴을 하는데 보도연맹 유해가 있다고 매스컴에 떠들더라고요. 그래서 서울 형님을 오라 그래가지고 갔지요. 가니까 이상길 교수님이 발굴하고 있대요. 그래서 가봤는데, 전부 봉사자로 일하는데 그냥 못 오겠더라고. 전부 모시고 가서 국수 한 그릇 사주고, 이후에 발굴하는데 몇 번 가게 되고 (그랬어요). 그러고 나니까 진실화해위원회가 탄생을 하게 됐죠.

-명석면 용산리 학살지를 찾는 데는 직접 앞장서셨다고요?

2005년에 산청군에 있는 서봉석 씨가 저를 찾아와가지고 '사장님(정연조씨)이 용산리에 보도연맹 학살한 장소를 잘 안다고 하던데 협조를 좀 해주십시오' 하더라고. 그래서 '그래 내가 알지' 했어요. 서봉석 씨라고 참여연대나 시민연대 사회 진보적인 운동을 하는 사람인데 산청군에서 군의원도 한 번 지냈어요. 그래 그 양반이 오더만 아느냐 그래. 그래 '내 안다. 그럼 자세히 아는 사람을 데리고 용산리를 한 번 가자' 했죠. 그래서 용산리 밑에 구수해라는 사람이 이장을 하고 있는데, 그 사람이 우리보다 나이가 한 7-8살 많아요. 그래 그 양반한테 좀 도와주십시오, 했어요. 그 양반 누나가 우리 대평 지역에 살았었어요. 그래 그 양반을 찾아가니까 '내 자료도 있고 지도도 있다. 어디 어디 내가 대충 표시를 해놨는데' 하면서 보여주는데 용산리에 718명이라는 자료를 자기가 만들어가지고 있더라고. 직접 만들었는지 어쨌는지 그걸 가지고 있더라고. 그래서 '어르신 나 좀 도와주십시오' 했어요. 그 분이 '그래 뭐인데?' 이러더라고. 그 양반이 농협 활동을 하면서 저하고 사전에 면은 있었어요. 그래 (학살 장소라고 표시해둔 곳을) 가니까 용산리 한 일곱 군데를 '여도 기고, 여도 기고, 요도 기고...' 짝 이렇게 짚어 주더라고요.

-구수회라는 분은 용산리 학살 장소를 어떻게 그렇게 잘 알고 있었던

건가요?

그 매장한 데서 500미터도 안 되는 동네에 사니까. 그 동네 살았으니까 나무하고 소 먹이러 가면서 맨날 '요는 머이 묻혔고 머이 묻혔고' 하는 말을 어른들로부터 들어놓으니까. 그리고 그때 나이가 여남은 살 됐으니까. 그러니까 어른들이 '거기 (소나무) 갈비하지 마라. 거기 밑에 송장 썩은 거 묻어 놨은께 갈비하면 안된 다이' 했대요. 그런데 (시체를 묻어서 그랬는지) 거기는 풀이 잘 자라더래요. 그래서 그걸 듣고 알아가지고 또 주변에 가르쳐주고.

그해 학살하고 난 당시 그 이듬해에 어느 골에 산사태가 나니까 머리(해골)가 도랑에 굴러 내려오더랍니다. 그래 이걸 주워가지고 서부시장에 갖다 팔더라 하데요. 파는데 왜 파느냐, 그 당시에 영양실조가 많아 그랬는지 모르겠지만 천질이라고 혹시 아는가 모르겠어요. 천질이라고 하늘이 준 병이라고. 애가 가만 가다가 탁 쓰러져서 거품 물고 기절했다가 또 살아났다가 또 가고. 아, 간질, 간질병이죠. 간질환자 아니면 나환자가 이 머리뼈를 갈아서 먹으면 낫는다는 소문이 진주시에 엄청 났대요. 그래가지고 해가 어스름해지면 그걸 팔려고 들고 오는 사람이 있더래요. 서부지장에 암암리에 파는 사람이 있더랍니다. 간질 환자하고 나환자가 먹으면 선약이라고 소문이 났더래요. 그래서 거기(용산리)서 파 내려오는 사람도 가끔 봤대요. 어린 애들이 소 먹이다 오면 나이 많은 영감들이 보자기에 둥그런 걸 싸 내려오더랍니다. 그래 '뭐이고?' 하니까 '너들은 이런 거 보면 안 된다' 이러면서 가져 내려오고 하더랍니다. 그래 산사태가 나고 하니까 개울에 머리가 막 시퍼렇게 곰팡이 피어 갖고 구석에 묻혀 있고. (매장을 제대로 안 해 놓으니까) 묻혀있는 게 보이고 그렇더랍니다. 개울 한쪽 구석에 모여 있고 그렇더랍니다. 그래서 그런 걸 알아서 구수해 씨한테 좀 알려 달라 그러니까 상세히 알려주는데, 시굴을 하니까 몇 군데 못 찾았어요. 세 군데는 찾고 다른 데는 못 찾았지. 대밭이 한 군데가 있었는데 대 뿌리가 워낙 세서 땅을 팔 수도 없고.

-2006년 진실화해를 위한 과거사정리위원회 활동 전부터 진실규명을 위해 적극적으로 나서신 건데, 진주유족회에도 처음부터 참여를 하셨겠네요?

2005년도 말인가 2006년도 초에 언론에 보니까 자막이 탁 지나가요. 6.25 전쟁 당시 억울한 민간인 희생자 접수를 받는다, 진실과 화해를 위한 과거사정리위원회에서. 그래서 내가 진주시 행정과에 전화를 하니까 '예, 접수 받습니다' 하더라고. 그래 뭐가 필요하냐 하니까 일단 와 보시면 안다 하더라고. 그래서 가니까 담당자라는 분이 참 성실하게 접수를 받더라고요. 받으면서 '이렇게 하지 말고 유족회를 결성을 하십시오. 이렇게 혼자 하는 것 보다 어떤 단체가 하는 것이 훨씬 나을 겁니다' (하고 이야기를 하더라고요).

유족회는 제가, 저는 사실 가방끈이 짧아서 잘 몰랐어요. 그런데 김태근이라는 분이 어떻게 알았는지 제 주소하고 전화번호를 알았더라고요. (용산리 학살지) 조사를 해놨더니만 김태근씨가 전화가 와서 '보도연맹으로 아버지가 억울하게 죽은 걸 당신이 잘 알고 있고 진주 지역의 매장지를 잘 알고 있다는데 나하고 같이 유족회를 창립할 뜻이 없느냐' 하더라고요. 그 분이 저보다 16살 많아요. 그래 내가 '좋습니다. 저는 사실 초등학교도 옳게 못 마쳤기 때문에 이런 서식을 모르니까 제가 할 수 있는 일을 하겠습니다' 하니까, '그런 건 내가 다 할

테니까 당신은 총무를 맡아주라' 하시대요. 그래갖고 2008년 3월 4일 진주시청 대회의실에서 한국전쟁전후 진주 민간인 피학살자 유족회 창립총회를 하게 됩니다. 창립총회를 하고 김태근씨가 회장을 맡고 제가 총무를 맡았어요. 그래가지고 지금까지 오게 됐는데….

-현재 진주유족회에는 몇 분 정도가 가입되어 있습니까?

우리 유족회는 법인으로 해가지고 가고 있습니다. 우리 유족회 회원은 320명 정도 되고 있습니다. 앞으로 더 늘어날 겁니다. 늘어나는 건 우리가 진주에 추가로 500명 정도를 확보를 했었어요. 그런데 어떻게 확보를 했느냐 그러면 2006년도 6월부터 12월까지 진실화해 위원회에서 신청자 조사를 받으니까 한 170 몇 명밖에 안 들어오는 겁니다. 그래서 그 당시 김태근 회장님이 진실화해 위원회에 자꾸 보고하기를 진주는 보도연맹 1700명, 형무소 재소자 600명, 또 미군 폭격 700명, 한 3000명 정도 되는데 왜 진주가 이렇게 밖에 안 되느냐, 홍보를 좀 해라 했어요. 하니까 진실화해 위원회에서 다시 2500만 원 비용을 내려주고 조사를 한 게 501명이었어요. 그렇게 (희생자 명단) 확보를 했는데, 전부 흩어져버리고 실제 되는 거는 240명 정도라. 그래서 (진주시청) 담당자한테 내가 이렇게 이야기했어요. '이거 반상회에다 올려가지고 홍보를 해가지고 이장단 회의를 할 때 이야기해서 반상회에다 부쳐가지고 많은 분에게 홍보를 하면 안 되겠습니까' 하니까, '참 좋은 생각인데 우리는 이게 의무사항이 아니고 협조사항이기 때문에 그렇게 할 사항이 아니라서 못 합니다. 못 해드리는 저도 죄송합니다' 하더라고요. 그래서 그러면 협조사항은 틀리냐고 물어보니까, '행정안전부 산하 진실화해 위원회가 특별기구 아입니까. 거기에서 이렇게 협조해달라는 공문에 의해서 협조하는 것이지 행정안전부 장관의 지침이 아니기 때문에 해줄 수 없다' (그렇게 이야기를 하더라고요).

-현재 진주 유족회 회장직을 맡고 계신데, 위령탑과 추모공원 건립을 위해 노력 중이라 들었습니다. 어떻게 진행되고 있습니까?

(관련해서 공무원을 계속) 만나고 있고요, 진행이 되고 있습니다. 그게 지난 8월 21일인가 날짜를 잘 모르겠는데, 그때 진주시 담당 공무원하고 전라남도 화순을 갔었어요. 화순에 위령탑하고 추모공원 해놓은 데를. 그런 곳에 견학을 가야 자기들도 보고 사업계획을 세워서 예산을 확보할 것 아닌가 해서요. 화순을 가니까 참 잘해놨대요. 그래 화순도 가고 지난 9월 5일날에는 영천하고 경주를 가기로 했었는데 태풍이 온다고 하고 추석 대목이 끼어서 추석 쇠고 가기로 했어요. (진주에는) 올해 예산을 올려가지고 내년에 예산을 확보해 가지고 예산이 확보 되는대로 이제 시행을 하려고 하고 있는데, 진주시도 의지도 좀 많고 시장님이 해주라고도 했고, 또 조례도 만들어졌고. 그래서 우리가 법에 없는 것 하는 것도 아니고 6.25 전쟁 전후 민간인 지원조례안이 통과돼서 2015년 1월 1일부터 공포를 했거든요. 그 조례를 만들었으니까 그 조례에 의해서 지금 진주시에서 많은 관심을 가지고 저희들하고 협조를 하고 있고 현지 견학을 다니고 하고 있어요.

-지자체의 관심과 노력은 어떻다고 보십니까?

(화순에서는) 추모관 3억, 사무실 하나 짓고, 역사 기록관 4억 들이고 10억을 들여가 하거든요. 10억을 들여 하는데 부지는 화순군 노인

회관 옆이 돼놓으니까 화순군 부지라. 부지인데, 화순군 예산이 얼만지 압니까? 화순군 예산이 5000억이랍니다. 예산 5000억 원에서 10억을 투자해 (추모시설을 지은 거라).

-그동안 발굴한 유해가 현재 용산리 컨테이너 박스에 모셔져 있으니, 추모공원에 제대로 모시는 일이 더 절실하겠습니다.

유해발굴도 진주에서는 사실 두 군데 밖에 안 했거든요. 문산읍 상문리 그 외에 두 곳을 발굴을 했는데. 거기 두 군데 발굴을 하고 명석면 용산리의 두 곳은 순수하게 민간인이 했습니다. 그 민간인이 발굴한 것 하고 또 마산 진전면 여양리에서 발굴한 유해 163구가 있어요. 그 유해가 경남대에 있다가 2014년도에 경남대에서 미술관을 지어야 되니까 가져가라 그래서 (어떻게 해야 하나 하고 있었는데), 일부는 또 세종시에 보내려고 하더라고요. 그래서 도저히 안 되겠다, 우리 유족들의 뜻이 이 유해는 우리 선조들이니까 우리가 모셔야 된다는 것이라 진주시에 협조를 받아가지고 현재 용산리 (컨테이너 박스)에다 163구는 안착이 됐습니다. 그때 여양리에도 매장된 사람이 220구에서 250구인데, 유골 수습이 다 못 됐어요. 산사태가 나서 유골이 유실이 돼버려서 못 찾았고요. 그래가지고 163구를 진주에 갖다놓게 되었고. (용산리 컨테이너에 안장된 유해가 260구인데) 왜 260구가 됐나 그러면, 그 위에서 한 40구 정도 발굴한 것이 컨테이너에 들어있고 또 두 번째로 민간인이 발굴한 한 40구가 또 진주 (용산리 컨테이너)에 와있고 또 산청군 시천면 원리에 열 몇 구가 갈 데가 없어요. 그래가지고 그것도 보도연맹인지 아닌지는 확실히 모르겠지만 민간인 학살이거든요. (그래서 용산리 컨테이너에 함께 모셔놨습니다.)”

-지금까지 유해 발굴이 일부만 이뤄진 상황이죠?

진주지역에는 보도연맹이거나 형무소 재소자라. 그리고 우리가 유해를 확인하고도 (발굴을 못 한 곳이 많습니다). 우리가 도의원한테 찾아가서 사정을 했습니다. '우리 진주에 이런 아픈 사연이 있는데 좀 도와주시오' 하니까 '도와드리겠다, 얼마면 되겠냐?' 해서 '2000만 원을 좀 도와주시오' 했어요. 도의원이 2000만 원을 주면서 '어디에 쓸랍니까?' 하더라고. '실제 진주에 약 3000명이라는 사람이 매장이 돼있다는데 이게 어디에 묻혀있는지 실제 한 번 파볼란다, 시굴사업을 한번 해볼란다' 그러니까 돈을 선뜻 주더라고요. 자기 포괄사업비를 주더라고요. 그래서 이제 우리가 못하니까 경남대 이상길 선생님한테 의뢰를 했죠. '선생님, 돈을 이만큼 확보했으니까 시굴하고 도에 정산을 하고 하십시오. 돈은 진주시에 내려와 있습니다' 그러니까 또 이상길 선생님이 아, 고맙게도 그 돈 가치 이상으로 막 해주는 거예요. 그래가지고 확인한 게 다섯 군데를 확인했는데, 두 군데는 이미 민간단체가 발굴을 했고 세 군데는 지금도 요만큼(30cm정도) 파면 뼈가 나옵니다. 나오는데 한 군데는 뼈가 한 70센티 정도 밑에 들었어요. 거기는 그 동네 사람한테 물으니까 집현면 봉강리인데 거기는 윤 모씨가 증언을 했어요. 그 근처에서 살면서 보니까 오늘 와서 막 삽을 가지고 구덩이를 파고 가더니만 그 이튿날 (사람들이) 용수를 쓰고 오더라 하데요. 형무소 재소자들은 용수를 씌웠다 합니다. 용수라는 게 우리 간장 거를 때 쓰는 것 같은 검은 천이 있답니다. 나도 보지는 못 했는데. 그걸 씌워가지고, 학살할 때는 항상 머리에 씌워가지고 나간답니다. 죄수라는 걸 표를 내기 위해서. (그걸 본 윤 모라는 사람은) 한 평생을 거기 살은 기라. 그때가 열세 살인가 먹었대요. 그러니까 구덩이 파는 것도 봤고 총 쏘는 것도 봤고. 용수를 씌워서 사람을 굴비처럼 엮어가 몰고 올라가는 것도 봤고. 다 봤다 이거야. 그래서 그 양반이 시키는 데(곳에) 가서 '확실합니까?' 하니까 '확실합니다' 해서 파니까 안 나오는 기라. 우리가 발굴하던 식으로 요만큼(30cm정도) 파니까 안 나와요. 그래서 나는 농사지으러 가서 있었는데 전화가 와요. 내가 그때 총무를 했거든요. '총무님, 여기 유골 안 나옵니다' 해요. 그래 내가 가서 윤또범 씨를 딱 데리고 가니까 그 사람이 딱 앉으면서 '이 밑에 파라, 나온다' 그래요. 거기를 내가 파니까 딱 고무신이 한 짝 나오데요. 발목뼈하고.

-그럼 윤 씨가 위치를 알려준 집현면 봉강리는 유해 발굴이 이어졌습니까?

거기는 발굴 못 했습니다. 아직까지. 그냥 뼈가 있나 없나 확인만 하고 놔둔 거지. 확인만 하고 놔뒀어요. (우리 아버지가 학살된 곳을) 저는 관지리로 알고 있어요. 관지리에도 세 곳이 있는데, 한 군데는 과수원이 돼가지고 싹 훼손이 돼버리고 없고 두 군데는 또 뼈를 보고 묻어놨어요. 있는 거를 확인하고. 왜? 돈이 없으니까. 마냥 우리 민간인 발굴은 기다릴 수가 없다 아입니까. 이거는 정부 차원이나 행정에서 해줘야 맞는 거거든요.

-유족 분들이 다 연세도 많고 하니까 마음이 더 급하겠어요?

아이고, 그렇죠. 빨리 이걸 발굴을 해야 되고. 영구안치 해야 되고. 또 위령탑 지어가지고 위패 모셔놓고 정부가 인정하는 제사 모셔야 되고. 이게 인자 우리 후손들이 해야 할 일이죠. 그리고 참, 행정안전부 과거사 지원 저 사람들도 나쁜 사람들입니다. 왜 나쁘냐. 진성면 진성 고개에서 유해 111구를 발굴해놓고. 발굴할 때는 그 당시 김동춘 상임위원하고 안병욱 위원장 하고 '자, 당신들 유해니까 당신들이 원하면 당신들이 모셔라' 했는데, 발굴 다 하고 나니까 '감정을 해야 된다. 감정을 해야 되니까 충북대로 보내 달라' 하더라고요. 그래서 '충북대로 보내주면 (다시) 줍니까?' 했더니 그런다는 겁니다. 그런데 그거를 우리가 실수를 했어요. 준다, 감식 끝나고 나면 후손이 달라는데 줘야지 왜 안주겠냐고 그런 것을 그때 서면으로 받아봐야 되는데 구두로 받고 (유해를) 보내고 나니까 안 주는 기라. 그때 무슨 감식이냐 (물었더니) 연령대 감식과 성별 감식만 한다는 거예요. 유전자 감식은 안 되고. 그래서 연령대는 어떻게 되느냐 하니까 24살에서 36살 사이가 제일 많고 성별은 전부다 남자다. 그래 (유해를) 달라고 행정안전부 하고 저희가 계속 투쟁을 하고 있는데, 돌려드려야 되는 건 맞으나 유해발굴을 국가가 한 것이 아니냐고 이리 핑계를 대더라고. 그래서 그랬어요. '그라모 이북서 미군들이 유해 발굴 해가지고 미군이라고 가져갔는데 유전자 감식 해보니까 아니니까 다시 되돌려주는데 (우리는) 왜 안돌려주느냐. 그러면 그것도 미국서 보관해야 되지 않느냐. 일반적인 상식에 어긋나고 국제적인 상식에도 어긋나는 그런 행사를 하느냐' (하고요). 111구 내놔라 계속 투쟁을 하고 있습니다.

-그러면 돌려받지 못한 유해 111구는 지금 어디에 있습니까?

처음에는 충북대 박물관에 있다가 충북대 박물관이 컴퓨터 박물관으로 바뀌면서 행정안전부에 이걸 치워 달라 한 거라. 그러니까 세종시에 추모공원이 하나 있는데 거기에 연간 6000만 원을 행정안전부에서 관리비를 줘가지고 거기서 관리를 하고 있어요. 그런데 거기는 우리 것만 있는 게 아니고 6.25 전사자 유해도 있고 또 산청군 외공리 유해도 있고 미군 폭격기 유해도 있고. (왜 안돌려주냐고 물으니) 국가가 돈을 대가지고 발굴을 했으니까 못 돌려준대요. 그래서 내가 이랬어요. '말이 안 되는 소립니다. 왜 말이 안 되느냐. 후손이 달라면 줘야지 국가가 했다고 안 주는 게 어느 나라 법이요?' 하고. (진주에도 위령탑이 세워지고 추모 공원이 서고) 그때가 되면 우리가 데모를 하든지 해서 뺏어서라도 모시고 와야지.

-진주 국민보도연맹 사건의 국가책임을 묻는 소송을 했고 승소했다고 들었습니다.

내가 (정말 힘들게 살았던) 우리 고모를 참 좋아하는데, 그 고모 시집갈 때까지 같이 컸다 아입니까. 그래 제가 이 소송을 했어요. 소송을 해가지고 우리 고모 지분을 신청을 했죠. 억울한 민간인 학살 결정문을 받고 정부를 상대로 소송을 했죠. 그러니까 죽은 사람 8000만 원, 미망인 4000만 원, 형제자매 400만 원, 자녀 800만 원. 우리(형과 나) 800만 원 받았어요. 자매 400만 원 받아가지고 (고모) 드렸어요. 내 몫이 아니니까. '엄연히 고모 것이니 돌려드립니다' 하고 가니까 안 받으려고 하더라고. 내가 '왜 안 받냐?' 하니까 고모가 '니는 내보다 더 어렵게 살았는데 그 돈을 내가 왜 받냐' 하시더라고요.

(대법원 판결은) 2014년 받았습니다. 소송 시작은 2010년도에 했죠. 2010년 진실화해위원회가 막 끝나고 2011년에 바로 시작을 했습니다. 11년 초에 시작을 했습니다. 그때 공소시효가 다 돼가지고. 그렇게 시작을 해가지고 고등법원 판결이 2013년 하반기에 나고 2014년 상반기에 대법원 판결이 나고 나니까 돈을 바로 지급하더라고. 우리는 첫 째

는 명예가 회복해야 되고. 정부에서 돈을 주려면 8000, 4000, 800 이거는 아이라.

-판결을 받고서도 허탈하셨겠네요.

(사실 그 판결도) 우리가 정부를 상대로 해서 소송을 해서 이긴 것이지, 국가의 공식 사과를 받은 건 아니다 말입니다. 유족들이 그냥 민사소송을 해서 이긴 겁니다. 그런데 학살을 할 때는 군과 경찰이 했는데, 이거는 형사법에 속한다고 보는데 판결문을 보면 보상금인지 위로금인지 배상금인지 이런 게 없어가지고 우리는 다시 재투쟁 할 것이다. 그런 기회를 만들기 위해서 계속 노력하고 있습니다. 왜냐하면 판결문에 위자료라고 하는 명분도 없는 (돈을) 죽은 사람 8000만 원 미망인 4000만 원 자식 800만 원. 자식들 연좌제에 묶여가지고 70년 동안 살아왔는데. 이걸 줘놓고 해결했다 하니 국가가 너무나 (무책임한 거죠). 이게 민주국가로 가는 바른 길인지. 우리는 애당초 돈을 요구하지 않았습니다. 아버지의 명예회복, 연좌제의 피해 회복을 시켜달라고 한 것이지. 돈을 달라고 한 것이 아닙니다. 그러나 정부가 너무 무책임하니까. 민사소송이 가능한지 법률전문가와 타진한 결과 민사소송이 가능하다고 해서 소송을 하고 판결에서 승소한 것뿐이지 국가의 어떤 사과라든가 하는 걸 받아낸 건 없고요.

또 2009년도에 진실규명을 하면서 국방부에서 저거도 인정을 하니까 제수 비용 243만 5000원을 받았습니다. '이게 무슨 돈이냐?' 하니까 '위령제나 지내라, 1인당 삼만 원 꼴로 준다' 하대요. 참 재미있어가지고 제가 국방부에다 질의를 했어요. '당신 부모 제사 한 번 지내는데 삼만 원으로 지내냐? 이것도 말이 안 된다', 그러고 나니까 경찰청

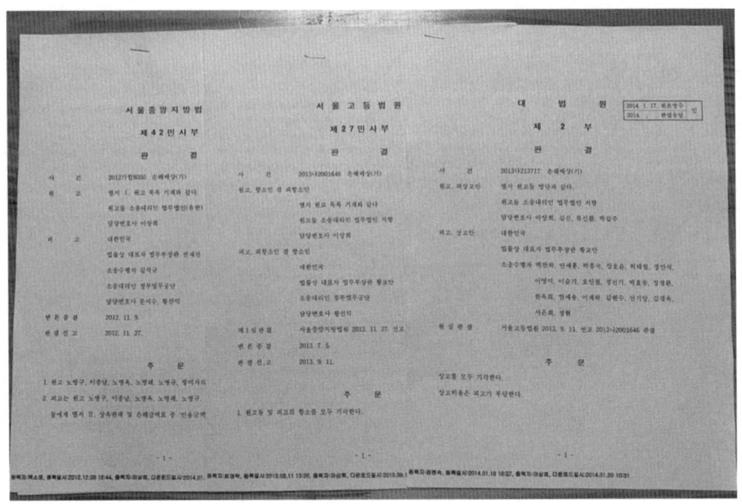

서울중앙지방법원

제42민사부

판 결

사 건 2012가합8050 손해배상(기)

원 고 별지 1. 원고 목록 기재와 같다.

원고들 소송대리인 법무법인(유한)

피 고 대한민국

변론종결 2012. 11. 9.

판결선고 2012. 11. 27.

주 문

\- 1 -

서울고등법원

제27민사부

판 결

사 건 2013나2001646 손해배상(기)

원고, 항소인 겸 피항소인

별지 원고 목록 기재와 같다

피고, 피항소인 겸 항소인

대한민국

소송대리인 정부법무공단

제1심판결 서울중앙지방법원 2012. 11. 27. 선고

변론종결 2013. 7. 5.

판결선고 2013. 9. 11.

주 문

1\. 원고들 및 피고의 항소를 모두 기각한다.

\- 1 -

대 법 원

제 2 부

판 결

사 건 2013다213717 손해배상(기)

원고, 피상고인 별지 원고들 명단과 같다.

피고, 상고인 대한민국

원심판결 서울고등법원 2013. 9. 11. 선고 2013나2001646 판결

주 문

상고를 모두 기각한다.

상고비용은 피고가 부담한다.

\- 1 -

법원판결문.

에서 돈을 150만 원을 주면서 경찰이 인정했으니까 이것도 위령제 한 번 지내라고 해가지고 위령제를 지냈어요. 그때는 큰스님 모시고 조계사 도법스님이 용산리에 오셔가지고 큰 위령제를 지냈습니다. 그렇게 하면서도 지금 현재 우리 위령제 지내는데 경찰서장 좀 참석해 달라, 인근 부대장 참석해 달라 그러면 딱 고개 돌립니다. 이런 게 너무 상식에 맞지 않다는 거. 그러면 국방부 장관이 공식사과를 하든지, 아니면 경찰청장이 사과를 하든지, 아니면 대통령이 사과를 하든지. 그래서 저희들은 계속 꾸준하게 노력하면서 (투쟁하려고 합니다). 그리고 1950년도에 보도연맹 희생자 명부 내놔라 했어요. 명단이 없다고 하는데 없을 수가 없어요. 명단이 없으면 왜 나를 연좌제로 묶었느냐 이거죠. 명단이 있었기 때문에 내가 연좌제에 걸렸는데 왜 명단이 없다고 하느냐, (그러면서 계속 요구하고 있습니다.)

-한 고비 한 고비 참 힘들게 넘고 계신데요, 앞으로 진정 바라는 점이 있다면요?

어쩔 수 없이 판결을 받아야 하니까. 안 받으면 안 되니까 (그래서 소송을 하고 판결은 받은 겁니다). 그래서 기회가 되면 저는 연좌제 (없애는 것) 보다도 더 확실한 명예회복. 명예회복이라는 거는 우리가 일본보고 사죄하라 하지요? 우리도 대통령이 사과해야 됩니다. 국가의 공식적인 사과, 명예회복, 제대로 된 추모시설. 저희가 돈 달라는 거는 아입니다. 지금 와서 자. 돈 몇 푼 받아가 뭐하겠습니까? 돈 몇 푼 받으면 그게 명예회복 아입니다. 국가의 공식적인 사과, 위령탑과 위령시설, 또 역사책에 실어 달라(는 겁니다). 이런 아픔이 없게끔. 교육 자료를 남겨 달라. 그래야만이 우리 후세가 '아, 전쟁이라는 건 이런 아픔도 있구나' 하고 그래서 전쟁을 안 하기 위해서 노력할 것이고. 전쟁이 나면 안 된다는 것을 의식에 담을 수 있게끔 교육 자료도 남겨 달다. 그게 우리 유족들의 바람이에요.

희생자 정복동

증언자 정영자

○ 면담자: 박성경

○ 조사 장소: 진주시 망경동 지역쓰담

○ 조사 일시: 2019년 9월 16일

증언자 정보

- 이름: 정영자
- 생년월일: 1942년 6월 9일 (만 77세)
- 성별: 여
- 희생자와 관계: 희생자의 딸/2녀1남 중 장녀
- 주소: 진주시 판문동
- 직업·경력: 현재 무직, 노인 일자리사업에 참여해 학교 앞 교통지도 / 과거 농업, 성냥공장 직공

희생자 정보

- 이름: 정복동
- 생년월일: 1915년 12월 4일 (당시 35세)
- 성별: 남
- 결혼여부: 기혼
- 직업: 농업
- 주소: 경남 하동군 옥종면 정수리 639번지

정영자 유족의 아버지는 1950년 음력 6월 10일, 면에 일이 있어 다녀온다는 말을 남기고 집을 나갔다. 학살을 당한 날짜는 알 수 없지만, 전해 들은 말에 의하면 아버지는 형무소로 가지 않고 명석면 학살지로 바로 끌려갔다고 한다. 당시 아버지의 나이는 35세였고 장녀인 정영자 씨는 아홉 살, 연년생인 남동생과 6개월 된 여동생이 있었다.

학살 소식을 듣고 어머니가 하동 옥종면 정수리 집에서 진주 명석면 용산리 고개까지 걸어서 아버지 시신을 찾으러 갔다. 하지만 피구덩이 속에 빠져있는 시신들 틈에서 아버지를 찾을 수가 없었다. 이후 막내 동생을 업고 있던 어머니도 순경에 끌려가 학살을 당할 뻔했다. 마을 사람들이 이유를 물어보니 '사상이 다르다'는 답이 돌아왔다. 함께 끌려간 이들이 모두 총에 맞아 고꾸라지는 장면을 목격하며 공포 속에 순서를 기다리던 어머니는 면의 간부였던 조가 성을 가진 분이 총부리에 맞아가며 순경들을 만류해 살아났다.

재산이 없지는 않았는데 아버지가 돌아가신 이후 삶은 팍팍했다. 아버지의 당숙이 재산을 모두 팔아 자신의 집안 살림과 자녀 교육에 써버렸고, 정영자 씨와 두 동생은 친척집에 보내 뿔뿔이 흩어져 살았다. 정영자 씨는 식모살이를 했고, 연년생인 남동생은 고아원 생활도 했다. 그 상황을 못 참은 어머니는 재가를 해버렸다. 그래도 어머니가 3년 만에 다시 돌아와 가난한 살림이었지만 자식들을 모두 거두며 살았다. 아버지 사망 이후 풍족한 적이 단 한 번도 없었던 삶. 정영자 씨는 평생을 힘겹게 살아온 한이 조금이라도 풀리려면 적절한 보상이 우선돼야 하고, 억울하게 희생된 아버지 영령을 위한 추모 공간 또한 마련돼야 한다고 말한다.

-아버지 성함을 말씀해주시겠어요?

이름도 기억이 안 나네, 와. 갑자기 물어보니까. 그때는 아버지 이름도 안 가르쳐 줬다. (유족 인증을 위한 서류를 보니까 아버지 이름이 정복동이네요.)

-혹시 아버지가 언제 어떻게 집을 나갔는지에 대해 들었거나 아는 게 있으신가요??

들었는데. 음력으로 6월 초열흘날에 제사를 모셨어요. 나간 날로 쳐가지고. (그러니까 아버지가 집을 나가신 날이 1950년) 6월 10일, 음력으로. 당시 내가 아홉 살이었지 싶다. 그때 내가 집에 있어도 어디 있었고, 아버지가 어디 갔는지도 모르고. 어디 갔다 온다 하면 잘 갔다 오라 하고 그게 끝이라. (어머니 이야기로는) 마을에, 면에 갔다 온다 하고 가놓으니까 어디 갔는지 그건 모르지. (어쨌든 나가신 날) 그날로 제사를 모셔. 거의 그래요. 우리 집안 할아버지도 (그렇게 나가셨는데) 그날에 모시고.

-면에 간다고 나갔을 때 마을에서 같이 가신 분도 계십니까?

그건 모르겠어요. 우리 집이 좀 동떨어졌고. 밑에 마을이 있고 우리는 좀 골짜기에 살았어. 그래서 누가 같이 갔는가, 왔는가, 그거는 몰라. 아버지도 누가 불렀기에 면에 갔다 온다 하고 나갔겠지요. 누가 불렀는지 그거는 몰라도. (어떤 경로를 거쳐 어디로 갔는지) 그런 거는 몰라. 희생을 어디서 당했는지도 몰라. 어쨌든 명석면 어디라는 것만 알지. 그런데 명석면에 여러 수백 명을 데려가 한 골짜기에 다 넣었다는 그런 말만 들었지. 그 말이 마을 마을 전해져가지고. 그 당시에.

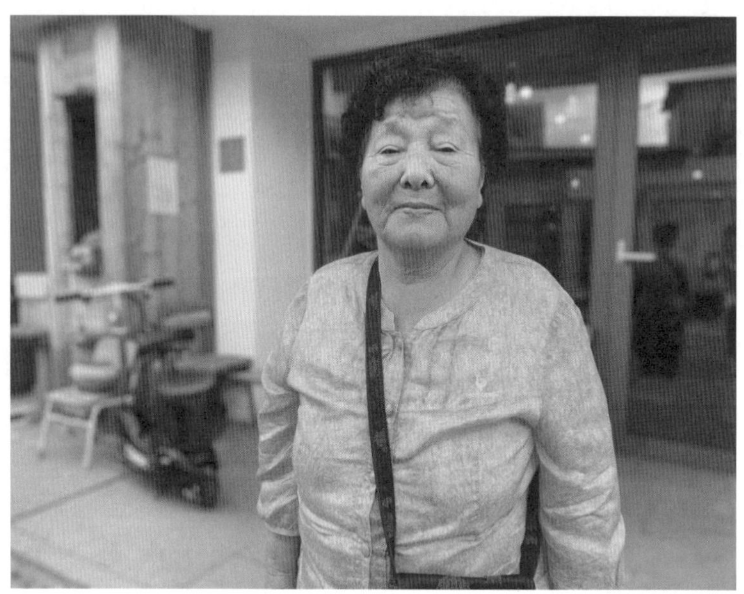

정영자 유족.

-학살이 됐을 거라는 이야기를 전해 듣고 아버지 시신을 찾으러 가셨습니까?

찾으러 가본께. 우리 엄마가 간께 여름 (음력) 6월달이제, 한데 때려 묻어놔 놓은께 피하고 옷이고 뭣이고 아무 것도 모르겄더란다, 고마. (찾으러 간 것은) 한 번. 두 번 다시는 가도 못 하겠더라는데 뭐. 요새는 차도 많지만 그때는 차도 없었다 아이가. 가서 본께 누가 누군지도 모르겠고. 큰 구덩이를 파가지고 (시신을) 넣어놨는데 물인가 핀가 아무 것도 모르겠더란다. (그러니까 명석으로 찾으러 갔는데) 그 날짜가 언제인지 그건 모르지. 며칠에 학살을 당했는지도 모르고 집에서 나간 그거(음력 6월 10일) 밖에 없어요.

-어머니가 명석면 용산리에 가서 찾아봤대요?

응. 우리 엄마는 뒤져봤대요. 그런데 아무… 니 얼굴 내 얼굴도 모르겠고 핏물에 담겨놓으니까 뒤지지도 못하겠대요. 피가 넘쳐가지고 구덩이에 들여다보면 피 때문에 사람도 못 찾겠대요. 차고 있는 시계나 입은 옷을 보고 찾는다고도 하던데, 그때는 집이 좀 살긴 살았는데 (아버지를 특정할 만한 것이) 아무것도 없어. 우리 엄마는 그 시체를 찾아본다고 많이 다녔는가봐. 그러니까 갔다 와서 울면서 그라대. 아무래도 못 찾겠더라. 피 구덩이에 빠져있는데 뒤져보니까 누가 누군지 몰라서 못 찾겠더라 (하고).

-학살에 의해 아버지가 돌아가셨다는 건 언제 알게 됐나요? 그 당시에 아셨습니까?

그 당시에는 나이가 어려 놓으니까 몰랐지. 인자 우리 엄마가 그리 이야기를 하니까 알았고. 내가 열 살 좀 넘어 되니까 '아버지 시신을 찾으러 가도 못 찾았다' (하고 엄마가 말씀을 해주더라고). 나는 음력 6월 초열흘날 제사를 모신다는, 그것 밖에는 몰라. 보도연맹 연관 그런 것도 몰랐고. 아버지가 우리 엄마보고 하여튼 면에 갔다 온다 (하더라고). 애들이 돼놓으니 그때는 별로 듣잖아. (아버지가 엄마한데) 면에 갔다 온다 이라대. 그랑께 우리 엄마는 '면에 뭐 하러 가노?' 하니까, 아버지는 뭐 하러 간다 그런 것도 없고 모르겠어.

-보도연맹 사건에 대해 어머니가 말씀하시던가요?

(어머니도) 모르지. 일단은 아버지가 우리 집에서 나가고 나서는 그 뒤는 우리는 모른께. (아버지가 보도연맹 때문에 학살이 됐다는) 그거

는 우리 엄마가 전신에 다니면서 알아봤나 봐요. 그러니까 보도연맹이라는 것도 알았고 그랬는갑대. 그런데 그때는 나는 세근이 없어놓으니까 '우리 아버지가 보도연맹 갔는갑다, 갔나?' 그렇게만 알지 몰라. (그러니까 어렸을 때 막연히 그런 이야기를 어머니한테 들었지 제대로 몰랐어요.)

그것도 늦게 알았지. 왜 그걸 알았냐하면 (하동 옥종) 정수리에서 살다가 (진주 진양군) 대평으로 이사를 왔어. 대평면으로 이사를 왔는데, 우리 아버지 5촌 아재 되나? 우리한테는 할밴데. 그래 그분이 그래샀대. '내 동생도 보도연맹 갔고 너거 아버지도 보도연맹 갔다' 그래샀대. 보도연맹이 뭐인고 아나. 그때 알았지. 그때 나이가 많이 먹었으면 열 서너 살 먹었을라나. (아버지 학살 당시) 아홉 살 먹는 게 뭘 알았겠노. 요새 같으면 다 안다, 애들도.

-이후에라도 아버지가 보도연맹을 누구 권유로 어떻게 가입했다, 이런 이야기는 못 들으셨어요?

모르지. 가입을 해가 갔는가도 모르지. 하여튼 간에 그 소리는 들었어. 면에 갔다 온다 그란께. 면에 뭐하러 가냐 물은께 뭐 하러가는가 그런 거는 모르겠고 나는. 면에 간다는 것만 알고 있었지. 알 수가 없지. 뭣을 해가지고 누가 데리고 갔는가 우째가 갔는가는 몰라. (우리 아버지는 형무소로 안가고) 바로 명석으로 갔대요. 덥고 하니까 구덩이를 뭐로 팠는지는 몰라도 고마 고기 잡아가지고 그릇에 담아놓은 것처럼 착착 쌓아가지고 피범벅이고 사람도 모르겠더라 해. 여름이제. 하나 둘도 아니고. (하동 옥종에서 잡혀간 사람들이 명석으로 갔다는 이야기도) 하모, 건너 건너 그래가 들었지.

-아버지 돌아가시고 마을에서 빨갱이라는 말도 듣고 놀림도 당하지 않았나요?

짓궂은 머스마들이 동네 사는 것들이 그랬지. 조깬할 때는. 우리도 그리 놀림 당했고. 빨갱이 딸이라꼬. 빨갱이가 뭔지도 몰랐지 빨갱이 해싸도. 나는 빨갱이 하면 사람이 빨간 줄 알았지 북한 사람이 빨갱이라는 그런 것도 몰랐다. 그라고 6.25 사변 딱 나고 나서 우리 아버지 그리 가고 나서 얼마 됐는가는 몰라도. 빨갱이라고 그랬는가 하여튼 우리 엄마가 우리 여동생 그거를 업고 있는데 순경이 와서 잡아가버리데. 우리 엄마를. 아 업은 채로 잡아가삐. 사람들이 그래 물어봤었대. '와 잡아가노?' 자꾸 물어보니까. 저 빨갱이하고 사상이 다르다고 그래 잡아갔다대. 그래갖고 옥종, 거기를 어디라 쿠네. 산에 거기 중턱에다가 구덩이를 크게 파놓고 우리 이웃 사람 세 명 하고 우리 엄마하고 또 밑에 동네 사람들도 있었나봐. 구덩이에 딱 세워놓고 총 하나 쏘면 딱 구불러지삐고 구부러지고. 우리 엄마도 총을 딱 쏠라하는데 조 뭣이라 쿠는 사람이 옥종면에서 무슨 간부인 가봐. '제발 이리 하지 마라', 순경들한테 사정을 하면서 순경한테 맞아가면서 우리 엄마를 살렸어. 그래 아이(업고 있던 동생) 때문에 살아났다, 우리 엄마가. (같이 있던 사람들은) 다 죽었지. 탁 쏜께 톡톡 구부러지더라 안하나. 우리 엄마가 그걸 봤지. (아버지가 학살당할 때 심정을) 그렇지요, 우리 엄마는 알지. 그런데 세상 버리고 없고. 고생만 고생만 하다가.

-순경이 왜 어머니까지 끌고 가서 총살하려 했을까요?

그거를 모르겠어. 그래 우리 엄마 쏴 죽이려했던 그기, 그때 옥종지서장. 그 사람이 시켜서 했다 하대. 그 사람이 어디고, 우리 동네 그 밑에 살았다는데. 그때 내가 세근이 있었으면 그 사람 잡아가지고 때려죽여 버렸을 끼다. 그런데 그때만 해도 젊고 어리고 해놓으니까 뭘 아나. (학살할 사람을 지목했을 텐데) 남편이 보도연맹이다 누가 이르고 그랬던가 봐요. 그리고 또 빨갱이들 재워줬다고. 그런데 (전쟁 중에) 동네에 한 집이라도 인민군이 안 잔 집이 없는데 뭐. 그러니까 거의 다 끌려갔어. 그러니까 다 끌려가서 총살을 당하고 우리 엄마만 살아왔어. 그러니까 조 씨라고 하는 (사람이 살려줬어요). 우리 엄마가 몇 년까지 그 양반을 찾아다니대. 명절 지나고 나면. 그분이 총부리에 맞아가면서 우리 엄마를 살려줬다고. 그래 우리 엄마가 만날 명절만 지나면 찾아가더라고. 그런데 지금 나는 그 사람이 누구인 줄도 모르고. 하여튼 그 동네에 한 열 명쯤 죽었을 거야. 그래 하여튼 우리 엄마하고 두 명은 살았어. 그 분이 총부리로 많이 맞아가면서 살렸대. 나는 지서장 그거를 어떻게 못한 게 한이 더 되고. 지금 같으면 때려죽이고도 남지.

-아버지 사망 당시 아홉 살이었으면 초등학교를 다닐 나이인데, 전쟁 중이고 또 부모님도 힘든 일을 겪어 학교 다니기는 힘드셨죠?

학교 다니기 힘들어도 우리 엄마가 가르쳐주고 해서 (글은 다 알아요). 요새는 내가 머리가 안 좋아도 내가 글을 보면 알았어. 누가 안 가르쳐줘도. (국민학교를) 입학하고 얼마 안 있어서 6.25 사변이 났는데 몇 달을 다녔겠노? 옳게 다니지도 못하고 말아버린 거지. 그 책(교과서)을 받아가지고 있을 때였는데, 우리 집에 베틀을 차려놨어. 우리 엄마가 베를 짜는데 인민군들이 내려와서 우리 집에 누워 자고. 하여튼 동네 집집마다 내려와서 누워 잤는데. 책도 그 사람들이 싹 뺏어

가버리고 책도 없어. 그러니까 고마 학교도 못 다니고. (또 뒤에는 국군이 와서) 그때는 한길이 비포장 아닌가베. 그런데 우리 아버지 고모가 길가에 살았어. 그런데 거기서 보니까 총을 거꾸로 메고 가대. 완전 아이들이야, 군인들이. 학생이었나 봐. 그래 총을 메고 가면 그 총 끝이 자갈에 졸졸졸 닿여. (키가 너무 작아서) 총을 멨는데 그게 끌려. 우쨌든 간에 인민군이 올라가고 쪼매 있은깨 우리 군인이라 하면서 막 내려 오대. 그래 우리 할머니가, 그러니까 우리 아버지 고모가 새까만 가마솥에 쌀을 씻지도 않고 한가득 부어가지고 밥을 해가지고 소금물로 이렇게 뭉쳐가지고 아이들(군인)에게 하나씩 주면 그 뜨거운 거를 그리 먹어. 우리 군인이. 우리 (고모)할매가 그걸 뭉쳐가 소금물에 이리 적셔가 주면 그 아이들이 받아가 그리 묵고. 그 장독대 옆에 단감나무가 하나 있었는데 '너거 배 고프면 저거 다 따먹어라' 하니까 아이들이 올라가서 다 따먹고. 그때는 맨날 피난 가라고 밤에. 피난 가라해서 가면, 피난 갈 데가 오데 있노? 우리 집이 좀 동네 위에 있었는데 자꾸 골짜기로 들어가는 기라. 그래 모기는 잡아먹을라 쿠고. 그래가지고 우찌 있다가 날 새면 집에 내려오고. 아버지도 없었지, 우리 엄마하고 머슴하고 그래 우리를 데리고 다녔어.

-전쟁 이후 가족들 생활은 어땠습니까?

농사짓고 살아 놓은께. 농사가 좀 많았거든. 그런데 우리 아버지 5촌이라는 양반이 (재산을) 팔아가지고 자기 아들 공부 시키고 다 쓰고 우리는 온 천지 이집 저집 다 흩어져서 살아 놓은께네 어찌 살았는지도 모르겠다. 그 설움을 누가 알겠노. (나는 아버지 돌아가실 때 9살쯤 됐고) 남동생이 연년생이라 내랑. 그 밑에 여동생은 올해 70살이

다. 그기 음력으로 1949년 12월에 태어나고 우리 아버지가 1950년 음력 6월에 갔으니께 뭘 알겠노. 아무것도 모르지. 나도 모르는데. 그거(여동생)는 아무 것도 모른다. 여엉 아기 아이가. 다 한 집에 모여 못 살고 이 집 저 집 다니면서 살았지. (아버지 돌아가시고 곧바로는 아니고) 대평으로 이사 와가지고. (내가 열 살 남짓 됐을 때) 친척집에 보내졌지. 동생도 친척집에, 다 따로따로. 그러니까 서로 만나지도 못하고 너무 살기가 팍팍해서 우리 엄마가 그만. 아이들은 우리 (친척)할아버지가 친척집에 다 흩어 줘 놓은께 우리 엄마가 성도 나고 고마 개가를 해서 가버렸어. 그래 놓은께 더 설움이 있고. 그런데 엄마가 갔다가 한 3년 살다가 와서 우리를 또 모아가지고 키운다고 키웠는데. 그래도 그때는 못 먹고 사는 게 제일 문제 아이가. (재산이) 없어가 하루 벌어 하루 먹고 그리 살고.

(우리를 남의 집으로 보낸 할아버지는 친척 할아버지고 친할아버지 할머니는) 다 세상 버리고 없었지. 아버지 그렇게 될 때도 이미 세상 버리고 없고. 우리 할아버지가 3월달에 세상 버렸는데 우리 아버지가 6월달에 그리 돼버리니 집이 싹 무너진 택이라.

-어릴 때 삼남매가 흩어져 남의집살이를 해야 했으니 힘겨움이 더 컸겠어요?

그러니까 뿔뿔이 흩어져서 살아놓은께. 친척집에 고모 집에도 가고 또 일가 집에도 가고 그래 흩어져 살아 놓은게. (어려서 혼자 떨어져) 뭐가 어떻게 되는지도 모르고. 내가 간 곳은 친척 집인데 뭣 인고는(누구집인지는) 모르지. 나는 열 살 땐가 가가지고 한 열다섯 살까지. 그 설움을 어데다 말을 하겠어요. 나는 농사일. 농사짓는데 보내 놓은께 (친척집 농사를 도왔어요). 또 어른들 농사지으러 나가면 밥도 했고. 식모지, 그게 뭣이고. 눈치도 많이 받고.

그래 우리 남동생 저게 친척집에 가서 있을 때 (그 집에서) 산에 가서 꿩을 한 마리 잡아가지고 국을 끓였는데, 자기 아들은 꿩 건더기를 하나씩 넣어주는데 지는 무 건더기만 주더래요. 그래 그런 얘기를 해샀더니만 (지금) 풍을 맞아가지고 정신이 똑똑하지가 않다. 우리 남동생은 우리 고숙이 이 아이가 없으면 처갓집이 없다 하면서 이후에 고아원에다 넣어서 중학교는 나왔어. 중학교 나와 가지고 평거기독육아원, 거기 있다가 나오더만 운전 배운다고. 운전 배우면서 그때는 운전하는 사람 (보조해서) 내내 따라다녔는데 몇 년을 해도 면허를 못 따. 그래 우째가지고 면허를 타서 택시 조금 하더니 군대를 가버리대. 군대 가갖고 한 1년 있었는가, 2년 있었는가 모르겠고. 식구 없고 동생하고 엄마 혼자 있다고 (그랬는지 모르겠지만) 의가사제대를 시켜 주대.

그래 나와 갖고 할 게 어데 있겠노. 택시 한다고 다녀봐야 돈도 안되고. 노가다 해서 벌이 갖고 먹고 산다고 살아도, 그게 사는 게 사는 거 같겠나? 집도 없지. 남의 집에 얄구지 오다갖고 그리 살았어. 이리 가도 빨갱이 자식, 저리 가도 빨갱이 자식. 너무너무 많이 부대끼고 살았어. (취직하려면 연좌제에 걸리고 했다는데) 그래도 우리 동생은 운전 보조를 해놓으니까 그런 거는 안 걸렸나봐. 우리 동생 그것도 그래서 제대를 일찍 했는가 모르겠어. 말을 잘 안 하니까. 그런데 뭣이 잘못돼 나온 것 같기는 해요.

-친정어머니도 고생을 많이 하셨겠네요?

말도 못해요. 그래놓으니까 개가하러 갔다가 자식을 못 잊어서 다시 와서 우리를 키워줬다 아이가. 내가 12살 즈음에 어머니가 개가를 했다가 내 15살 때 다시 와서 우리를 키웠어요. 그래 우리 엄마는 평거들판에 오만 남의 일 다 하고. 나는 공장에 다니고. 성냥 만드는데. 평거동에 성냥공장이 있었어. 저 위에 다른 데 있는 건 제비표 성냥이었고 또 한 곳 있었던 데는 범표 성냥이었어요. 왜 거기 다녔냐면 큰고모 시동생이 그 공장을 했어. 그래갖고 거기 다녔어. 범표 성냥공장. 시집갈 때까지 다녔어. 그때 돈 많이 받으면 칠천 원 받고. 그러니까 한 달 내 다녀도 많이 받으면 오천 원, 칠천 원. 밤일도 하고 하니까 그렇게 주지, 보통 삼천 원이나 그리 밖에 못 받았어요. (조일공장이라고 방직공장이 있었는데) 거기는 글을 모른다고 안 받아주더라. 글을 모르니까 안 받아줘서 못 가고.

우리 엄마가 와서도 먹고 살기가 힘드니까 우리 여동생을 우리 작은 고모 시동생한테 보내갖고 거기서 한 1년 크다가 그래 왔어. 그거(여동생)는 그래도 공장은 지가 안 갈려고 해서 공장은 안 다녀봤다. 무서워서. 그래서 우리 엄마 따라서 쑥 캐고 나물 캐고. 우리 엄마 들일 가면 집안일 하고. 공장에는 무서워서 안 가려고 해. 그래도 재가했던 어머니가 3년 만에 돌아온 건 다행이었지. 그러니까 삼남매가 모였지. 엄마가 한 삼 년인가 살러 갔을 동안에는 우리 형제간들 서로 얼굴도 못 보고. 굶고 살았는가, 먹고 살았는가도 모르고. 아이고 참. 그런 세상이 또 있을까 싶다.

-아버지만 살아계셨으면 살기가 괜찮았겠죠?

부자지요. 그냥 논농사 짓고 밭은 많이 없어. 그래도 논이 많았어요. (가족들이 먹고 살기에 부족함이 없을 정도로) 머슴 하나 데리고 그리 농사짓고 살았는데. 우리 아버지 5촌이 싹 다 팔아먹고. 우리는 학교도 옳게 안 보내주고. 자기 아들은 그때 중학교 다 시켰다. 나는 초등학교 입학하고 이내 난리가 나 버렸으니까 학교도 못 다녔지 뭐. 전쟁 끝나고도 학교 복귀를 못했지. 이리 대평으로 이사를 오는 바람에. 동생들도 다 공부도 못했다. 우리 남동생은. 우리 고숙이 여기 평거동에 살다가 다 돌아가시고 없다마는. 처갓집에 이게(남동생이) 없으면 손이 떨어진다고 고아원에다 갖다 여가지고 중학교는 나왔어. 그런데 지금 풍을 맞아가지고 약도 못 쓴다.

(친정엄마가 그 사람을 너무 믿었나 봐.) 우리 엄마가 친정에서 클 때 좀 편하게 컸어. 부잣집 딸이야. 그러니까 시집와서 시아버지하고 신랑이 싹 해줬지. 그러니까 뭐를 몰라. 그러니까 5촌한테 뜯긴 거지. 홀딱 다 뺏기고 고생은 고생대로 하고.

-지금 아버지 얼굴 기억하시겠습니까?

우찌하면 알겠고 우찌하면 모르겠어. 항상 나를 늦게 낳아서 참 예뻐했어. 그래갖고 그때는 또 머시마를 낳으면 얼마나 좋은가 몰라도. 고추밭에 터 팔았다고 할아버지고 식구대로 참 좋다 했는데, 아이고 소용없다.

(아버지가) 논에 갈 때 따라다닌 그것밖에 기억이 없어요. 소 갖고 논 갈고 하던 모습, 나락 베고 하던. 그런 것밖에 기억이 없어. 나는 그냥 따라갔지. 재미있었던 기억도 모르겠고. 우리 아버지가 논을 갈고 있는데. 요새는 진달래라 안하나. 그런 꽃이, 우리 논이 언덕 논이었는데 한가득 피어있는 거라. 그걸 내가 많이 따먹고 죽을 뻔했어. 진달래 아니고, 참꽃 아니고 개꽃. 그걸 내가 많이 따먹고 죽을 뻔 했어.

그래 우리 아버지가 나를 업고 진주까지 왔는데, 어떤 병원에 왔는지는 몰라. 그 기억밖에 없어.

-아버지는 어떤 사람이었는지, 주변에서 들은 이야기가 있나요?

우리 아버지가 3대 독자라. 그러니까 자기가 독자라서 우리 할아버지, 할머니 세상 버리고 나면 자기가 외로울까봐 온 동네에 다니면서 일 다 봐주고. 칭찬받았지요. 가까운 친척이 없으니까 자기 혼자 외로울까 싶어서 온 동네에 일이란 일은 다 다니면서 해주고. 그런 거는 기억해요 내가. 어디 초상이 났다 그러면 어떤 때는 밤도 새고 오고. (아버지한테 하고 싶은 말은) 아이고. 이 뭐라 해야 되겠노. 우짜든 간에 만나지는 못해도 편안하이 계시다가 후에 내 (죽어서 하늘) 가면 만나는 거. 그렇게라도 만나 보는 게 그게 소원이오. 만날 수가 있을런지는 몰라도.(울음)

-정영자 씨는 결혼을 언제 하셨습니까?

23살에. (친척집에 있다가 15살에 친정어머니한테) 와갖고, 평거동 살았어. 시집을 대평으로 가고. 우리가 (재산이) 없으니까 없는 집에 시집 가갖고 시집가서도 고생 너무 많이 했어예. 형제가 다섯 명 있는 중에 시집을 가갖고 내까지 여섯 명 아이가. 논 두 마지기가 몇 평인지는 몰라도 그거 가지고 농사를 지으면 맨날 1년에 먹을 게 모자라. 요새는 전신에 돈을 벌 데가 있잖아요. 그때는 돈을 벌 데도 아무데도 없고. 농사 말고는 없으니까. 아이고, 말도 못해요. 대평 사평마을에 시집갔는데 물에 다 잠겼지. 거기 물이 들어갖고 이사를 이리 (평거로) 왔지. 물이 드는 그해 바로 나왔어요. 진양호 만들 때. 그리 나와도 워낙

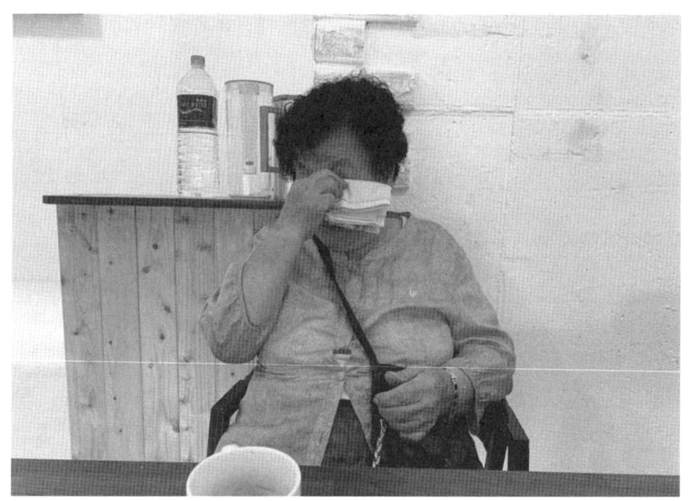

대화 중 눈물을 훔치는 정영자 유족.

없은께, 여기 나와도 땅 하나 장만 못 하고. 남편은 인자 집 짓는데 다니면서 목수 해갖고 아이들 공부시키고 그리 먹고 살고, 집도 얄구지 옛날 집. 지금도 그 집에 살고 있지만 (그때는) 쥐가 천장에 다니고.

-남편한테 친정아버지가 보도연맹 사건으로 학살됐다는 이야기를 하셨습니까?

그런 말 절대 안 했어요. (돌아가실 때까지도) 전혀 그런 말은 안 했었어요. 남편은 55살에 일찍 돌아갔어요. (아이들도) 잘은 모르지. 아이들은 인자 그거는 알지. 유족회에 간다는 건 알지. 그런데 유족회가 뭐하는 건지 자세히는 모르지 우리 아이들은. 그래 애들이 '유족회는 뭐 하는 데고?' 묻길래 내가 '옛날에 우리 아버지가 보도연맹이라는 데를 가갖고 죄 없이 희생이 돼서 내가 유족회를 간다' 그러니까 '엄마,

그런 일도 있었나?' 그래. 딸이고 아들이고 다. 2녀 1남인데. 작은 거(딸)는 남매 낳아놓고 또 멀리 가버리고 없어요.

-남편도 일찍 돌아가시고 자식들 키우느라 많이 힘드셨을 것 같은데, 지금 생활은 어떠세요?

기초노령연금 받고. 그리고 초등학교 앞에서 아이들 등교시켜주는(노인일자리) 그 일을 하고 있어. (그걸로 한 달 수입이 5-60만 원 정도) 그리 돼도 우리 아들이 아이가 셋이다. 머시마 둘이 딸 하난데. 둘은 대학생이고 막내는 고등학교 1학년이라. 그러니까 내 돌봐줄 여가가 없어. 내가 쟤들을 보태줘야 돼. 그러니까 내가 만날 빠듯하고. 병원하고 물세 전기세 주고 또 겨울 되면 불 때야 되고. 없이 지내고 자식보고 내 돈 얼마 주라는 소리 한 번 못 해봤다. 못한다. 저거도 내 도와줄 여유 없고 애가 셋이나 되는데 내를 어떻게 돌봐주겠노. 저거도 먹고 살아야 되는데. 그래놓으니까 아들 며느리는 맨날 미안하다 하는데 나는 '미안할 것 없다. 너거 새끼 잘 키우면 된다' 한다. 지금 아들이 애가 고등학생 하나에 대학생 둘인데 뭘 어쨰가지고 해 내겠노. 맨날 그란다 엄마 미안하다고. (아들은) 농사짓는다.

-유족회 활동을 하신지는 얼마나 되셨습니까?

4년인가 5년 밖에 안됐어요. (2006년 진실화해를 위한 과거사정리위원회에서 피해자 신청을 받았을 때는 몰랐어요.) 그런데 2014년쯤 됐나. 그래 내나 텔레비전을 보니까 명석에서 뼈 발굴을 하더라고. 그래 갖고 내가 마 어찌 억울하고 분하던지. 그래 시청에 가니까 시청에서는 다 끝났다 쿠고 강병현(전 진주유족회) 회장한테로 가라쿠데. 가서 만나니까 강병현 회장이 우짜든 간에 다른 거는 다 놔두고 (유족으로 인정받을 수 있는 자료) 이걸 공증을 받아놔야 뭐가 될낀데 (해요). 나이 많은 사람 다 세상 떠나고 나면 (증언을) 받아놓을 수가 없은께 누구든 살아 있을 때 그거 좀 받으라고 해서. 이걸 할라고 애를 먹으면서 다니고. (텔레비전에서 용산고개를 발굴하고 있었는데 아버지가 학살된 곳이) 저긴가, 저긴가는 모르는기고. 아버지가 학살된 곳이 맞다 싶었어. 그래 밤에 자다가 텔레비전 트니까 그리 나와서 내가 참 그 때부터 시작해서 한없이 울어도 소용없다. (울음)

-텔레비전으로 용산리 고개 유골을 발굴하는 걸 본 뒤에 유족 등록도 하시고 계속 유족회 활동을 하고 계신 거네요?

응. 회장님이 그걸(위령제 일정) 보내주면 계속 참석을 했지. 내가 진주서도 두 번인가 가고. 위령제 지낼 때. 마산도 가서. 두 번인가 세 번인가 모르겠다. 또 충청도 어디도 가서. 그런데 나한테 가자고 그거(일정)만 보내주면 내도록 참석을 했어요. (2006년에 피해 신청을 해서 이미 보상 판결을 받은 유족들도 있는데, 그런 절차가 있었는지 뒤늦게 알아서 앞으로 국가의 사과나 보상을 받을 수 있을지도 모르겠어요.) 우짜든 간에 뭣도 모르고 인자 유족회에 참여를 하라쿠면 안 빠고 댕기는 거지 아무 것도 모른다. 바라는 거는 우리 설움 받고 큰 보상을 찾으려면 어디 가서 찾겠어. 그런 거 생각하면 많이 받아야지. 아이고, 어디다가 이야기 할 거고. 말 못한다. 보상 받고 다른 곳처럼 탑도 세우고 그런 게 되면 정말 원이 없고 한이 없겠다. 사실 그것 같고도 한이 안 풀어지지만 그래도 우리 아버지가 여기(위령공원에)라도 그래도 안장을 하고 안치를 하고 있다 싶으면 마음이 나을랑가 모르지.

-직접 편지를 써서 유족회에 보내셨다는데, 어떤 내용이었나요?

우리 서러운 거 썼지. 딴 건 기억도 없다. 얄구지 써도. 유족회에 위령제 지내려고 가면 써 내라고 말해주거든. 그래서 썼지.

-가족 중에 유족회 활동을 같이 하는 사람이 있습니까?

우리 여동생이 같이 다녀요. 여동생은 생후 6개월 때 아버지가 돌아가셨으니까 자세한 내용은 모르지. 그래도 어릴 때 엄마한테 듣고 그런가 싶었지. 그래 유족회 가면 남 하는 것 보고 지도 억수로 마음 안좋지. 여동생은 집현에 시집가서 살고 남동생은 (풍을 맞아) 거동이 불편해서 못 다니고. 우리 남동생이 저렇게 병이 안 들었으면 좀 힘이 될 건데 영 고마. 우리 애들은 크게 관심이 없지. 저거가 안 겪어봤는데 어찌 알겠노. 딸은 그래도 갔다 오면 '엄마 갔다 오면 안 좋제?' 한다. 그러면 '안 좋을 것도 없다. 많이 걸러버리고. 세월이 약 아이가' 내가 그러고 말지만. 아이고. 그 한 많은 설움을 어디다 대고 다 말로 하겠노. 친정엄마는 7-8년 전에 돌아가졌는데, 갈 때까지 (유족회가 있고 피해자 신청을 받는지) 몰랐지. 알고 돌아가셨으면 훨씬 낫지요. 얘기 해줄 것도 많고. 아무 것도 모르고. 1차로 알았으면 (보상을 받고) 조금이라고 보탬이 됐을랑가 모르겠는데. 너무너무 억울해서.

-나라에, 또는 지방자치단체에 바라는 점이 있다면요?

그러니까 보상을 좀 넉넉하게 주고 그거(위령공원)를 만들고, 탑 세우고. 저 오데 가니까 너무너무 잘 해놓은 데도 있더만은 어딘가는 모른다. 그렇게 해주모 원이 없겠고. 우리 아픈 그거를 보상을 받을라면 얼마나 받아야 되겠어. 말도 못한다. 아이고. 누가 그걸 다 알겠노.

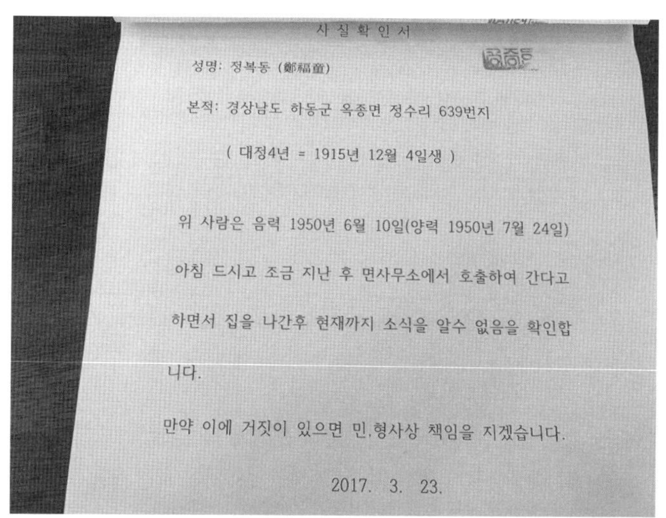
사 실 확 인 서

성명: 정복동 (鄭福童)

본적: 경상남도 하동군 옥종면 정수리 639번지

(대정4년 = 1915년 12월 4일생)

위 사람은 음력 1950년 6월 10일(양력 1950년 7월 24일) 아침 드시고 조금 지난 후 면사무소에서 호출하여 간다고 하면서 집을 나간후 현재까지 소식을 알수 없음을 확인합니다.

만약 이에 거짓이 있으면 민.형사상 책임을 지겠습니다.

2017. 3. 23.

정영자 유족 사실확인서.

지가 안 겪어보면 아무도 모른다. 지가 겪어봐야 그렇게 살았다 싶으지. 아무도 모르기로. 대통령이 공약을 했다 하더만, 이거 해결해준다고. 나라가 이리 시끄러운데 해결이 되겠나. 그런데 뭐 광주니 어디니 샀는 거는 자꾸 보상 주고 그런다매. 그런데 모르지. 내 평생에 될 건가 안 될 건가 몰라도 만약에 못 하고 죽으면 내가 너무 억울하다. 진주시장이 (위령공원 장소를) 어디라고 확실히 정해는 안줘도 해준다고 약속을 했다 하대. 기대는 하지만 그 기대가 설 것인지 어그러질 것인지는 모르지. 딱히 할 말도 없다. 서러운 거 그거는 말로 다 못하겠다. 다문 얼마라도 보상받고 위령제 지내는 그거라도 있으면 내가 풀고 죽겠는데 그것도 못보고 죽으면 너무너무 한이 많을 것 같아.

희생자 황순세

증언자 황양이

○ 면담자: 김한규

○ 조사 장소: 부산시 동구 수정동 커피숍

○ 조사 일시: 2019년 12월 2일

증언자 정보

· 이름: 황양이

· 생년월일: 1944년 4월 30 일(만 75세)

· 성별: 남

· 희생자와 관계: 희생자의 아들

· 주소: 부산시 사상구 학감대로

· 직업·경력: 현재 개인택시 기사

희생자 정보

· 이름: 황순세

· 생년월일: 모름

· 성별: 남

· 결혼여부: 기혼

· 직업: 농업

· 주소: 경남 진양군 수곡면 창촌리 284번지

유족인 황양이 씨가 6살이던 1950년 한국전쟁 당시 6월에 아버지(생년월일 모름) 황순세 씨가 보도연맹에 가입했다는 이유로 끌려가 학살당했다. 희생자 황순세 씨는 일본에서 결혼하였고, 유족인 황양이 씨 역시 일본에서 태어나 한국으로 건너왔다.

당시 희생자 황순세 씨는 국민학교를 졸업하여 상대적으로 학식이 있었는데, 보도연맹에 가입된 경위는 그런 이유가 아니었을까 추측하고 있다. 당시 진양군 수곡면에 살고 있었는데, 경찰이 와서 끌고 갔다고 한다. 수곡면에서 희생자인 황순세 씨 외에도 몇 사람이 더 끌려간 것으로 아는데, 이후에 하동군 옥종면으로 이사를 와서 그분들의 경위는 알 수가 없는 상태이다.

황양이 유족의 경우에는 희생자인 아버지에 대한 기억을 거의 갖고 있지 않다. 따라서 학살된 날짜와 장소 또한 전혀 알지 못하고, 유골 또한 수습하지 못한 상태이다.

-아버지께서 학살로 돌아가셨다는 사실은 어떻게 알게 되신 건가요?

솔직하게 아버지 얼굴도 기억이 잘 안 납니다. 초등학교 다니면서 서서히 알아졌지요, 보도연맹으로 돌아가셨다는 것은 초등학교 졸업과 동시에 완전히 알았지요. 집에서 어머니나 주위에서 얘기한 것을 듣고 보도연맹 사건으로 돌아가셨다는 것을 알게 되었지요.

-유족회에 참여하시게 된 것은 어떤 경위를 통해서인가요.

과거사정리위원회가 만들어지고 참여했지요. 이 친구(장호조)하고 같이 진실규명 신청을 하게 됐지요.

황양이 유족.

-보도연맹에 어떻게 가입하셨는지는 아셨습니까.

전혀 몰랐지요. 내가 알기로는 원래는 우리가 일본에서 태어났거든요. 아버지가 일본에서 결혼해서 해방과 동시에 나왔지요. 아버지는 고향에 있으면서 그 당시 초등학교를 나와서 학식이 있는 거지요.

-끌려간 날짜나 장소, 경위를 알고 계시는지요.

그때가 여름이었는데 어머니 말씀에 의하면 아침에 보리쌀이 없으니까 방앗간에 가서 보리쌀을 좀 찧어와라 하니까 지게에 보리를 지고 있는데, 순사가 와서 '같이 가야 된다'고 해서 수곡지서에 동행을 하게 된 거지요. 어머니께서 보리쌀이나 좀 찧어놓고 가면 되지 않느냐 하니까, 내가 죄지은 것도 없는데 금방 갔다 올게 한 것이 그게 끝이라요. 그게 6월 초하루(음력)입니다.

-함께 끌려가서 희생당하신 다른 분은 알고 계시는지요.

몇 분이 같이 간 걸로 알고 있습니다. 고향에서 조금 떨어진 곳에서 우리가 살았는데 그런 과정에서 아버지가 끌려갔어요. 그러고 나서 얼마 안 지나서 진양군 수곡면에서 하동군 옥종면으로 이사를 갔어요. 그러니 동네 사람들이 어떻게 됐는지 알 수가 없어요. 그 당시 내 나이가 여섯 살이었으니까.

-제사는 어떻게 정하셨습니까.

유월 초하루 아닙니까, 끌려간 날. 음력 유월 초하루. 죽은 날을 모르니까.

-혹시 사진이나 문서 같은 것이 남아 있는 것이 있습니까.

사진 한 장도 없어요.

-아버님 문제로 불이익이나 어려움을 겪으신 것은 있습니까.

내가 배운 게 없으니까 어디 이력서 넣을 곳이 없잖아요. 오직 노동만 하고 살았으니까 전혀 연좌제하고는 관련 없이 살았지요. 군대 가서 한 가지 느낀 게, 내가 월남 파병을 지원했거든요. 공병대 근무했는데 안 되더라고요. 그래서 그때 알았지요. 연좌제 때문에 안 되는구나.

-형제분은 어떻게 되십니까.

누님이 두 분, 아들이 세 명입니다.

-유족이 겪은 어려움은 어떤 점인가요?

말을 할 수가 없습니다. 큰 형이 32세에 돌아가셨고, 둘째 누님이 결혼해서 사시다가 병으로 돌아가셨고 해서 사는 게 말할 수 없이 어려웠지요.

-국가나 지방자치단체에 바라는 점은 어떤 것입니까.

상시 들러가지고 예라도 갖출 수 있는 장소가 만들어져야 뭐가 해결이 되는 거지. 매년 청소년회관에 가서 깃발 들고 (추모제) 하는 게 아무 의미가 없어요. 추모공원이나 위령탑을 건립해서 위령제를 모시는 것밖에는 우리 바람이 그것밖에 없는 거죠. 보상은 주면 좋지만 줍니까? 그건 뒷문제고, 돌아가신 분 유골 발굴해서 유택을 만들어서 죽은 사람이 안식처가 될 수 있는 자리에 위령탑을 만들어서, 가족이 언제든지 찾아보고 절이라도 할 수 있는 그런 자리가 마련돼야 돌아가신 분도 편안하게 안식하지요.